KB102481

최신 초등 교육과정에 따른

공부머리를 키우는
가족 놀이 100

공부머리를 키우는
가족 놀이 100

1판 1쇄 인쇄 2019년 9월 5일
1판 1쇄 발행 2019년 9월 10일

지은이 이진영
펴낸이 이윤규

펴낸곳 유아이북스
출판등록 2012년 4월 2일
주소 서울시 용산구 효창원로 64길 6
전화 (02) 704-2521
팩스 (02) 715-3536
이메일 uibooks@uibooks.co.kr

ISBN 979-11-6322-021-3 03370
값 17,000원

- 이 도서의 국립중앙도서관 출판예정도서목록(CIP)은 서지정보유통지원시스템 홈페이지 (http://seoji.nl.go.kr)와 국가자료종합목록 구축시스템(http://kolis-net.nl.go.kr) 에서 이용하실 수 있습니다. (CIP제어번호: CIP2019028958)

최신 교육과정에 따른

공부머리를 키우는 가족 놀이 100

이진영 지음

유아이북스
For The Ultimate Information

머리말

옹알이가 엊그제 같은데 사랑스러운 아이가 벌써 초등학생이라니 믿어지지 않으시죠?

어릴 때는 얼마나 컸는지 병원에서 검사도 받아보고 책도 찾아보았는데 언제부터인가 그러지 않는 모습을 발견할 때면 소홀해진 건 아닌지 미안해지기도 할 것입니다. 하지만 괜찮습니다. 이 세상 누구보다 사랑해주는 부모님이 곁에 있으니까요.

그래서일까요? 이 세상의 모든 부모는 고민합니다. 사랑하는 자녀와 어떻게 놀지 말이죠. 하지만 막상 놀아주려 마음을 먹어도 어떻게 해야 하는지 막막한 것이 현실입니다. 그렇게 하루하루가 지나가고 남는 것은 '그때라도 놀아줄걸', '이야기에 귀 기울일걸' 같은 후회뿐입니다. 사실 제가 그랬습니다. 전 매주 다가오는 주말이 무서웠었습니다. 이번 주에는 딸과 무엇을 하며 놀아줘야 하는지 막막했기 때문입니다. 숙제처럼 인터넷을 검색해보고 책자를 뒤적거려보았지만, 준비물이 필요하거나 놀이방법이 어려워 결국 책을 읽어주거나 혼자 노는 아이 주변에 가만히 앉아있곤 했습니다. 그렇게 주말이 지나면 이번 주도 또 놀아주지 못했다는 죄책감에 시달려야 했습니다. 그때부터일까요. 집에 있는 것들로 쉽고 즐거우며 발달에 도움을 줄 수 있는 놀이를 고민하기 시작했습니다. 풀에 물감을 넣어 손에 묻지 않는 물감 크레파스를 제작해 그림을 그려보기도 하고 빈 물병에 쌀을 넣어 마라카스를 만들어 연주해보기도 하였습니다. 그러던 중 문득 '우리 반 아이들은 집에서 무엇을 하며 보낼까?'라는 생각이 머리를 스쳤습니다. '우리 반 아이들도 부모님과 즐겁게 놀면서 학교에서 배운 내용을 복습하거나 미래 사회를 살아가는 데 꼭 필요한 핵심역량을 함양할 수 있으면 얼마나 좋을까?'라는 고민이 시작된 것입니다. 그렇게 만들기 시작한 놀이가 어느덧 100개가 되었습니다. 저는 놀이가 부모님이 자녀에게 줄 수 있는 최고의 선물이자 가르침이라고 생각합니다. 이 책에 있는 놀이로 소통이 꽃피는 가족, 서로의 이야기에 귀 기울이는 가족이 되길 바랍니다. 한 선생님의 고민을 세상 밖으로 꺼내주신 여러분과 사랑하는 아내 샛별이, 그리고 딸 봄이에게 감사의 말을 전합니다.

2019년

놀이를 고민하고 놀이로 답을 찾아가는 교사, 이진영

이 책의 활용법

책에 수록된 100가지 놀이의 활용방법을 알아볼까요?

전체 구성을 크게 인지적, 신체적, 사회적, 정서적 놀이로 구분해 놓음으로 아이들의 전인적 발달을 돕고자 했습니다.

초등학교 저학년 시기의 발달 모습입니다. 발달 속도에는 개인차가 있으므로 참고자료로만 활용하시기 바랍니다.

초등학교 저학년 담임 시절 학부모님들이 주로 고민하고 물어보는 내용을 중심으로 놀이를 엮어 놓았습니다.

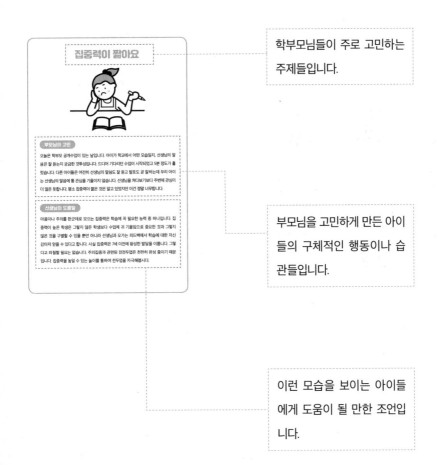

학부모님들이 주로 고민하는 주제들입니다.

부모님을 고민하게 만든 아이들의 구체적인 행동이나 습관들입니다.

이런 모습을 보이는 아이들에게 도움이 될 만한 조언입니다.

고민별로 특화된 놀이들 입니다.

놀이 제목과 필요한 준비물, 추천하는 장소입니다. 놀이를 위해서 특별한 물건을 준비해야 하는 것은 아닙니다. 냄비, 키친타월, 두루마리 휴지, 상자와 같이 집에 있는 것들로 간단히 즐길 수 있답니다.

아이들은 학교에서 미래 사회를 살아가는 데 필요한 여섯 가지 핵심역량을 함양합니다. 놀이에 역량 요소를 녹여 놓음으로써 가정에서도 놀면서 공부할 수 있도록 하였습니다.

놀이방법과 모습입니다. 4인 가족을 기준으로 작성되어 있습니다.

놀이방법과 사진만으로 부족한 정보를 채워줄 내용입니다. 놀이 전 한 번 쓱 살펴보는 것만으로도 충분히 진행할 수 있습니다.

진행 대본입니다. 가장 유념해서 보아야 할 부분은 가장 마지막 대사입니다. 놀이 후 주고받는 말로 아이들을 감동, 변화시킬 수 있습니다.

해당 놀이와 관련된 학습 내용입니다. 즐겁게 놀았을 뿐인데 공부도 하고 있었던 것입니다.

실제 놀이하며 느꼈던 점이나 도움이 될 만한 조언입니다.

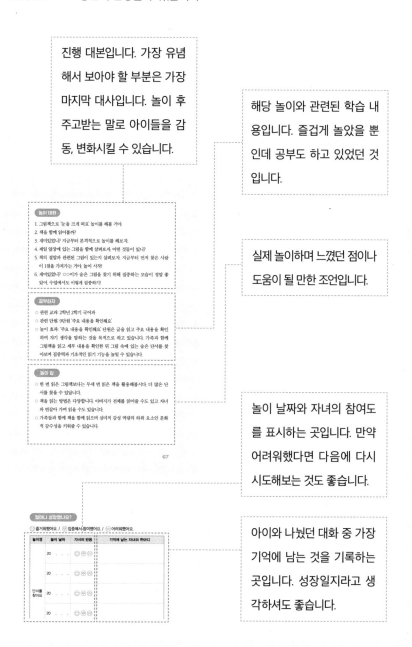

놀이 대화

1. 그림책으로 '눈을 크게 떠요' 놀이를 해볼 거야.
2. 책을 함께 읽어볼까?
3. 재미있었다! 지금부터 본격적으로 놀이를 해보자.
4. 제일 앞장에 있는 그림을 함께 살펴보자. 어떤 것들이 있니?
5. 책의 결말과 관련된 그림이 있는지 살펴보자. 지금부터 먼저 찾은 사람이 1점을 가져가는 거야. 놀이 시작!
6. 재미있었다! ○○이가 숨은 그림을 찾기 위해 집중하는 모습이 정말 좋았어. 수업에서도 이렇게 집중하기!

공부하자

○ 관련 교과: 2학년 2학기 국어과
○ 관련 단원: 9단원 '주요 내용을 확인해요'
○ 놀이 효과: '주요 내용을 확인해요' 단원은 글을 읽고 주요 내용을 확인하며 자기 생각을 말하는 것을 목적으로 하고 있습니다. 가족과 함께 그림책을 읽고 세부 내용을 확인한 뒤 그림 속에 있는 숨은 단서들을 찾아보며 집중력과 기초적인 읽기 기능을 높일 수 있습니다.

놀이 팁

○ 한 번 읽은 그림책보다는 두세 번 읽은 책을 활용해봅시다. 더 많은 단서를 찾을 수 있습니다.
○ 책을 읽는 방법은 다양합니다. 아버지가 전체를 읽어줄 수도 있고 자녀와 번갈아 가며 읽을 수도 있습니다.
○ 가족들과 함께 책을 함께 읽으며 심미적 감성 역량의 하위 요소인 문화적 감수성을 키워줄 수 있습니다.

67

놀이 날짜와 자녀의 참여도를 표시하는 곳입니다. 만약 어려워했다면 다음에 다시 시도해보는 것도 좋습니다.

얼마나 성장했나요?
☺ 즐거워했어요. / ☺ 집중해서 참여했어요. / ☹ 어려워했어요.

놀이명	놀이 날짜	자녀의 반응	기억에 남는 자녀의 한마디
단서를 찾아요	20 . . .	☺ ☺ ☹	
	20 . . .	☺ ☺ ☹	
	20 . . .	☺ ☺ ☹	
	20 . . .	☺ ☺ ☹	

아이와 나눴던 대화 중 가장 기억에 남는 것을 기록하는 곳입니다. 성장일지라고 생각하셔도 좋습니다.

9

차례

5. 감정과 마주하는 정서 놀이

1

우리 자녀의
학교생활

학부모가 되면 궁금한 것이 많아집니다.

학교에서 공부는 잘하고 있는지, 친구들과 싸우지 않고 잘 지내는지 말입니다. 그렇다고 매일 들여다볼 수도 없는 사정입니다. 일 년에 두 번 있는 학교(급) 교육과정 설명회와 학부모 공개수업만으로는 부족한 우리 자녀의 학교생활 지금부터 알아봅시다.

학교에서는 무엇을 배우나요?

'학교는 교육과정을 운영해야 한다.'

초·중등교육법 제23조에 나와 있는 말입니다. 우리 아이들은 학교에서 운영하는 교육과정에 참여하고 있습니다. 교육과정이라, 어렴풋이 알 것 같긴 한데 정확히 이것이라 말하기 어렵습니다.

교육과정의 정의는 시대에 따라 다르게 변화했습니다. 19세기 중엽의 학자들은 교육과정을 경주로라 생각하였습니다. 교육과정을 의미하는 커리큘럼(curriculum)의 어원이 라틴어 '달린다'는 뜻을 지닌 'currere'에서 시작되었듯 말입니다. 경마장에 있는 말들이 경주로를 따라 있는 힘껏 달리듯 학생들도 나라에서 제정한 교육법에 따라 초등학교, 중학교, 고등학교 등의 정해진 코스를 충실히 이행하며 국어, 수학, 사회, 과학 같은 체계적인 지식을 학습하는 것이라 여겼습니다. 그러나 지금은 그 의미가 확대되어 수업을 계획하고, 수업하며 평가하는 모든 일련의 과정을 의미합니다. 아이들이 등교해서 하교할 때까지 선생님들과 함께하는 모든 교육활동을 교육과정이라 합니다.

우리 아이들은 거시적으로는 교육과정에 미시적으로는 교과 학습과 창의적 체험활동에 참여하며 하루를 보냅니다. 교과는 알겠는데 창의적 체험활동이란 단어가 생소합니다. 새롭게 생긴 것은 아닙니다. 부모님 시대의 특별활동과 같은 것입니다. 부모님이 학창 시절

공부머리를 키우는 가족 놀이 100

기다렸던 어린이회, 클럽활동을 했던 시간입니다. 부모님이 그러셨 듯 지금의 아이들도 교과 활동에서 습득한 것을 적용하고 실현해보 는 교과 이외의 활동인 창의적 체험활동 시간을 매우 좋아하고 기 다립니다.

초등학교 저학년의 하루 시간표

교시	시간	활동내용
자율활동시간	08:30~09:00	학급 자율활동
1교시	09:00~09:40	교과 또는 창의적 체험활동
2교시	09:50~10:30	
중간놀이시간	10:30~11:00	우유 급식 및 친구들과 놀기
3교시	11:00~11:40	교과 또는 창의적 체험활동
4교시	11:50~12:30	
점심시간	12:30~13:00	점심 식사
점심놀이시간	13:00~13:30	친구들과 놀기
5교시	13:30~14:10	교과 또는 창의적 체험활동
방과 후 시간	14:10~17:00	방과후학교 및 돌봄교실

초등학교 저학년의 하루 시간표입니다. 과거와 다른 점은 중간놀 이시간과 점심시간이 늘어났다는 것입니다. 최근에는 가정, 학교, 지 역사회에서 놀 터와 시간을 충분히 제공해줌으로써 아이들의 놀 권 리를 존중하고 충족해주어야 한다는 정책 아래 중간놀이시간을 30

분 이상, 점심시간을 20분 이상 확보[1]하기 위해 노력하고 있습니다. 우리 아이들은 학교에서 교과 및 창의적 체험활동을 배우고 친구들과 놀이 활동을 하며 시간을 보내고 있습니다.

이제까지 아이들이 학교에서 배우는 것을 알아보았습니다. 다음으로는 1, 2학년이 적용받고 있는 '2015 개정 교육과정'에 대해 알아보도록 하겠습니다.

'2015 개정 교육과정'이란 무엇인가요?

현재[2] 초등학교 1, 2학년은 2015 개정 교육과정에 적용받고 있습니다. '내가 교육과정까지 알아야 해?'라고 생각하실 수도 있습니다. 하지만 학교는 교육과정을 운영하고 있고 이번 교육과정 적용으로 인하여 1, 2학년의 생활 모습에 변화를 일으켰기에 소개해드리고자 합니다.

먼저 2015 개정 교육과정이라는 용어 자체가 생소하실 것입니다. 초등학교 저학년을 자녀로 둔 대부분 부모님은 5차, 6차 교육과정을 거쳤기 때문입니다. 'ㅇ차 교육과정'의 형식은 7차 교육과정에서 막을 내렸습니다. 하루가 다르게 급변하는 시대와 기존 교육과정이 지닌 문제점을 빨리 수정·보완하기 위해 수정한 년도에 '개정'이

---

1) 전라남도교육청을 기준으로
2) 2017년부터 현재까지

라는 말을 붙여 사용하고 있습니다.

2015 개정 교육과정이 초등학교 저학년에 적용됨에 따라 크게 변한 것은 세 가지입니다.

첫 번째, 한글 교육이 매우 강화되었습니다.

이전 교육과정에서의 한글 교육시간[3]은 27차시[4]에 불과하였습니다. 그러나 2015 개정 교육과정에서는 62차시로 확대하였는데 이는 한글을 책임지고 가르치겠다는 의지와 의무교육을 시작하는 시기인 초등학교 1, 2학년에서의 기초·기본 교육을 강화하겠다는 의도가 포함되어 있습니다. 초등학교 입학을 앞둔 학부모님들께 당부드리고 싶은 것은 한글, 더는 사교육으로 가르치지 않아도 된다는 것입니다. 학교에서 충분한 시간 동안 배우니까요.

두 번째, 수업시수가 늘었습니다.

아이들은 다소 실망할 수 있으나 학부모님들께는 희소식일 것입니다. 학교에 한 시간을 더 머무른다는 것은 부모님께 한 시간의 여유가 더 생겼다는 것을 의미하기 때문입니다. 이는 맞벌이 부부가 증가함에 따라 학교에서 보육 기능을 강화하기 위한 조치입니다. 주당 수업 시간이 1차시씩 늘었다고 해서 공부할 것이 늘었다는 것은 아닙니다. 자율활동, 동아리 활동 같이 아이들이 좋아하는 창의적 체

---

3) 교과서를 기준으로
4) 차시는 수업 시간을 의미합니다. 초등학교에서 1차시는 40분을 의미합니다.

험활동 시간[5]을 늘려 체험 중심의 안전교육을 진행하고 있답니다.

세 번째, 안전교육이 강화되었습니다.

2014년 4월 16일 세월호가 침몰했습니다. 참으로 가슴 아픈 일이었습니다. 당시 저는 섬에서 근무하고 있었는데 사건 현장이 코앞에 있어서 그런지 생각하면 가슴이 더 아려옵니다. 이 일이 있고 난 뒤 안전교육을 강화해야 한다는 국가적, 사회적 요구가 강해졌습니다. 이에 새로운 교과를 신설하기보다 창의적 체험활동에 '안전한 생활'[6]을 편성, 운영함으로써 체험 중심의 안전교육을 강화하고 있습니다.

이제까지 2015 개정 교육과정이 초등학교 저학년에 적용됨에 따라 변화된 것을 살펴보았습니다. 현행 교육과정이 탄생하게 된 여섯 가지 배경 중 한글 교육 강화, 수업시수 증가, 안전교육 이 세가지는 초등학교 1, 2학년과 관련된 것이랍니다.

우리 아이가 '슈퍼맨', '엄친딸'이라고요?

교육은 목적을 가진 행위입니다. 뚜렷한 목적지가 정해져 있는 것입니다. 2015 개정 교육과정도 마찬가지입니다. 현행 교육과정은 '바른 인성을 갖춘 창의융합형 인재'를 기르는 것을 목적으로 하고

---

5) 기존 272시간에서 336시간으로 늘었습니다.
6) 3~6학년에서는 체육, 실과 등의 관련 교과에 안전 대단원을 신설하여 체험 중심의 안전교육을 받는답니다.

있습니다. 사람 이름은 대게 2~4글자밖에 안 되는데 교육과정이 원하는 인간상은 열네 글자나 됩니다. 도대체 어떤 사람을 의미하는 것일까요?

교육과정에 따르면 '바른 인성을 갖춘 창의융합형 인재'란 아래와 같습니다.

- 기초 생활 습관이 형성되어 있으며 자신의 꿈을 가꿀 줄 아는 사람
- 다양한 정보를 활용하여 문제를 해결할 줄 아는 사람
- 폭넓은 지식을 바탕으로 창의적인 생각을 할 수 있는 사람
- 아름다움의 가치를 아는 사람
- 다른 사람을 배려하는 가운데서 자신의 목소리를 내는 사람
- 다양한 문화 가치를 존중할 수 있는 사람

저는 이 내용을 보며 '슈퍼맨', '엄친딸'을 떠올렸습니다. 학교는 이런 슈퍼 히어로를 키우기 위해 여섯 가지 핵심역량을 함양토록 하고 있습니다. 2015 개정 교육과정에서 말하는 핵심역량은 총 여섯 가지로 '자기관리 역량', '지식정보처리 역량', '창의적 사고 역량', '심미적 감성 역량', '의사소통 역량', '공동체 역량'이 그 주인공입니다. 학교에서는 이러한 핵심역량을 길러주기 위해 다양한 수업과 활동을 계획하고 전개하고 있습니다.

많은 학부모가 오해하고 있는 것 중 하나가 공부를 잘하는 아이가 핵심역량을 갖추었다고 생각하는 것입니다. 공부만 잘하면 된다는 사회적 분위기가 반영된 결과입니다. 그래서 일까요? 많은 아이가 하교했음에도 불구하고 마음껏 뛰어놀지 못합니다. 학원에서 또 다른 공부를 하기 위함입니다. "선생님 놀고 싶어요"라고 말하는 아이들을 보면 마음이 아프기도 합니다. 핵심역량은 책상 위에서 공부를 열심히 한다고 해서 모두 습득할 수 있는 것이 아닙니다. 친구들과 이야기하거나 웃고 떠들며 뛰어다닐 때 비로소 채워지는 핵심역량도 있습니다. 아이들에게 있어 놀이는 또 하나의 공부인 것입니다.

프랭크(Frank)도 이 생각에 동의합니다. 그는 놀이가 아이들에게 있어 가장 좋은 학습 방법이라 하였습니다.[7] 아이들은 놀이를 통하여 세상을 보고 이해하는 것입니다. 초등학교 저학년도 마찬가지입니다. 친구들과의 놀이를 통하여 자신감을 획득하고 기본 생활 습관을 형성하며 합리적으로 문제를 해결하는 능력을 습득합니다. 놀이와 학습, 핵심역량은 모두 동일선에 있는 것입니다. 미래의 '슈퍼맨', '엄친딸'을 꿈꾸시나요? 그럼 놀이에 관대해지셔야 합니다.

이제까지 학교에서 이루어지는 교육과정과 놀이가 핵심역량에 끼치는 영향에 대해 알아보았습니다. 여기서 잠깐! 핵심역량 함양에 효과적인 곳이 하나 더 있습니다. 바로 가정입니다. 가정은 아이들이 태어나서 처음 만나는 학교로 훌륭한 선생님인 부모님과 함께하며 다양한 배움이

---

7) Frank, L. K. & Caplan, T.(1974). The power of play. New York: Anchol Press.

공부머리를 키우는 가족 놀이 100

일어나는 곳이자 심리적 안식처입니다. 이러한 곳에서 이루어지는 놀이는 정서적 안정을 줄 뿐 아니라 심리적 방어기제를 낮춰 마음을 터놓고 이야기할 수 있는 분위기를 형성함으로써 핵심역량 함양에 매우 효과적이랍니다. 지금부터 각각의 역량이 가진 특성을 살펴봅시다.

첫 번째로 살펴볼 것은 **자기관리 역량**입니다.

자기관리 역량[8]이란 삶에 필요한 기초적 능력을 지속해서 계발하고 관리함으로써 변화하는 사회에 유연하게 적응할 수 있도록 돕는 능력입니다. 이 역량이 높은 아이들은 학습 및 건강, 진로에 필요한 기초능력을 잘 갖추고 있어 누가 시키지 않아도 계획을 수립하여 자신의 꿈을 이루기 위해 노력하는 모습을 보이는 반면 그렇지 않은 아이들은 기본 생활 습관이 형성되지 않아 위생상태가 엉망이고 학습을 어려워하는 등의 자신감이 부족한 모습을 보입니다. 아래의 설문에 응답해봄으로 내 자녀의 자기관리 역량을 확인하여 봅시다.[9]

순	문항	그렇지 않다	보통 이다	그렇다
1	자신이 좋아하는 것(일)이 무엇인지 안다.			
2	자신의 장점과 단점이 무엇인지 안다.			
3	다른 사람의 제안보다 자신이 하고 싶은 것을 한다.			
4	실제로 이룰 수 있을지 생각하며 목표를 세운다.			

8) 교육부(2016). 2015 개정 교육과정 총론 해설 초등학교. p40.
9) 《2017 KEDI 학생역량 조사 연구》의 학생 설문 중 '자기관리 역량'을 부모보고식으로 재구성한 것입니다.

5	해야 할 일이 많으면 순서를 정해서 하나씩 한다.			
6	일에 집중할 수 있도록 주변을 미리 정리한다.			
7	자기를 소중한 사람이라 생각한다.			
8	어려운 일이라도 잘될 거라고 믿으며 열심히 한다.			
9	어른들의 결정보다는 자신이 원하는 진로를 택한다.			
10	관심 있는 직업에 대한 구체적인 정보를 안다.			

이 도구는 기존의 자기보고식 문항을 부모보고식으로 재구성한 것으로 타당도와 신뢰도를 따로 측정하지 않았기에 '그렇지 않다'가 많이 나왔다고 해서 자기관리 역량이 낮은 것도 아니며 '그런 편이다'가 많이 나왔다고 해서 높은 것도 아닙니다. 해당 역량에 대한 이해를 높이기 위한 자료로만 활용하시기 바랍니다.

아래는 이 책에 실린 자기관리 역량에 특화된 놀이입니다. 해당 페이지도 함께 표시했습니다.

두 번째 **지식정보처리 역량**입니다.

지식정보처리 역량[10]이란 학습과 삶 등에서 만나게 되는 문제를 해결하기 위해 다양한 정보를 수집하고 분석하며 평가함으로써 합리적으로 문제를 해결할 수 있는 능력을 의미합니다. 이 역량이 높은 아이들은 직면한 문제를 해결하기 위해 다양한 정보를 찾고 비판적으로 살펴봄으로써 효율적으로 해결하는 반면 그렇지 않은 아이들은 인터넷에서 찾은 정보를 그대로 활용하거나 다른 사람이 하는 것을 그대로 따라 하는 모습을 보입니다. 아래의 설문을 참고하여 자녀의 지식 정보 처리 역량을 확인하여 봅니다.[11] 설문 도중 막힌다면 블록을 가지고 놀다가 마음대로 안되었을 때나 어려운 숙제가 주어졌을 때 어떻게 했는지 떠올려보는 것이 도움이 됩니다.

---

10) 교육부(2016). 2015 개정 교육과정 총론 해설 초등학교. p40.

11) 〈아동이 지각하는 부모의 양육태도와 자아존중감 및 문제해결능력의 관계〉를 연구한 장미영(2006)의 자료를 부모보고식으로 재구성한 것입니다.

순	문항	그렇지 않다	보통 이다	그렇다
1	문제가 생기면 피하지 않고 정면으로 부딪친다.			
2	어려운 문제에도 당황스러워하지 않는다.			
3	여러 각도에서 문제를 살펴본다.			
4	문제에 관한 여러 가지 정보를 수집한다.			
5	판에 박히지 않는 해결책을 생각하려 한다.			
6	다른 가능성을 생각해서 비교하고 평가한다.			
7	여러 가지 가능한 해결책을 생각한 후 종합한다.			
8	관련된 정보 중 가장 중요한 것을 결정한다.			
9	실패하더라도 쉽게 포기하지 않는다.			
10	실패 시 무엇이 잘못되었는지 생각해본다.			

알고 계시죠? 결과는 참고자료일 뿐입니다.

아래는 이 책에 나오는 지식정보처리 역량에 특화된 놀이입니다.

영역	놀이 제목	해당 페이지
인지 놀이	문제 해결 전략을 수립해보는 **'점점 빠르게'**	80
	다양한 정보를 평가하고 선택해보는 **'둘이 하나로'**	90
	논리적, 비판적으로 바라보는 힘을 기르는 **'글자 수사대'**	92
	수많은 정보에서 정답을 찾아보는 **'곱셈구구 빙고'**	106
신체 놀이	시시때때로 변하는 미션을 해결해보는 **'침묵의 도형'**	154
	놀이에 필요한 전략을 수립해보는 **'흔들흔들 젓가락'**	158
	주어진 문제 상황을 헤쳐 나가보는 **'골라 골라'**	166
	선택과 집중으로 정보를 선별해보는 **'슝슝 달려요'**	174
	기억 작전으로 문제를 해결해보는 **'세균을 찾아라'**	184

세 번째 **창의적 사고 역량**입니다.

창의적 사고 역량[12]이란 다양한 영역에 대한 폭넓은 지식을 바탕으로 독창적인 아이디어를 산출해냄으로써 다양한 분야에 활용할 수 있는 능력을 의미합니다. 이 역량이 높은 아이들은 관찰력과 과제 집착력이 높아 새롭고 유용한 것을 만들어 주변 사람들의 인정을 받는 반면 그렇지 않은 아이들은 다른 사람들의 생각이나 작품을 모방하는 수준에 머무른다는 특징을 가지고 있습니다.

아래의 설문[13]을 활용하여 자녀의 창의적 사고 역량을 가늠해볼 수 있습니다. 본격적인 응답 전 평소 생활 모습이나 새로운 것을 만났을 때의 반응을 떠올려봅시다.

---

12) 교육부(2016). 2015 개정 교육과정 총론 해설 초등학교. p41.
13) 〈「남다른 생각 자라나는 창의력」프로그램 적용이 초등학생의 창의적 사고 및 태도에 미치는 효과〉를 연구한 우순옥(2007)의 자료를 부모보고식으로 재구성한 것입니다.

순	문항	그렇지 않다	보통 이다	그렇다
1	길을 가다 새로운 간판을 잘 알아낸다.			
2	엉뚱한 상상을 자주 한다.			
3	한 가지를 보고 여러 경우를 생각해 낸다.			
4	일기를 쓸 때 막힘없이 일어난 일을 잘 적는다.			
5	말을 유창하게 잘하는 편이다.			
6	물건의 쓰임을 여러 가지로 생각할 수 있다.			
7	독특한 생각을 잘한다.			
8	어떤 것을 그릴 때 자세히 그린다.			
9	이야기 속 주인공을 자세히 설명한다.			
10	냄새나 소리에 민감하다.			

아래는 이 책에 있는 창의적 사고 역량에 특화된 놀이입니다.

네 번째는 **심미적 감성 역량**입니다.

심미적 감성 역량[14]이란 삶과 사물에 대한 아름다움과 가치를 발견하여 즐길 수 있는 능력을 의미합니다. 이 역량이 높은 아이들은 독서를 하거나 영화, 음악을 감상하는 예술활동을 즐기는 반면 그렇지 않은 아이들은 스포츠 활동을 싫어하고 우리나라와 다른 문화를 가진 친구들과 지내는 것을 꺼립니다.

심미적 감성 역량은 취향을 반영하기에 여가시간과 깊은 관련을 맺고 있습니다. 본격적인 설문[15] 전 자녀가 여가시간을 어떻게 활용하는지 떠올려보는 것이 도움이 됩니다.

---

14) 교육부(2016). 2015 개정 교육과정 총론 해설 초등학교. p41.
15) 《2017 KEDI 학생역량 조사 연구》의 학생 설문 중 '심미적 감성 역량'을 부모보고식으로 재구성한 것입니다.

순	문항	그렇지 않다	보통 이다	그렇다
1	독서를 좋아한다.			
2	다른 사람과 책에 관해 이야기하는 것을 좋아한다.			
3	서점이나 도서관에 가는 것을 좋아한다.			
4	한번 읽기 시작한 책은 끝까지 읽는다.			
5	음악, 미술, 영화, 연극을 관람하는 것을 좋아한다.			
6	노래, 악기연주, 만들기, 그림 그리기 등을 좋아한다.			
7	스포츠 경기 관람을 좋아한다.			
8	운동이나 경기에 참여하는 것을 좋아한다.			
9	다른 문화를 가진 아이가 집에 놀러 온다.			
10	생일파티에 다른 문화를 가진 친구를 초대한다.			

아래는 심미적 감성 역량에 특화된 놀이입니다.

영역	놀이 제목	해당 페이지
인지 놀이	그림책으로 문화적 감수성을 높이는 '눈을 크게 떠요'	66
	자음자의 아름다움을 발견해보는 '신기한 자음자'	86
	일상적인 것에서 아름다움을 발견해보는 '무슨 모양일까?'	116
	문학이 주는 즐거움을 만끽하는 '책을 피자'	122
	책으로 행복함을 더하는 '그림자 연극'	124
	음악이 주는 편안함을 느껴보는 '마음의 안정'	128

공부머리를 키우는 가족 놀이 100

다섯 번째는 **의사소통 역량**입니다.

의사소통 역량[16]이란 자신의 생각을 효과적으로 표현하고 다른 사람의 생각과 감정을 바르게 이해함으로써 갈등을 효과적으로 조정하는 능력입니다. 이 역량이 높은 아이들은 다른 사람의 의견을 경청하고 존중하지만 그렇지 않은 아이들은 자신이 하고 싶은 말만 하거나 다른 사람의 의견을 들어주지 않는 모습을 보입니다.

자녀의 의사소통 역량이 궁금하지 않으신가요? 아래의 설문[17]을 활용하여 가늠해보시기 바랍니다. 본격적인 응답 전 자녀와 함께

---

16) 교육부(2016). 2015 개정 교육과정 총론 해설 초등학교. p41.
17) 《2017 KEDI 학생역량 조사 연구》의 학생 설문 중 '의사소통 역량'을 부모보고식으로 재구성한 것입니다.

나눴던 대화를 통하여 학교에서 친구들과 어떻게 보냈는지 떠올려 봅시다.

순	문항	그렇지 않다	보통 이다	그렇다
1	친구의 기분을 이해하려고 노력한다.			
2	친구의 마음을 잘 알아차린다.			
3	친구들의 고민을 잘 들어준다.			
4	친구가 선생님께 칭찬을 받으면 자신도 좋아한다.			
5	친구가 기분 나빠하면 자신도 나빠한다.			
6	대화할 때 어떻게 말할지 미리 생각한다.			
7	듣는 사람이 이해하기 쉽게 말한다.			
8	듣는 사람이 이해할 수 있도록 예를 든다.			
9	상대방의 표정과 몸짓을 살피며 속마음을 이해한다.			
10	대화 시 잘 듣고 있다는 말이나 몸짓을 보인다.			

의사소통 역량에 특화된 놀이입니다.

영역	놀이 제목	해당 페이지
인지 놀이	그림, 문자로 자신의 생각을 표현해보는 '무엇일까?'	76
	자신의 의사를 정확히 전달해보는 '육하원칙'	98
	협의를 통해 하나의 의견을 정해보는 '오늘 뭐 하지?'	114
신체 놀이	소통으로 승리하는 '솔방울 하키'	146
	팀원의 의견을 존중하고 배려하는 '동전 컬링'	160
	감정을 이해하고 배려하는 말을 해주는 '소중한 나'	196

핵심역량의 마지막은 **공동체 역량**입니다. 사람은 태어나는 순간 사회라는 공동체에 소속되게 됩니다. 이러한 공동체의 구성원으로서 살아가기 위해서는 다양한 문화나 가치를 인정하고 배려하며 협력하는 자세가 필요합니다. 공동체 역량이 높은 아이들은 다른 사람들과의 협업 능력이 높고 환경오염, 에너지 고갈 같은 사회적 문제에 관심이 많아 해결하기 위해 적극적인 노력을 기울이는 반면 그렇지 않은 아이들은 규칙을 잘 지키지 않거나 다른 사람들과 협력하여 문제를 해결하는 데 어려움을 겪습니다.

아래의 설문[18]을 활용하여 자녀의 공동체 역량을 가늠하여 봅시다. 응답 전 공개수업에서 관찰한 자녀의 모둠활동 모습을 떠올려봅시다.

18) 《2017 KEDI 학생역량 조사 연구》의 학생 설문 중 '공동체 역량'을 부모보고식으로 재구성한 것입니다.

순	문항	그렇지 않다	보통 이다	그렇다
1	학급이나 학교에서 일어나는 일에 관심이 많다.			
2	잘못된 일에 자신의 생각을 당당히 이야기한다.			
3	맡은 역할이 별로여도 모둠 활동에 최선을 다한다.			
4	모둠 활동 중 다투더라도 양보하며 끝까지 한다.			
5	보는 사람이 없어도 규칙을 잘 지킨다.			
6	공공시설을 이용할 때 급해도 차례를 지킨다.			
7	봉사활동에 적극적으로 참여한다.			
8	우리나라 국민인 것을 자랑스러워한다.			
9	굶어 죽는 다른 나라의 어린이들을 불쌍히 여긴다.			
10	환경오염을 막기 위한 노력을 한다.			

공동체 역량에 특화된 놀이입니다.

영역	놀이 제목	해당 페이지
인지 놀이	협업으로 임무를 완수하는 '손가락을 펴요'	104
	가족과 함께 그려보는 '협동화'	110
	책의 주인공이 살 집을 함께 지어보는 '집을 지어요'	120
신체 놀이	공동의 목표를 향해 나아가는 '휴지 탑 쌓기'	150
	자연보호에 책임감을 느끼고 참여하는 '물병 볼링'	152
	함께하여 즐거운 '계절 텔레파시'	180
	자연을 몸으로 느끼는 '상추를 키워요'	190
	협력하여 목표를 이루는 '풍선 제기차기'	198
	마음과 힘을 하나로 합쳐보는 '휴지를 둥둥'	208

공부머리를 키우는 가족 놀이 100

이제까지 여섯 가지의 역량에 대해 자세히 살펴보았습니다. 특정 역량을 강화하고 싶다면 그에 특화되어있는 놀이를 가정에서 즐겨보시기 바랍니다. 초등학교 6학년부터 고등학교 2학년까지 핵심 역량이 가장 높을 때는 언제일까요? 그리고 가장 강한 역량과 부족한 역량은 무엇일까요? 이처럼 흥미로운 것들에 대한 답을 2017년에 조사된 KEDI 학생역량조사 연구결과[19]에서 얻어봅시다.

첫 번째 초등학교 6학년부터 고등학교 2학년까지의 학생역량지수[20](100점 만점)를 측정·비교해본 결과 초등학교 6학년의 점수가 가장 높았으며 모든 학년에서 여학생이 남학생보다 높은 것으로 드러났습니다.

---

19) 길혜지 등(2017). 2017 KEDI 학생역량 조사 연구. 한국교육개발원.
20) 전국 239개 초·중·고에서 초6부터 고2까지 23,286명의 학생을 대상으로

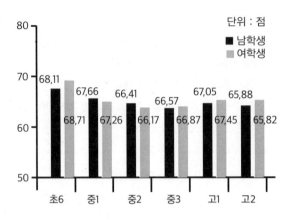

두 번째 초등학교 6학년의 경우 의사소통과 심미적 감성 역량에서 뚜렷한 강점을 보였는데 이는 독서, 예술, 스포츠 활동의 기회가 중·고등 학생보다 많을뿐더러 다문화에 대해서도 개방적인 태

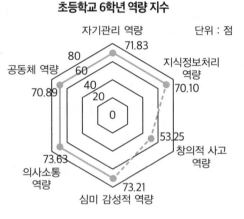

초등학교 6학년 역량 지수

도를 보이기 때문으로 해석할 수 있습니다. 반면 창의적 사고 역량은 모든 학년에서 낮게 나온 것으로 미루어보아 창의성을 키우는 교육이나 활동을 적극적으로 시도해야 하겠습니다.

각 교과에서는 어떤 것들을 배우나요?

지금부터 교과서를 중심으로 어떤 것을 배우는지 알아보고자

합니다. 최근 교과 활동은 부모님들이 공부했던 시절과 달리 교과서를 그대로 배우지 않고 담임 선생님의 필요에 따라 재구성하여 활용하고 있습니다. 교과를 통해 학생들이 배워야 할 지식과 기능 및 태도의 총체인 성취기준[21]을 바탕으로 학년, 학급의 실태를 반영하여 수업을 계획하고 실행하며 평가하고 있는 것입니다. 이에 앞으로 살펴볼 내용은 참고자료일 뿐 해당 내용을 그대로 배우는 것은 아님을 기억해주시기 바랍니다.

첫 번째 **국어과**입니다. 한 학기에 아이들은 몇 권의 국어 교과서를 배울까요? 정답은 세 권입니다. 1학년 1학기에 아이들은 《국어 1-1 ㉮》와 《국어 1-1 ㉯》, 《국어 활동 1-1》를 공부하고 있습니다. 어린 시절 한 권으로만 공부하던 것을 생각하면 책이 많아져서 놀라셨을 것입니다. 이는 〈교과용도서에 관한 규정〉에 의한 것입니다. 학생들은 규정에 따라 국어와 국어 활동으로 학습하고 있습니다. 국어 활동은 국어에서 공부한 것을 확인, 점검, 연습해봄으로써 내면화하고 실천할 수 있도록 돕는 보조 교과서랍니다.

초등학교 저학년 국어과는 취학 전의 국어 경험을 발전시켜 일상생활과 학습에 필요한 기초 문식성을 갖추고, 말과 글에 흥미를 느끼는 것을 목표로 하고 있습니다. 이에 듣기·말하기에서는 다른 사람의 말을 경청하고 자신의 감정이나 경험을 자신 있게 말하는 것을, 읽기에서는 글자라는 약속된 기호가 있음을 알고 스스로 글자를 읽어보

---

21) 교육부(2017). 2015 개정 교육과정 총론 해설 초등학교.

는 것을, 쓰기에서는 글자를 바르게 쓰고 자기 생각을 문장이나 짧은 글로 쓰면서 쓰기에 흥미를 갖고 부담 없이 쓰는 것을, 문법에서는 한글을 해득하고 낱말과 문장과 문장부호를 바르게 사용하며 말과 글에 대한 관심을 갖는 것을 다루고 공부합니다.

1학년 국어과[22]에서 배우는 구체적인 내용은 다음과 같습니다.

○ **1학년 1학기**

-1단원: 바른 자세로 낱말을 듣고, 읽고, 쓰는 방법을 알아봅니다. '거미', '나무', '나비', '제비', '바구니' 같은 간단한 낱말을 따라 써봅니다.

-2단원: 친근한 사물을 통해 자음자(기역부터 히읗까지)의 모양을 쉽게 익히고 이름을 알아보며 정확하게 읽는 방법을 배웁니다.

-3단원: 모음자(ㅏ, ㅑ, ㅓ, ㅕ, ㅗ, ㅛ, ㅜ, ㅠ, ㅡ, ㅣ)의 모양을 알고 이름을 알며 읽고 쓰는 것을 학습합니다.

-4단원: 자음자와 모음자가 각각 초성과 중성으로 만나 글자를 이루고 있음을 이해한 뒤 '포도', '자두', '가지', '고추' 같은 낱말을 만들어봅니다. 여러 가지 모음자(ㅐ, ㅔ, ㅚ, ㅟ, ㅘ, ㅝ, ㅙ)에 대해 공부합니다.

-5단원: '안녕하세요', '안녕?' 같이 친구, 가족, 선생님과 주고받는 간단한 인사말과 '잘 먹겠습니다', '다녀오겠습니다'

---

22) 교육부(2017). 초등학교 국어 교사용 지도서

같이 다양한 상황에 어울리는 인사말을 알아봅니다.

-6단원: '둥둥', '엄마', '풍덩' 같이 받침이 있는 글자를 바르게 읽고 쓰는 방법을 배웁니다.

-7단원: '토끼가 밥을 먹습니다', '기린이 물을 마십니다' 같이 한두 문장의 짧은 글을 쓰고 그 문장을 정확하게 소리 내어 읽는 것을 학습합니다.

-8단원: 쉼표(,), 마침표(.), 물음표(?), 느낌표(!) 같은 문장부호를 생각하며 글을 띄어 읽는 방법과 쌍기역, 쌍디귿 같은 여러 가지 자음자에 대해 배웁니다.

-9단원: 하루에 겪은 일 가운데서 기억에 남는 일을 선택하여 일기를 쓰는 것의 좋은 점을 알아본 후 날짜와 요일, 날씨, 그림, 글을 중심으로 그림일기 써봅니다.

○ **1학년 2학기 국어과**

-1단원: 〈돌잡이〉라는 글을 읽고 재미있거나 새롭게 알게 된 점을 찾으며 책과 친해져 봅니다. '묶는다', '썼다', '잤다', '닦는다' 같은 쌍받침에 대해 알아보며 낱말의 받침에 주의하며 글을 읽어봅니다.

-2단원: '주룩주룩', '쨍쨍' 같은 흉내 내는 말과 '없어', '괜찮아', '가엾다' 같은 겹받침을 중심으로 여러 가지 받침이 있는 낱말을 읽고 쓰는 방법을 배웁니다.

-3단원: 작은따옴표(' '), 큰따옴표(" ") 같은 문장부호를 사용해 문장을 쓰고 문장의 내용을 분명하게 나타내는 방법을

학습합니다.

-**4단원:** 듣기와 말하기를 할 때 지켜야 할 바른 태도와 자세에 대해 알아봅니다.

-**5단원:** 글을 읽고 글의 분위기와 느낌에 알맞은 목소리로 소리 내어 읽는 방법을 배웁니다.

-**6단원:** '새 장난감이 생겨서 기뻐요', '장난감이 망가져서 속상해', '장난감을 망가뜨려서 미안해' 같이 듣는 사람을 생각하며 자신의 기분이나 느낌을 말하는 방법을 배웁니다.

-**7단원:** 인물이나 사건 등 중요한 내용을 확인하며 글을 읽고 내용에 알맞은 제목을 붙여보는 방법을 알아봅니다.

-**8단원:** 주변 사람이나 흔히 접하는 사물에 대한 정보를 담은 글, 인물의 마음이 잘 드러나는 이야기를 활용하여 문장 부호에 맞게 글을 바르게 띄어 읽는 방법을 학습합니다.

-**9단원:** 가족 또는 학교 같은 일상생활에서 겪은 일을 떠올려 언제, 어디에서 누구와 무슨 일을 하였는지 당시의 생각이나 느낌은 어땠는지 드러난 글을 써봅니다.

-**10단원:** 등장하는 인물의 말과 행동을 상상하며 이야기를 즐기는 방법을 배웁니다.

다음은 2학년 국어과에서 배우는 내용입니다.

○ **2학년 1학기 국어과**

-**1단원:** 주고받으며 읽기, 손뼉을 치거나 발을 구르며 읽기 등 여

러 가지 방법으로 시를 읽으며 시가 주는 즐거움에 느껴봅니다.

-2단원: 자신의 생각을 바른 자세로 자신 있게 말하는 방법에 대해 배웁니다.

-3단원: '즐거워요', '부끄러워요', '슬퍼요', '두려워요', '자랑스러워요' 같이 마음을 나타내는 말을 사용해 마음을 자세히 표현하는 방법에 대해 배웁니다.

-4단원: '끝말잇기', '말 바꾸기 놀이', '낱말 떠올리기' 같은 말놀이를 통해 우리 말에 대한 관심과 흥미를 갖습니다.

-5단원: '반드시', '반듯이'처럼 소리는 비슷하나 뜻이 다른 낱말에 대해 알아본 후 바른 낱말을 사용해 마음을 전하는 글인 편지를 써봅니다.

-6단원: 이야기 속의 인물이나 본인이 겪은 일을 '아침', '점심', '저녁' 같은 시간적인 흐름에 따라 차례가 드러나게 이야기로 표현하는 방법을 배웁니다.

-7단원: 물건을 설명하는 글을 읽고 주요 내용을 확인하며 '대상', '까닭', '궁금해할 내용'을 중심으로 물건을 설명하는 짧은 글을 직접 써봅니다. '구름이', '구름은', '구름에'처럼 글자와 다르게 소리 나는 낱말 가운데 받침이 뒷말 첫소리가 되는 낱말을 바르게 읽는 방법을 배웁니다.

-8단원: 말이나 행동을 통해 글쓴이가 처한 상황과 '설레는 마음', '신나는 마음' 같이 글쓴이의 마음을 짐작해보는 활동을 합니다.

-9단원: '귀여운 새가 신나게 노래한다'처럼 꾸며 주는 말을 사용하면 좋은 점을 알고 꾸며 주는 말을 사용해 짧은 글을 써봅니다.

-10단원: 듣는 사람의 기분을 생각하며 대화하는 방법을 알고 고마움이나 미안함을 표현해보는 실제 대화에서 적용해봅니다.

-11단원: 이야기를 읽을 때 등장하는 인물의 모습과 행동을 상상하면 좋은 점에 대해 배웁니다.

○ **2학년 2학기 국어과**

-1단원: 시나 이야기의 장면을 다양한 방법으로 떠올리고 생각이나 느낌을 묻고 답하기 놀이나 종이 꽃잎에 써보는 등의 활동으로 구체적으로 표현해봅니다.

-2단원: 선생님께 칭찬받았던 일이나 친한 친구가 전학 갔던 일처럼 겪은 일 가운데서 인상 깊었던 일을 떠올려 차례대로 정리해서 글로 써봅니다.

-3단원: 흉내 내는 말에 대해 알아본 후 말의 재미를 느낄 수 있는 다섯고개 놀이, 끝말잇기 놀이, 말 덧붙이기 놀이, 수수께끼 놀이 등을 즐겨봅니다.

-4단원: '사랑해', '고마워'처럼 이야기에 드러난 인물의 마음을 짐작하는 방법을 알아본 후 인물에게 하고 싶은 말이나 생각, 공감을 전달하는 방법에 대해 배웁니다.

-5단원: 일상생활에서 보고 듣고 느끼고 생각한 다양한 경험을

시나 노래로 표현해봅니다.

-6단원: 주변 사람을 소개하는 방법을 알고 이름과 성별, 잘하는 것, 좋아하는 것 등에 따라 글을 맞춤법에 맞게 써봅니다. '앉아서', '많이' 같이 글자와 다르게 소리 나는 낱말에 대해 알아봅니다.

-7단원: 인물의 말, 행동으로 모습을 상상하며 이야기를 읽고, 일이 일어난 차례대로 말하는 것을 배웁니다.

-8단원: '다르다', '틀리다', '작다', '적다' 같이 바른말을 사용해 다른 사람과 대화하는 방법을 학습합니다.

-9단원: 글을 읽고 제목, 하고 싶은 말, 까닭 등으로 주요 내용을 확인 후 자신의 생각을 말하는 방법에 대해 배웁니다.

-10단원: 칭찬하는 말의 좋은 점을 알고 노력한 점, 잘하는 점, 고마운 점을 찾아 생활 속에서 칭찬하는 말을 해봅니다.

-11단원: 인형극 감상을 통해 인물의 말과 행동을 표현하는 방법을 알아본 후 역할에 맞는 말의 높낮이, 빠르기, 목소리 크기 등을 활용하여 실감 나게 표현해봅니다.

국어과와 관련된 놀이입니다. 기본 글씨는 **인지 놀이**를 굵은 글씨는 **신체 놀이**를 회색 이탤릭체는 **사회 놀이**를 색이 들어간 글씨는 **정서 놀이**를 의미한답니다.

영역	놀이 제목
국어 1-1	(1단원) 듣기 예절과 자세를 알아보는 '잘 들어봐' (2단원) 그림으로 친근하게 느껴보는 '신기한 자음자' (3단원) 퀴즈 놀이로 즐기는 '손가락 모음자' (4단원) 다양한 조합으로 단어를 만들어보는 '둘이 하나로' (5단원) 상황에 맞는 인사말을 찾아보는 '짝을 찾아요' (6단원) 올바른 글자로 고쳐보는 '글자 수사대' (7단원) 그림과 문장으로 복습해보는 '무엇일까?' (9단원) 하루에 있었던 일을 나누는 '거짓말 탐지기'
국어 1-2	(2단원) 흉내 내는 말과 표정을 연결해보는 '어떤 표정?' (3단원) 자기 생각을 문장으로 표현해보는 '스트레스 봉투' (4단원) 듣는 사람을 보며 자신 있게 말하는 '정상에서' (6단원) 기분 좋은 경험을 떠 올리는 '애착 로션' (7단원) 중요한 내용을 파악해보는 '책을 피자' (8단원) 글을 바르게 띄어 읽어보는 '점점 빠르게'
국어 2-1	(2단원) 효과적인 말하기의 능력을 습득하는 '공감 상자' (3단원) 감정 단어로 마음을 표현하는 '선택' **(4단원) 흉내 내는 말이 주는 재미를 느껴보는 '퐁당퐁당'** (5단원) 소리가 비슷한 낱말을 소개해보는 '생각이 번쩍' (6단원) 시간의 흐름에 따라 이야기를 해보는 '표정 탁구공' (7단원) 설명하는 물건을 그려보는 '듣고 그려요' (8단원) 글쓴이의 마음을 헤아리는 '마음을 짐작해요' (10단원) 자신의 감정을 적절히 표현하는 '삐뽀삐뽀' (11단원) 인물의 모습과 행동을 상상하는 '가족을 웃겨라'

국어 2-2	(2단원) 노래에서 인상 깊었던 부분을 찾아보는 '육하원칙' (4단원) 인물의 처지와 상황 표현해보는 '몸으로 말해요' (4단원) 다른 사람의 처지에 공감하는 '나의 고민' (5단원) 시가 가진 힘을 느껴보는 '참 좋은 말' (6단원) 설명하는 사람을 맞춰보는 '소통 전화기'

이제까지 국어과에서 공부하는 것과 관련된 놀이를 알아보았습니다. 앞서 말씀드렸듯이 교과서는 바이블이 아닙니다. 학교에서 반드시 배우고 가르쳐야 하며 평가해야 하는 성취기준을 중심으로 잘 만들어진 자료입니다. 그런데도 교과서 내용을 학부모님께 자세히 안내해드리는 이유는 아이들과 놀 때 적정한 수준을 유지했으면 하는 마음 때문입니다. 1학년 아이에게 2학년의 것을 요구하지 않았으면 하는 바람입니다. 모든 학습에는 적기가 있습니다. 시기에 맞지 않는 배움은 자녀에게 부담이 될 뿐입니다. 현재 우리 아이가 배우는 내용을 확인 후 수준에 맞는 놀이를 즐겨봄으로써 학습과 복습의 효과를 높여보시기 바랍니다.

수학과에 대해 알아봅시다. 1학년 1학기에 아이들은《수학 1-1》과《수학 익힘 1-1》을 공부하게 됩니다. 한 학기에 한 권의 교과서와 한 권의 보조교과서를 학습하는 것입니다. 수학 익힘책은 국어 활동과 같이 학습의 결과를 스스로 점검해볼 수 있는 워크북 형태로 제작되어 있으나 1학년 1학기에 한에서는 학생의 문해력의 한계로 교사가 수업 시간에 활용하기도 합니다.

초등학교 저학년의 수학과는 생활 주변 현상을 수학적으로 관찰하고 표현하는 경험을 통하여 수학의 기초적인 개념, 원리, 법칙을 이해하고 수학의 기능을 습득하며 생활 주변 현상의 문제를 합리적이고 창의적으로 해결함으로써 수학 학습의 즐거움과 유용성을 인식하는 것을 목적으로 하고 있습니다.

1학년에서 수학과[23]에서 배우는 내용입니다.

○ **1학년 1학기 수학과**

-**1단원**: 일상생활에서 수를 세고 순서를 알며 크기를 비교하는 경험을 통하여 9까지의 수를 읽고 쓰는 방법을 배웁니다.

-**2단원**: 상점이나 교실 같은 친숙한 곳에서 직육면체, 원기둥, 구 모양을 찾아보고 이를 활용하여 여러 가지 모양을 만들어봅니다.

-**3단원**: 한 자리 수 범위에서의 덧셈(예: 2+5)과 뺄셈(예: 6-2)을 배웁니다.

-**4단원**: '길다', '짧다', '무겁다', '가볍다', '넓다', '좁다', '많다', '적다' 같이 양을 표현하는 다양한 용어에 대해 알아봅니다.

-**5단원**: 50까지의 수를 바르게 쓰고 읽는 방법을 탐구합니다. 10부터 19까지의 수의 범위에서 수를 모으고 가르는 활동을 해봅니다.

---

23) 교육부(2017). 초등학교 수학 교사용 지도서

-**1단원**: 열 개씩 묶음과 낱개를 수를 이용하여 99까지의 수를 알고 쓰고 있는 방법을 배웁니다. 99보다 1 큰 수로 100을 도입하며 대소 비교에 부등호(〈, 〉, =)를 처음으로 사용합니다.

-**2단원**: 두 자리 수의 받아올림이 없는 덧셈(예: 35+12), 받아내림이 없는 뺄셈(예: 78-35)을 학습합니다.

-**3단원**: 평면에서 네모, 세모, 동그라미 모양을 찾아보고 특징을 살펴보며 여러 가지 모양으로 꾸며봅니다.

-**4단원**: 한 자리 수인 세 수의 덧셈(예: 2+1+5)과 뺄셈(예: 8-1-4)을 해보며 차례대로 계산하는 원리를 이해합니다. 덧셈에서 두 수를 바꾸어 더해도 합이 같다는 것(예: 3+5, 5+3)과 더하는 순서를 바꾸어도 값이 같다는 것(예: 2+6+4, 4+6+2)을 이해합니다.

-**5단원**: '몇 시'와 '몇 시 30분'을 배웁니다. 여러 가지 물체, 무늬, 수 배열에서 수학적 규칙을 찾아봅니다.

-**6단원**: 여러 가지 전략으로 덧셈과 뺄셈을 하면서 (몇)+(몇)=(십몇)과 (십몇)-(몇)=(몇)을 익힙니다.

2학년 수학과에서 배우는 내용입니다.

○ **2학년 1학기 수학과**

-**1단원**: 네 자리 이하의 수의 범위에서 수의 계열을 이해하고 수

의 크기를 비교하여 봅니다.

-2단원: 원, 삼각형, 사각형, 오각형, 육각형의 특징을 이해한 뒤 칠교판 조각으로 여러 가지 도형을 채우고 꾸미는 활동을 합니다.

-3단원: 15+6, 39+42, 75-8, 72-18 같이 받아올림, 받아내림이 있는 덧셈과 뺄셈의 방법을 배웁니다.

-4단원: 길이의 표준단위인 1센티미터에 대해 알아본 뒤 자로 길이를 재어 보거나 어림해봅니다.

-5단원: 교실 및 생활 주변에 있는 사물들을 색깔, 모양, 크기 등의 분명한 기준에 의해 분류해봅니다.

-6단원: 하나씩 세기의 불편함을 깨닫고 묶어 세기의 필요성을 이해하며 몇씩 몇 묶음을 몇의 몇 배로 나타냄으로써 곱셈의 개념을 이해합니다.

○ **2학년 2학기 수학과**

-1단원: 일, 십, 백, 천의 자릿값에 대해 알아본 후 각 자리의 숫자가 나타내는 값을 이용하여 네 자리 수의 크기를 비교하여 봅니다.

-2단원: 2단부터 9단까지의 곱셈구구의 구성 원리를 이해합니다. 1단 곱셈구구와 0과 어떤 수의 곱에 대해 배웁니다.

-3단원: 1미터를 이해하고 미터와 센티미터의 관계를 알아봅니다.

-4단원: 시간을 분 단위와 몇 시 몇 분 전으로 읽으며 1일은 24시간인 것과 1주일은 7일, 1년은 12개월임을 알아봅니다.

-5단원: 자료를 보고 표와 그래프로 나타내며 표와 그래프의 편리한 점을 느껴봅니다.

-6단원: 덧셈표와 곱셈표, 여러 가지 무늬, 쌓은 모양에서 규칙을 찾고 만들어봅니다.

1, 2학년 수학과와 관련된 놀이입니다. 기본 글씨는 **인지 놀이**를 굵은 글씨는 **신체 놀이**를 회색 이탤릭체는 *사회 놀이*를 색이 들어간 글자는 **정서놀이**를 의미한답니다.

영역	놀이 제목
수학 1-1	**(1단원) 9까지 수를 세어보는 '콩콩콩'** *(2단원) 여러 가지 입체도형으로 만들어보는 '로봇 친구'* **(3단원) 한 자리 수 뺄셈을 해보는 '물병 볼링'** *(4단원) 비교하며 수량적 개념을 습득하는 '무거운 거짓말'* **(5단원) 50까지의 수를 알아보고 세어보는 '휴지를 둥둥'**
수학 1-2	(2단원) 생활 속 네모, 세모, 동그라미 모양을 찾아보는 '무슨 모양일까?' (4단원) 세 수의 덧셈의 원리를 알아보는 '집을 지어요' (5단원) 몇 시 30분을 알아보는 '마트에서'
수학 2-1	**(1단원) 동전으로 알아보는 세 자리의 수 '동전 컬링'** **(2단원) 삼각형, 사각형을 활용한 '침묵의 도형'** **(3단원) 받아올림이 있는 덧셈을 해보는 '책을 넘자'** **(5단원) 다양한 기준으로 분류해보는 '무슨 의미일까?'**

수학 2-2	(2단원) 곱셈구구의 필요성을 느껴보는 '하이파이브' (2단원) 협업으로 곱셈구구를 해결해보는 '손가락을 펴요' (2단원) 집중해서 정답을 찾아보는 '곱셈구구 빙고' **(3단원) 물건의 길이를 어림해보는 '휴지 탑 쌓기'** *(4단원) 시간에 관련된 개념을 습득하는 '몇 시 몇 분'* (6단원) 수학적 즐거움을 찾는 '신문지에 올라가요'

고학년 때 수학을 좋아하고 잘하는 아이들을 보면 기초가 탄탄한 것을 발견할 수 있습니다. 튼튼한 기초 위에 높은 성을 쌓을 수 있듯 단단한 기초 위에 수학적 소양과 지식을 쌓을 수 있기 때문입니다. 수학의 기초, 초등학교 저학년 때부터 쌓아야 뒤늦게 후회하는 일이 없을 것입니다.

이제부터는 **통합교과**[24]에 대해 알아봅시다. 아이들은 통합교과를 매우 좋아합니다. '여름 책 가지고 오세요'라고 말하는 순간 모든 아이들이 환호성을 지를 정도입니다. 아이들은 통합 교과를 통하여 마을, 학교, 친구와 같이 자신의 생활 주변에 있는 것들을 공부하며 삶에 필요한 지식과 습관, 지혜를 습득합니다.

통합교과는 건전한 인성을 지닌 사람으로 성장을 돕는 '바른 생활'과 합리적으로 생각하고 행동하는 사람을 기르는 '슬기로운 생활', 문화적 소양을 함양하는 '즐거운 생활'이 열 여섯개의 소주제로[25] 엮

---

24) 교육부(2017). 초등학교 교사용 지도서 바른 생활·슬기로운 생활·즐거운 생활
25) 열여섯 개의 소주제는 학교와 친구, 나, 봄맞이, 봄 동산, 가족과 친척, 다양한 가족, 여름맞이, 여름 생활, 우리 이웃, 우리 동네, 가을맞이, 가을 모습, 우리나라, 다른 나라, 겨울맞이, 겨울나기 입니다.

인 모습을 띠고 있습니다. 통합교과는 '봄', '여름', '가을', '겨울'의 네 권으로 이루어져 있으며 학기마다 두 권씩을 공부하게 됩니다.

1학년 통합교과에서 배우는 내용입니다.

○ **1학년 1학기 '봄'**

-1단원: 학교 곳곳의 모습을 살펴봄으로써 안전하게 등·하교하는 방법을 탐색하고 학교생활에 필요한 규칙과 약속을 배우며 여러 친구와 친하게 지내는 방법에 대해 알아봅니다.

-2단원: 생활 주변에서 볼 수 있는 여러 가지 봄의 모습을 탐색하고 표현하며 직접 씨앗이나 모종을 심고 이를 키움으로써 봄 동산을 가꾸는 활동을 합니다.

○ **1학년 1학기 '여름'**

-1단원: 나와 가족, 친척의 관계를 알고 친척과 함께하는 행사를 조사하며 지켜야 할 예절을 실천함으로써 가족 구성원에게 감사하는 마음을 전합니다.

-2단원: 더위, 비와 관련된 생활 모습 및 도구를 살펴보고 생활 속에서 지킬 수 있는 에너지 절약 수칙에 대해 알아봅니다.

○ **1학년 2학기 '가을'**

-**1단원**: 여러 이웃의 생활 모습을 살펴보고 이웃들이 모이는 장소와 함께 쓰는 시설물을 바르게 사용하는 태도를 함양합니다.

-**2단원**: 가을의 특징과 대표적인 명절인 추석을 살펴보며 풍요로운 명절을 보낼 수 있도록 애쓰신 분들께 감사하는 마음을 전하고 여러 가지 가을 놀이와 민속놀이에 관심과 흥미를 갖고 즐깁니다.

○ **1학년 2학기 '겨울'**

-**1단원**: 우리나라의 전통문화와 우리나라를 나타내는 것을 살펴보고 남북한이 한민족으로서 가지는 공통점과 차이점을 조사하여 통일에 대한 관심과 흥미를 갖습니다.

-**2단원**: 생활에서 경험할 수 있는 겨울 날씨의 특징과 그에 따른 주변 생활 모습, 사용하는 도구를 관련지으며 겨울을 탐색하고 표현해봅니다.

1학년 통합교과와 관련된 놀이입니다. 기본 글씨는 **인지 놀이**를 굵은 글씨는 **신체 놀이**를 회색 이탤릭체는 **사회 놀이**를 색이 들어간 글씨는 **정서 놀이**를 의미한답니다.

영역	놀이 제목
봄 1-1	*(1단원)* 친구와 잘 지내는 방법을 알아보는 '가족 믿지?' *(1단원)* 인사의 소중함을 느껴보는 '꼭 들어야겠어!' *(1단원)* 친구들과의 갈등을 해소하는 '손을 풀어요' **(2단원) 봄의 모습을 살펴보는 '종이 퍼즐'** **(2단원) 씨앗을 관찰하고 심어보는 '상추를 키워요'** *(2단원)* 다양한 방법으로 표현해보는 '손바닥 다짐'
여름 1-1	**(1단원) 사진 속 나를 사랑하는 '소중한 나'** *(1단원)* 가족과 협력하며 즐기는 '빨대 축구' *(1단원)* 감사의 마음을 전해보는 '사랑의 텐트' *(1단원)* 사랑을 전하는 '사랑 마블' *(1단원)* 가족과 함께 신나게 놀아보는 '색종이를 옮겨요' *(2단원)* 여름을 오감으로 느껴보는 '눈을 감고' *(2단원)* 물의 소중함을 느끼는 '의리 게임'
가을 1-2	*(1단원)* 전래 동요의 노랫말을 바꿔 불러보는 '노래 계주' *(1단원)* 질서 의식을 함양하는 '창과 방패' *(1단원)* 인사말에 어울리는 상황을 생각해보는 '엄지 척' **(2단원) 햇곡식으로 만들어보는 '물통 아령'** **(2단원) 가을에 볼 수 있는 것으로 즐기는 '솔방울 하키'**
겨울 1-2	*(1단원)* 우리나라의 상징을 기억해보는 '매력덩어리' **(1단원) 전통놀이를 쉽게 즐기는 '풍선 제기차기'** *(2단원)* 겨울과 관련된 소리를 들어보는 '마음의 안정' **(2단원) 겨울철 대표 놀이를 체험해보는 '끝까지 버텨라'** **(2단원) 겨울에 어울리는 복장을 해보는 '계절 텔레파시'** *(2단원)* 배려하는 즐거움을 느껴보는 '비밀 가족' *(2단원)* 규칙을 지켜 놀이해보는 '걱정덩어리'

2학년 통합교과에서 배우는 내용입니다.

○ **2학년 1학기 '봄'**

　-**1단원**: 몸을 중심으로 나에 대해 탐구하고 자신의 성장과 건강
　　　　에 대해 살펴보며 흥미와 재능을 발견함으로써 꿈을 가
　　　　꿔봅니다.

　-**2단원**: 봄이 되어 달라진 날씨를 느껴보고 이를 구체적으로 관
　　　　찰, 조사하며 봄의 모습을 창의적으로 표현해봅니다.

○ **2학년 1학기 '여름'**

　-**1단원**: 여러 형태의 가족과 가족 구성원의 역할을 살펴보고 이
　　　　를 표현해보며 가족 문화의 소중함을 느끼고 존중하여
　　　　봅니다.

　-**2단원**: 여름의 동물과 식물을 살펴본 후 다양한 방법으로 표현
　　　　해보며 건강하고 안전한 여름 생활을 위한 계획을 수립
　　　　하여 봅니다.

○ **2학년 2학기 '가을'**

　-**1단원**: 자신이 사는 동네를 돌아보고 사람들을 만나봄으로써
　　　　일과 직업에 대해 탐구하고 우리 동네를 위해 스스로
　　　　할 수 있는 것들을 찾아 실천해봅니다.

　-**2단원**: 가을이 되어 달라진 날씨에 따른 생활 모습의 변화와 가
　　　　을에 볼 수 있는 것들을 낙엽, 열매와 관련지어 탐색해

보고 가을의 모습과 느낌을 다양하게 표현해봄으로써
가을에 어울리는 생활을 해봅니다.

○ **2학년 2학기 '겨울'**

-**1단원**: 가고 싶은 나라를 조사하여 발표하고 다른 나라의 노래, 춤, 놀이
를 즐김으로써 다른 나라의 문화를 존중하는 태도를 갖습니다.

-**2단원**: 동식물의 겨울나기 모습을 살펴본 후 자신이 좋아하는 동
물들의 특성을 탐구하거나 흉내를 내봅니다. 겨울에 하고
싶은 일, 해야 할 일을 조사한 후 겨울방학 계획을 세워서
실천해봅니다.

2학년 통합교과와 관련된 놀이입니다. 기본 글씨는 **인지 놀이**를 굵은
글씨는 **신체 놀이**를 회색 이탤릭체는 **사회 놀이**를 색이 들어간 글씨는 **정
서 놀이**를 의미한답니다.

영역	놀이 제목
봄 2-1	(1단원) 눈이 하는 일을 생각해보는 '무엇이 바뀌었을까?' **(1단원) 구석구석 손을 씻는 '물감을 씻어요'** **(1단원) 올바른 양치습관을 형성하는 '세균을 찾아라'** *(1단원) 협력하여 몸을 그려보는 '복제 인간'* (1단원) 마음 신호등을 지켜보는 '화가 났다!' *(1단원) 자라온 모습을 살펴보는 '추억을 찾아서'* (2단원) 가족과 봄을 함께 그려보는 '협동화' *(2단원) 봄 날씨에 어울리는 옷차림을 해보는 '패션쇼'*

여름 2-1	*(1단원)* 가족 구성원들의 역할을 살펴보는 '옷을 개요' *(1단원)* 스스로 하는 집안일 '제자리에' *(2단원)* 개구리의 움직임을 몸으로 표현해보는 '파닥파닥' *(2단원)* 물놀이에 필요한 준비물을 찾아보는 '가방에 쏘옥' **(2단원)** 모래놀이로 감각기능을 깨우는 '흔들흔들 젓가락' **(2단원)** 안전한 물놀이를 다짐하는 '골라 골라' **(2단원)** 여름철 과일과 채소를 관찰하는 '채소 도장'
가을 2-2	*(1단원)* 장점에 어울리는 직업을 탐색해 보는 '나의 장점' *(1단원)* 다양한 직업을 표현해보는 '내가 만약' *(2단원)* 공공장소에서 지켜야 할 질서를 찾는 '사라져라' *(2단원)* 낙엽으로 표현하는 '만장일치'
겨울 2-2	(1단원) 다른 나라의 자랑거리를 조사해보는 '오늘 뭐 하지' **(1단원)** 여러 나라의 식문화에 관심을 갖는 '맛있는 피자' (2단원) 다양한 새를 말해보는 '시장에 가면' **(2단원)** 동물의 겨울나기를 흉내 내는 '슝슝 달려요' **(2단원)** 겨울철 건강을 책임질 '신나는 줄넘기'

공부머리를 키우는 가족 놀이 100

2

학습을 돕는
인지 놀이

가만히 앉아있는 것보다 움직이면서 학습할 때 그 효과가 더 뛰어나다고 합니다. 신체 움직임이 뇌에 긍정적인 신호를 보내는 것입니다. 집에서 간단히 할 수 있는 놀이로 사랑하는 자녀의 뇌 발달을 도와봅시다.

초등학생이 되어 학교에 다니는 시기를 학령기라 부릅니다. 말 그대로 무엇을 배우고 실천할 수 있는 나이가 된 것입니다. 배움에 필수적인 것이 있습니다. 바로 적정한 나이입니다. 유치원 시기에 한글을 떼기 위해 그렇게 노력했는데도 잘 안되었는데 초등학교에 입학하니 거짓말 같이 떼는 것처럼 말입니다. 이는 배움에 시기가 있음을 의미합니다. 시기에 어울리는 배움을 제공하기 위해서는 내 자녀의 인지발달 수준을 알야합니다. 적을 알고 나를 알면 백 번 싸워 백 번 이긴다는 속담처럼 말입니다. 지금부터 초등학교 저학년의 인지발달 특징을 살펴보도록 합시다.

○ 두정엽과 측두엽이 발달해요

초등학교 저학년, 우리 아이의 뇌에서는 언어의 뇌인 측두엽과 공간지각의 뇌인 두정엽이 빠른 속도로 발달하고 있습니다. 이 시기에 맞춰 학교에서는 한글 교육과 수 개념 교육이 이뤄집니다. 때에 맞는 교육을 전개함에도 불구하고 부모 욕심에 더 빨리, 능수능란하게 앞서 나가기를 자녀에게 원합니다. 하지만 다 시기가 있는 법. 지나친 압박은 도리어 해가 되어 자녀의 학습을 막는 장애물이 되므로 그러지 않도록 합니다.

○ 경험하는 것을 좋아해요

초등학교 저학년은 궁금한 것투성이입니다. 길을 걸어가다 예쁘게 피어 있는 꽃을 유심히 살펴보기도 하고 고양이와 강아지를 만지며 놀다 학교에 지각하기도 합니다. 이 시기의 아이들은 관찰하고

공부머리를 키우는 가족 놀이 100

만져본 것들을 중심으로 생각하고 판단한다고 합니다. 이리저리 살펴보고 냄새를 맡는 것은 그들에게 학습의 연장선인 것입니다. 오감을 통해 알고 싶어라 하는 것, 인지 세계를 넓혀가는 자연스러운 현상입니다.

○ 알고 있는 단어의 수가 증가해요

초등학교 1학년이 사용할 수 있는 단어는 몇 개나 될까요? 500개? 1000개? 정답은 7800여 개입니다. 생각보다 많은 숫자에 놀라셨을 것입니다. 그런데 더 놀라운 사실 한가지가 있습니다. 2학년 때는 9800여 개, 10살 때는 1만 2800여 개로 폭발적으로 증가한다는 것입니다.[26] 이 시기의 어휘 증가율은 30퍼센트를 웃돕니다. 자녀가 생각지도 못한 고급단어로 말대꾸를 한다는 것, 어휘력이 증가하고 있다는 증거랍니다.

○ 집중 시간이 늘어요

잠시라도 가만히 있지 못하던 유아 시절과 달리 초등학교 저학년이 되면 주의집중 시간이 짧게는 15분에서 30분 정도까지 늘어난다고 합니다. 듣던 중 반가운 소리입니다. 그러나 학교 현장의 목소리는 조금 다릅니다. 나이에 1분을 더한 만큼 집중한다라는 말이 있을 정도입니다. 그래도 다행인 것은 아이의 집중력이 조금씩 늘고 있는 것은 사실입니다.

---

26) 김광해(1997). 어휘력과 어휘력의 평가. 선청어문 제25집. 선청어문학회. p7-14

○ 읽고, 쓰고, 셈을 할 수 있어요

3학년 초 학교에서는 3R's 검사를 합니다.[27] 3R's란 읽고 (Reading), 쓰고(wRiting), 셈하는(aRithmetic) 능력을 의미하는데 이 검사에서 일정기준에 미달하는 경우, 기초 학습 능력 보충을 위해 다양한 프로그램에 참여하게 됩니다. 3R's 검사를 3학년 때 하는 이유는 1, 2학년 때 학습에 대한 기초를 형성하기 때문입니다. 다르게 말하면 대부분 아이가 1, 2학년을 거치면 읽고, 쓰고, 셈하기를 할 수 있다는 것을 의미하기도 합니다. 실제로 100명 중 한두 명 정도만 기초학력보충 대상이 됩니다. 혹 자녀가 3R's를 어려워한다고 해도 걱정하실 필요는 없습니다. 학교에서는 이런 아이들을 위한 다양한 노력을 기울이고 있으며 그 원리만 이해한다면 금세 나아지기 때문입니다.

○ 기억력이 증가해요

자녀가 어린 시절 숨기기 놀이를 즐겼던 기억을 떠올려봅시다. 자신이 숨긴 물건의 위치를 잊어버리는 헤프닝도 있었을 것입니다. 이런 어린 시절과 달리 초등학생이 되면 기억력이 매우 증가한다고 합니다. 특히 눈, 코, 입 같은 감각기관으로부터 들어온 정보를 장기기억에 보관할 것인지 말 것인지 판단하는 단기기억이 4세에 비해 두 배에서 세 배가 증가한다고 하니 놀라운 변화입니다.[28]

---

27) 학교에 따라 실시하지 않는 곳도 있습니다.
28) 신민섭, 도례미, 김수진, 박미영(2010). 기억력의 발달적 특성: 4세부터 12세 아동을 대상으로. 한국심리치료 학회지. p.14.

○ 논리적으로 생각하려 해요

자녀가 보는 앞에서 200밀리리터 우유 두 팩 중 한 팩은 길고 가는 모양의 컵에 나머지 한 팩은 넓고 짧은 컵에 따라봅시다. 유아기는 길고 가는 컵을 선택할 것이나 저학년은 아무거나 선택해도 상관없다고 할 것입니다. 유아 때는 높이 하나만을 보고 양을 판단하지만, 저학년이 되면 높이와 폭이라는 두 가지 사실에 근거하여 그 양을 판단하기 때문입니다. 200밀리리터의 우유 외에 더하거나 빼지 않았으므로 그 양에는 변화가 없다는 동일성, 높이가 낮아지는 대신 넓은 폭으로 대가를 받았다는 보상성, 컵에 있는 우유를 우유 팩에 다시 따라 넣으면 본래의 양이 된다는 가역성을 합쳐 보존개념이라 합니다. 초등학교 저학년이 되면 보존 개념을 습득합니다. 초등학교 저학년, 여러 가지 차원을 생각하고 헤아린다는 점에서 논리적으로 생각하는 힘이 생기고 있음을 의미합니다.

○ 특징에 따라 구분하고 묶을 수 있어요

입학 전후로 블록을 가지고 노는 모습에 변화가 생깁니다. 그전에는 자신이 생각하는 모양을 만들기 위해 이리저리 맞추는 게 전부였다면 이제는 색의 짜임까지 생각하여 완성도를 높이려는 모습을 보입니다. 이는 모양, 색깔, 크기 등의 일정한 기준에 의해 나눌 수 있고 묶을 수 있는 유목화 능력이 생겼기 때문입니다.

○ 순서를 매길 수 있어요

길이가 다른 세 자루의 연필을 자녀에게 줘봅시다. 유아기 때는 연필을 이리저리 맞대어보며 길이가 짧은 것부터 긴 것까지 순서를 매겼다면 지금은 양쪽 끝을 눈으로 확인하는 것만으로도 서열화할 수 있습니다. 여기서 멈추지 말고 새로운 길이의 연필을 줘보세요. 예전에는 당황했겠지만, 지금은 길이를 재지않고 그 위치를 찾아 넣을 것입니다. 이는 대상이나 사물을 다양한 특성에 따라 순서를 매길 수 있는 서열화 능력이 발달함에 보이는 현상입니다.

놀이는 인지발달에 도움을 줍니다. 인지발달이란 지식을 학습하거나 다양한 것을 경험함으로써 알고 있는 세계를 넓혀가는 것을 의미합니다. 놀이와 학습의 상관관계에 연구한 학자들에 따르면 놀이는 학생들의 수와 과학적인 개념을 습득[29]하는 데 효과적이며 새롭게 배운 내용을 오랫동안 기억할 수 있도록 함으로써 실생활에서 부딪히는 문제를 창의적으로 해결[30]하는 데 도움이 된다고 합니다. 단순히 놀고 있는 것처럼 보일지라도 인지 세계를 넓혀가고 있는 것입니다.

29) Heinninger, M. L.(1987). Learning mathematics and science through Child Development. New York: McGraw Hill.
30) Johnson, J. E, Christie, J. F., & Yawkey, T. D.(1987). Play and Early Childhood Development. Scoot: Foresman and Company.

집중력이 짧아요

부모님의 고민

오늘은 학부모 공개수업이 있는 날입니다. 아이가 학교에서 어떤 모습일지, 선생님의 말씀은 잘 듣는지 궁금한 것투성입니다. 드디어 기다리던 수업이 시작되었고 5분 정도가 흘렀습니다. 다른 아이들은 여전히 선생님의 말씀도 잘 듣고 발표도 곧 잘하는데 우리 아이는 선생님의 말씀에 통 관심을 기울이지 않습니다. 선생님을 쳐다보기보다 주변에 관심이 더 많은 듯합니다. 평소 집중력이 짧은 것은 알고 있었지만 이건 정말 너무합니다.

선생님의 도움말

마음이나 주의를 한군데로 모으는 집중력은 학습에 꼭 필요한 능력 중 하나입니다. 집중력이 높은 학생은 그렇지 않은 학생보다 수업에 귀 기울임으로 중요한 것과 그렇지 않은 것을 구별할 수 있을 뿐만 아니라 선생님과 오가는 피드백에서 학습에 대한 자신감마저 얻을 수 있다고 합니다. 사실 집중력은 7세 이전에 왕성한 발달을 이룹니다. 그렇다고 좌절할 필요는 없습니다. 주의집중과 관련된 전전두엽은 천천히 완성 중이기 때문입니다. 집중력을 높일 수 있는 놀이를 통하여 전두엽을 자극해봅시다.

눈을 크게 떠요

역량: 심미적 감성

장소: 실내

준비물: 그림책

1. 그림책을 준비합니다.

2. 자녀와 함께 그림책을 끝까지 읽습니다.

3. 모두 읽은 후 앞장을 펼칩니다.

4. 그림을 천천히 살펴봅니다.

5. 책의 결말을 암시하는 숨은 그림을 발견한 경우 1점을 획득합니다.

6. 최종 점수가 높은 사람이 승리합니다.

1. 그림책으로 '눈을 크게 떠요' 놀이를 해볼 거야.

2. 책을 함께 읽어볼까?

3. 재미있었니? 지금부터 본격적으로 놀이를 해보자.

4. 제일 앞장에 있는 그림을 함께 살펴보자. 어떤 것들이 있니?

5. 책의 결말과 관련된 그림이 있는지 살펴보자. 지금부터 먼저 찾은 사람이 1점을 가져가는 거야. 놀이 시작!

6. 재미있었니? ○○이가 숨은 그림을 찾기 위해 집중하는 모습이 정말 좋았어. 수업에서도 이렇게 집중하기!

공부하자

○ 관련 교과: 2학년 2학기 국어과

○ 관련 단원: 9단원 '주요 내용을 확인해요'

○ 놀이 효과: '주요 내용을 확인해요' 단원은 글을 읽고 주요 내용을 확인하며 자기 생각을 말하는 것을 목적으로 하고 있습니다. 가족과 함께 그림책을 읽고 세부 내용을 확인한 뒤 그림 속에 있는 숨은 단서를 찾아보며 집중력과 기초적인 읽기 기능을 높일 수 있습니다.

놀이 팁

○ 한 번 읽은 그림책보다는 두세 번 읽은 책을 활용해봅시다. 더 많은 단서를 찾을 수 있답니다.

○ 책을 읽는 방법은 다양합니다. 아버지가 전체를 읽어줄 수도 있고 자녀와 번갈아 가며 읽을 수도 있습니다.

○ 가족들과 함께 책을 함께 읽으며 심미적 감성 역량의 하위 요소인 문화적 감수성을 키워줄 수 있습니다.

무엇이 바뀌었을까?

역량: 창의적 사고

장소: 실내

준비물: 소품

1. 다양한 소품을 준비합니다.

2. 출제자를 제외한 나머지 가족의 눈을 감게
합니다.

3. 출제자는 소품으로 자신을 꾸밉니다.

4. 치장이 완료되면 눈을 뜨게 한 후 관찰하게 합니다.

5. 다시 가족의 눈을 감게 한 후 소품의 위치를
바꿉니다.

6. 어디가 어떻게 바뀌었는지 맞히는 사람이 1점을
획득합니다.

1. 오늘의 놀이는 '무엇이 바뀌었을까?'야. 가장 아끼는 소품들을 한데 모아 보자. 각자 이 물건이 왜 자신에게 소중한지 설명해보자.
2. 엄마가 시범을 먼저 보여줄게. 모두 눈을 감아보자.
3. 지금부터 우리 가족이 아끼는 소품으로 엄마를 꾸며볼게.
4. 눈을 떠도 돼. ○○이의 머리핀이, 오빠의 신발 주머니가, 아빠의 시계가, 엄마의 헤어롤이 어디에 있는지 살펴보고 기억해두렴.
5. 다시 눈을 감아보자.
6. 엄마가 소품들의 위치를 바꿔보았어. 지금부터 먼저 찾은 사람이 1점을 가져가는 거야. 놀이 시작! ○○이가 바뀐 물건 위치를 찾기 위해 집중하는 모습이 정말 좋았어. 공부할 때도 이렇게 집중하는 모습 보여줄 거지?

공부하자

○ 관련 교과: 2학년 1학기 통합교과 '봄'
○ 관련 단원: 1단원 '알쏭달쏭 나'
○ 놀이 효과: 2학년이 된 후 자신의 성장 모습을 살펴보는 '알쏭달쏭 나' 단원에는 감각기관이 하는 일에 대해 알아보는 '오감 놀이' 활동이 있습니다. 시각을 활용한 놀이를 가족과 즐기며 몸이 하는 일에 관심을 가짐으로써 기초적인 탐구 능력을 기를 수 있습니다.

놀이 팁

○ 다양한 소품으로 웃음바다를 만들어봅시다.
○ 너무 쉽다면 소품의 수를 늘려 난이도를 높여봅시다.
○ 어떤 것을 유심히 살피는 민감성은 창의적 사고의 정의적 측면에 해당합니다.

얼마나 성장했나요?

😊 즐거워했어요. / 😐 집중해서 참여했어요. / 😣 어려워했어요.

놀이명	놀이 날짜	자녀의 반응	기억에 남는 자녀의 한마디
눈을 크게 떠요	20 . . .	😊 😐 😣	
	20 . . .	😊 😐 😣	
	20 . . .	😊 😐 😣	
	20 . . .	😊 😐 😣	
	20 . . .	😊 😐 😣	
무엇이 바뀌었 을까?	20 . . .	😊 😐 😣	
	20 . . .	😊 😐 😣	
	20 . . .	😊 😐 😣	
	20 . . .	😊 😐 😣	
	20 . . .	😊 😐 😣	

공부한 건데 모르겠대요

저는 아이에게 학교에서 어떤 공부를 했는지 자주 물어보는 편입니다. 오늘도 교과서를 보며 이건 무엇인지, 어떻게 푸는 것인지 물어보았는데 모르겠다고 대답합니다. 이런 적이 한두 번이 아니라 걱정은 태산 같은데 제가 어떻게 도와줘야 하는지 몰라 답답합니다. 선생님 도와주세요!

선생님의 도움말

기억의 과정을 컴퓨터에 비유한 정보처리 이론에 따르면 인간의 기억 구조는 감각기억, 단기기억, 장기기억으로 구분할 수 있습니다. 단기기억은 감각기관을 통하여 들어온 정보 중 기억할 것을 선별하여 장기기억으로 보내는데 이때 얼마나 많은 정보를 받아들이고 남기느냐에 따라 수업 내용을 기억하기도 잊어버리기도 하는 것입니다. 공부한 내용을 금세 잊어버리는 아이에게 필요한 것은 단기기억의 용량을 보완할 수 있는 무리 짓기 같은 전략과 즐겁게 복습하는 방법입니다. 학습에 도움이 되는 놀이, 함께 알아볼까요?

시장에 가면

역량: 자기관리

장소: 실내

준비물: 없음

1. 가위바위보를 통하여 순서를 정합니다.

2. 첫 번째 사람은 '동네', '슈퍼' 같은 가상 상황을 정합니다.

3. 첫 번째 사람은 '동네에 가면 빵집도 있고'를 말합니다.

4. 두 번째 사람부터는 앞사람이 제시한 단어 뒤에 자신이 생각하는 것을 붙여 말합니다.

5. 앞사람이 말한 것을 기억하지 못하거나 이어붙이지 못하면 탈락합니다.

6. 놀이 후 어떤 방법으로 기억하려 애썼는지 이야기 나눕니다.

1. 오늘의 놀이는 '시장에 가면'이야. 가위바위보로 놀이 순서를 정해보자.
2. 아빠가 첫 번째 순서네? 우리 가족이 함께 가볼 곳은 동네야.
3. 아빠부터 동네에 가면 있는 것들을 말해볼게.

> 〈시장에 가면〉 노래를 개사해서 '동네에 가면 빵집도 있고♪'와 같이
> 불러봅니다.

4. 다음 사람부터는 아빠가 말한 것을 반복한 다음에 새로운 것을 이어 붙이면 된단다.

> '동네에 가면 빵집도 있고 꽃집도 있고♪'처럼
> 자유롭게 붙일 수 있습니다.

5. 앞사람이 말한 것을 잊어버리거나 한 번 더 말하면 안 돼. 시작!
6. 각자 어떤 방법으로 동네에 있는 것들을 암기했는지 이야기 나눠보자. 엄마는 동네를 걸어 다니는 상상을 아빠는 맨 앞글자만을 외우는 방법을 ○○이는 머릿속으로 그림을 그리는 방법으로 외웠구나.

공부하자

○ 관련 교과: 2학년 2학기 통합교과 '겨울'
○ 관련 단원: 2단원 '겨울 탐정대의 친구 찾기'
○ 놀이 효과: 알차고 보람된 겨울나기의 방법을 알아보는 '겨울 탐정대의 친구 찾기' 단원에는 여름과 겨울에 볼 수 있는 새를 비교해보는 '어떤 새를 만날 수 있을까' 활동이 있습니다. 학교에서 배운 내용을 바탕으로 겨울에 만날 수 있는 새 이름을 활용해 놀이를 즐겨봄으로써 암기전략을 습득할 수 있습니다.

놀이 팁

○ '화장실', '몸속' 등 재미있는 가상 상황을 정하여 놀이를 해봅시다.
○ 암기에 필요한 기초적인 책략을 습득함으로써 자기관리 역량을 함양할 수 있습니다.

매력덩어리

역량: 자기관리

장소: 실내

준비물: 포스트잇, 빈 종이, 펜

1. 포스트잇 열두 장과 펜, 빈 종이를 준비합니다.

2. 포스트잇에 우리나라를 상징하는 것이나 인물, 볼거리를 적어봅니다.

3. 열두 개의 포스트잇을 한데 모읍니다.

4. 1분 동안 포스트잇을 바라보며 암기합니다.

5. 각자 외운 단어를 빈 종이에 적습니다.

6. 가장 많은 단어를 외운 사람이 승리합니다.

1. 오늘의 놀이는 '매력덩어리'야.
2. 포스트잇에 우리나라를 상징하는 것이나 대표적인 인물, 볼거리를 적어볼까?

> 예를 들면 무궁화, 태극기, 김치, 한글, 이순신, 세종 대왕, 태권도 등이 있습니다.

3. 우리나라와 관련된 다양한 단어가 모였구나.
4. 1분 동안 이 단어들을 외워보는 거야. 놀이 시작!
5. 1분이 모두 지났다. 자신이 외운 단어들을 빈 종이에 적어보자.
6. ○○이가 가장 많은 단어를 외웠구나. 어떻게 했니? 그렇구나. ○○이는 서로 관련 있는 것들을 묶어서 외웠구나. 이런 방법을 덩어리 짓기라고 해. 수업 중 이런 방법을 활용한다면 더 많은 내용을 오랫동안 기억할 수 있단다.

공부하자

- 관련 교과: 1학년 2학기 통합교과 '겨울'
- 관련 단원: 1단원 '여기는 우리나라'
- 놀이 효과: 우리나라의 전통문화와 상징을 알아보는 '여기는 우리나라' 단원에는 우리나라의 상징과 대표하는 볼거리, 인물을 조사, 표현해보는 '우리나라를 소개해요' 활동이 있습니다. 각자 우리나라를 상징하는 것들에 대해 생각해보고 다양한 전략으로 암기해보며 애국심을 가질 뿐 아니라 기억 전략까지 습득할 수 있습니다.

놀이 팁

- 자녀가 관심 있는 분야의 단어로 놀이할 수도 있습니다.
- 학습에 필요한 기초적 능력인 덩어리 짓기 방법을 습득함으로써 자기관리 역량을 높일 수 있습니다.

무엇일까?

역량: 의사소통

장소: 실내

준비물: 빈 종이, 펜

1. 빈 종이와 펜을 준비합니다.

2. 오늘 공부한 것 중 가장 중요한 것을 떠올려봅니다.

3. 배운 내용을 한 단어로 압축한 후 그림으로 표현해봅니다.

4. 가족들은 어떤 것을 표현한 것인지 맞혀봅니다.

5. 정답이 나오지 않으면 추가로 그림을 그려 힌트를 줍니다.

봄 친구들에 대해 배웠어요

6. 가족들에게 어떤 것을 그린 것인지, 왜 그렸는지 설명해줍니다.

1. 오늘의 놀이는 '무엇일까?'야.
2. ○○아 오늘 학교에서 공부한 것 중 가장 중요한 것을 떠올려볼래?
3. 배운 내용을 그림으로 표현해봐.
4. 어떤 것을 표현했는지 우리 가족이 맞혀볼까?
5. 너무 어려운걸? 힌트 좀 줄래?
6. ○○이가 오늘 학교에서 이런 것을 배웠나 보다. 하루에 한 번씩 학교에서 공부한 것을 그림으로 표현해보고 맞혀보는 것은 어떨까? 그리고 어떤 것을 배웠는지 이야기해주었으면 좋겠구나.

공부하자

○ 관련 교과: 1학년 1학기 국어과
○ 관련 단원: 7단원 '생각을 나타내요'
○ 놀이 효과: 한두 문장 단위의 짧은 글을 쓰고 정확하게 읽어보는 '생각을 나타내요' 단원에는 그림을 보고 문장으로 만들어보는 활동이 있습니다. 학교에서 배운 내용을 그림으로 표현한 뒤 어떤 것을 그린 것인지 문장으로 만들어봄으로써 문장 구성력을 높이는 동시에 복습의 효과까지 노릴 수 있습니다.

놀이 팁

○ 인간은 새로운 정보를 받아들인 즉시 잊어버리기 시작하며 1시간 후에는 56퍼센트만 하루 뒤에는 33퍼센트만 기억한다고 합니다. 복습 놀이로 오랫동안 기억하게 할 수 있습니다.
○ 상황에 적합한 그림과 문자로 자신의 생각을 표현해보며 의사소통 역량을 강화할 수 있습니다.

얼마나 성장했나요?

😊 즐거워했어요 / 😑 집중해서 참여했어요 / 😣 어려워했어요

놀이명	놀이 날짜	자녀의 반응	기억에 남는 자녀의 한마디
시장에 가면	20 . . .	😊 😑 😣	
	20 . . .	😊 😑 😣	
	20 . . .	😊 😑 😣	
매력 덩어리	20 . . .	😊 😑 😣	
	20 . . .	😊 😑 😣	
	20 . . .	😊 😑 😣	
무엇 일까?	20 . . .	😊 😑 😣	
	20 . . .	😊 😑 😣	
	20 . . .	😊 😑 😣	

공부머리를 키우는 가족 놀이 100

말을 더듬어요

어어엄마.. 오늘.. 하학..교에..서

부모님의 고민

즐거운 주말, 아이가 좋아하는 놀이터에 함께 놀러 갔습니다. 시간이 어느 정도 흘렀을까요. 아이가 친구를 미는게 아니겠습니까? 놀란 마음에 달려가 왜 그랬냐고 물어보니 친구들이 자신의 말을 들어주지 않아 답답한 마음에 그랬다고 하였습니다. 사실 아이가 말을 심하게 더듬어 현재 심리치료를 받고 있습니다. 이게 스트레스 인지 점점 폭력적으로 변해가는 아이를 보며 오늘도 고민에 빠집니다.

선생님의 도움말

초등학교 1학년 담임 시절, 말을 유독 더듬는 아이가 있었습니다. 그 아이는 수업 시간 또는 놀이 활동 중 자신이 하고 싶은 말을 모두 하지 못해 항상 답답해했습니다. 이러한 답답함은 이내 친구를 때린다거나 밀치는 등의 공격적인 행동으로 이어지기도 했습니다. 실제로 말더듬이 심할수록 말을 하는데 부정적인 감정을 보이고 저항적인 행동을 선택한다고 합니다.[31] 말을 더듬는 것은 하루아침에 고쳐지지 않습니다. 그러나 놀이를 통하여 말에 대한 공포를 조금씩 덜어낸다면 충분히 치료할 수도 있습니다.

---

31) De Nil,L.F.,& Brutten,G.J.(1991). Speech-associated attitudes of stuttering and nonstuttering children. Journal of Speech and Hearing Research,34. 60-66.

점점 빠르게

역량: 지식정보처리

장소: 실내   준비물: 책

1. 놀이에 활용할 책을 선정합니다.

2. 부모님 중 한 분이 자녀가 보는 앞에서 책을 천천히 읽는 시범을 보입니다.

3. 부모님이 읽어준 속도대로 천천히 따라 읽습니다.

4. 이번에는 반대로 자녀가 좀 더 빠르게 책을 읽는 시범을 보입니다.

5. 자녀가 읽어준 속도대로 읽습니다.

6. 서로 역할을 바꿔가며 글을 읽으며 말더듬증을 완화할 수 있도록 합니다.

1. 그림책으로 '점점 빠르게' 놀이를 해볼 거야.
2. 우리 가족이 번갈아 읽을 부분은 여기야. 아빠가 천천히 읽어볼게. 잘 들어봐.
3. 아빠가 읽은 속도대로 ○○이도 읽어보자.
4. 잘했어. ○○이가 아빠가 읽었던 것보다 조금 더 빨리 같은 부분을 읽어볼까?
5. 이번에는 한 번도 안 틀리고 좀 더 빠르게 읽었네. 이번에는 엄마가 ○○이가 읽은 속도대로 따라 읽어볼게.
6. 우와! ○○이 속도를 못 따라가겠는데? 우리 가족과 함께한 놀이처럼 친구들 앞에서 자신 있게 말하는 ○○이가 되었으면 해.

공부하자

- 관련 교과: 1학년 2학기 국어과
- 관련 단원: 8단원 '띄어 읽어요'
- 놀이 효과: '띄어 읽어요' 단원은 문장부호에 맞게 글을 바르게 띄어 읽으며 글의 의미를 잘 이해하는 것을 목적으로 하고 있습니다. 학교에서 배운 내용을 바탕으로 글을 점점 빠르게 그리고 정확하게 띄어 읽어보며 말더듬증을 완화할 수 있습니다.

놀이 팁

- 부모님! 혹시 놀이에서 이기기 위해 최선을 다하고 있는 것은 아니죠? 말을 더듬는 자녀에게 필요한 것은 자신감이랍니다. 이번 놀이만큼은 져주서도 됩니다.
- 학습과 삶 등에서 직면하게 되는 문제를 해결하기 위하여 전략을 수립하고 실천함으로써 지식정보처리 역량을 함양할 수 있습니다.

노래 계주

역량: 창의적 사고	
장소: 실내	준비물: 동요

1. 놀이에 활용할 동요를 선정합니다.

2. 가족과 함께 동요를 처음부터 끝까지 부릅니다.

3. 가위바위보를 통하여 놀이 순서를 정합니다.

4. 노래의 첫 부분을 함께 부릅니다.

5. 첫 번째 사람은 가상의 상황을 정해 노래를
   이어 부릅니다.

6. 앞사람의 상황에 어울리는 노랫말을 생각하여
   이어 부릅니다.

1. 오늘의 놀이는 '노래 계주'야.
2. 〈우리 집에 왜 왔니〉를 신나게 불러보자.
3. 가위바위보로 놀이 순서를 정해보자.
4. 노래의 첫 부분 '우리 집에 왜 왔니 왜 왔니♪'를 함께 불러볼까?
5. 엄마가 첫 번째 순서구나. 엄마가 한 가지 상황을 정해서 노래를 이어 불러볼게.

> '밥 먹으러 왔단다 왔단다 왔단다♪'처럼 부르면 됩니다.

6. ○○이가 두 번째 순서구나. 엄마 노래에 이어서 불러볼래? 단 앞사람의 내용에 이어져야 한단다.

> '무슨 밥을 먹으러 왔느냐 왔느냐♪'같은 말이 가능합니다.

우리 가족과 함께한 놀이처럼 자신 있게 친구들 앞에서 말하는 ○○이가 되었으면 해.

공부하자

- 관련 교과: 1학년 2학기 통합교과 '가을'
- 관련 단원: 1단원 내 이웃 이야기
- 놀이 효과: 이웃들과 더불어 살아가는 태도를 함양하는 '내 이웃 이야기' 단원에는 전래 동요의 노랫말을 바꿔보는 '이웃들과 노래를 불러요' 활동이 있습니다. 학교에서 배운 노래를 가족들에게 소개하고 놀이에 활용해봄으로써 언어 유창성을 늘릴 수 있습니다.

놀이 팁

- 〈내 이름〉, 〈텔레비전에 내가 나왔으면〉 노래로도 할 수 있습니다.
- 독창적인 아이디어를 생산하며 창의적 사고 역량을 놀일 수 있습니다.

얼마나 성장했나요?

😊 즐거워했어요 / 😐 집중해서 참여했어요 / 😣 어려워했어요

놀이명	놀이 날짜	자녀의 반응	기억에 남는 자녀의 한마디
점점 빠르게	20 . . .	😊 😐 😣	
	20 . . .	😊 😐 😣	
	20 . . .	😊 😐 😣	
	20 . . .	😊 😐 😣	
	20 . . .	😊 😐 😣	
노래 계주	20 . . .	😊 😐 😣	
	20 . . .	😊 😐 😣	
	20 . . .	😊 😐 😣	
	20 . . .	😊 😐 😣	
	20 . . .	😊 😐 😣	

공부머리를 키우는 가족 놀이 100

한글 떼기가 더뎌요

우리 아이는 초등학교 1학년입니다. 2학기 초 선생님과 상담 후 깊은 고민에 빠졌습니다. 한글이 느린 줄은 알고 있었지만, 이 정도로 힘들어하는지는 몰랐기 때문입니다. 한글을 떼기 위해 별 노력을 기울이지 않았던 저 자신이 한없이 부끄러워집니다. 우리 아이에게 도움이 될 수만 있다면 어떤 것이라도 하고 싶습니다.

글을 읽고 쓰며 이해하는 능력을 문식성이라고 합니다. 초등학교 저학년생들은 초기 문식기 또는 확장적 문식기에 해당합니다. 초기 문식성에 속하는 1학년 1학기 아이들은 한글의 원리를 터득하여 간단한 단어나 문장을 만들 수 있고 확장 문식성에 해당하는 1학년 2학기부터 2학년까지의 학생들은 급증한 어휘력을 바탕으로 자신이 생각과 느낌을 글로 작성하거나 다른 사람의 글을 읽으며 즐거움을 느낄 수 있습니다. 적정한 시기가 되면 자연스럽게 한글의 원리와 즐거움을 깨달을 수 있으나 유독 한글을 깨치기 어려워하는 아이들이 있습니다. 이러한 아이들에게 필요한 것은 한글을 친숙하게 느끼는 것입니다. 즐거운 놀이로 한글을 알아볼까요?

신기한 자음자

역량: 심미적 감성

장소: 실내

준비물: 빈 종이, 펜

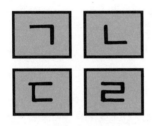

1. 각각 빈 종이에 자음자를 적습니다.

2. 자음자를 순서대로 놓습니다.

3. 자음자로 꾸밀 수 있는 그림을 생각해봅니다.

4. 시작이라는 소리에 자음자를 가져가 그림으로 꾸며봅니다.

5. 자음자가 어떻게 변했는지 살펴봅니다.

6. 가장 많이 그린 사람이 승리합니다.

1. 오늘의 놀이는 '신기한 자음자'야. 빈 종이에 자음자를 적어볼까?
2. 기역부터 히읗까지 자음자를 순서대로 배열해보자.
3. 자음자로 꾸밀 수 있는 그림을 생각해볼까?
4. 시작이라는 소리에 자음자를 가져가 그림으로 꾸며보자.
5. 자음자가 어떻게 변했는지 살펴보자.
6. 우와! ○○이는 'ㅅ'을 가져가서 집 모양으로 꾸몄구나.

공부하자

○ 관련 교과: 1학년 1학기 국어과
○ 관련 단원: 2단원 '재미있게 ㄱㄴㄷ'
○ 놀이 효과: '재미있게 ㄱㄴㄷ' 단원은 한글 자음자를 알고 바르게 읽으며 쓸 수 있는 능력을 기르는 것을 목적으로 합니다. 자음자를 활용하여 그림을 그려보는 놀이를 하면서 자음자를 친근하게 느낄 수 있습니다.

놀이 팁

○ 기초학력향상지원사이트에서 제공하는 한글 해득 프로그램《찬찬한글》2단원을 활용하면 더 쉽고 즐겁게 자음자를 익힐 수 있습니다.

한국교육과정평가원 기초학력향상지원 사이트 '꾸꾸'에 접속 후 '주제별 자료'에 '교과 주제별 자료' 아래의 '초등'을 눌러 들어가시면 '초등학교 한글 해득 프로그램《찬찬한글》을 내려받으실 수 있습니다.

○ 놀이에 익숙해지면 해당 자음자로 시작하는 단어로 꾸미게 함으로써 난이도를 높일 수 있습니다.
○ 자음자에 숨겨진 아름다움을 발견하며 심미적 감성 능력을 함양할 수 있습니다.

손가락 모음자

역량: 창의적 사고

장소: 실내

준비물: 원숭이 노래, 빈 종이

1. <원숭이> 노래를 따라 부르며 모음자를 복습합니다.

2. 가위바위보를 통하여 놀이 순서를 정합니다.

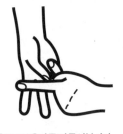

3. 첫 번째 문제를 낼 사람은 손가락으로 어떤 모음자를 만들 것인지 생각해봅니다.

4. 손가락으로 모음자를 만들어봅니다.

5. 제시된 모음자로 만들 수 있는 단어를 생각해봅니다.

6. 가장 빨리 외친 사람이 승리합니다.

1. 오늘의 놀이는 '손가락 모음자'야. 본격적인 놀이 전 〈원숭이〉 노래를 부르며 모음자를 복습해보자.
2. 가위바위보로 놀이 순서를 정하자.
3. 첫 번째 순서가 엄마구나. 엄마가 손가락으로 모음자를 만들어볼 거야.
4. 엄마가 어떤 모음자를 만들었니?
5. 'ㅠ'로 만들 수 있는 단어를 생각해보자.
6. ○○이는 엄마가 손가락으로 만든 'ㅠ'를 보고 '우유'를 생각했구나.

공부하자

○ 관련 교과: 1학년 1학기 국어과
○ 관련 단원: 3단원 '다 함께 아야어여'
○ 놀이 효과: '다 함께 아야어여' 단원은 한글 모음자를 바르게 읽고 쓸 수 있는 능력을 기르는 것을 목적으로 하고 있습니다. 학교에서 배운 모음자를 활용한 놀이를 가족들과 즐기며 기초 문식성을 키울 수 있습니다.

놀이 팁

○ 《찬찬한글》 1, 4, 5단원으로 모음자를 익힐 수 있습니다.
○ 원숭이 노래는 유튜브에서 검색하여 들을 수 있습니다.
○ 모음을 주제로 한 신나는 동요를 자주 들려주세요. 흥얼흥얼 노래를 부르는 것도 공부가 된답니다.
○ 모음자라는 부분을 보고 전체를 떠올리는 유추성[32]을 높일 수 있습니다.

---

32) 유추성은 인지적 측면에서의 창의적 사고 기능이랍니다.

둘이 하나로

역량: 지식정보처리

장소: 실내   준비물: 포스트잇, 펜

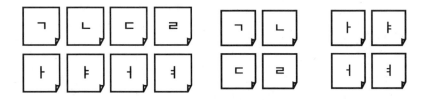

1. 각각의 포스트잇에 자음자와 모음자를 적습니다.

2. 자음자 카드와 모음자 카드를 각각 나눠 갖습니다.

3. 카드를 한 장씩 고릅니다.

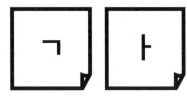

4. 서로 맞대어 글자를 만듭니다.

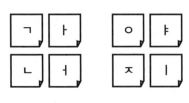

5. 만들어 놓은 글자는 한쪽으로 모아놓습니다.

6. 만들어 놓은 글자로 가장 빨리 단어를 만드는 사람이 승리합니다.

1. 오늘의 놀이는 '둘이 하나로'야. 각각의 포스트잇에 자음자와 모음자를 적어보자.
2. 엄마는 자음자를 ○○이는 모음자 카드를 각자 가져갈 거야.
3. 각자 가지고 있는 카드에서 마음에 드는 것을 선택해볼까?
4. 선택한 카드를 서로 맞대어보자. 우와 '가'라는 글자가 되었네.
5. 만들어 놓은 글자는 한쪽으로 모아놓자. 카드가 모두 소진될 때까지 해보자.
6. 만들어 놓은 글자로 가장 빨리 단어를 만드는 사람이 승리한단다.
   우와. ○○이가 '가지'라는 단어를 먼저 말했구나.

공부하자

○ 관련 교과: 1학년 1학기 국어과
○ 관련 단원: 4단원 '글자를 만들어요'
○ 놀이 효과: '글자를 만들어요' 단원은 글자의 짜임에 대한 기초적인 지식을 학습하고 글자를 만들어봄으로써 글자 해독 능력을 기르는 것을 목적으로 하고 있습니다. 글자 카드를 이용한 '둘이 하나로' 놀이를 가족과 함께해봄으로써 자음자와 모음자가 각각 초성과 중성으로 만나 글자를 이룬다는 것을 알 수 있습니다.

놀이 팁

○ 국어 교과서에 있는 글자카드로도 놀이할 수 있습니다.
○《찬찬한글》3단원으로 모음자를 익힐 수 있습니다.
○ 이미 만들어진 글자라는 정보를 분석, 평가, 선택하여 단어를 만들며 지식정보처리 역량을 신장할 수 있습니다.

글자 수사대

역량: 지식정보처리

장소: 실내

준비물: 그림책, 빈 종이, 펜

1. 놀이에 활용할 그림책을 선정합니다.

2. 가족과 함께 그림책을 읽으며 받침이 있는 글자를 찾아봅니다.

3. 가위바위보로 놀이 순서를 정한 뒤 첫 번째 순서를 제외한 나머지 가족은 눈을 감습니다.

4. 첫 번째 사람은 그림책에 등장하는 단어를 바르지 않게 빈 종이에 적습니다.

5. 눈을 뜨고 어디가 잘못되었는지 살펴봅니다.

보른달이 아니라 보름달이에요

6. 정답을 외친 사람은 1점을 획득하며 가장 많은 점수를 차지한 사람이 최종 승리합니다.

1. 그림책으로 '글자 수사대' 놀이를 해볼 거야.
2. 책을 함께 읽으며 받침이 있는 글자를 찾아보자.
3. 가위바위보로 놀이 순서를 정해보자. 엄마가 첫 번째 순서구나. 엄마를 제외한 나머지 가족은 눈을 감아볼까?
4. 책에 등장하는 받침 있는 글자를 일부러 틀리게 적어볼게.
5. 눈을 뜨고 어디가 잘못되었는지 살펴보렴. 가장 빨리 정답을 외친 사람이 1점을 획득한단다.
6. ○○이 점수가 가장 높구나. 우리 ○○이는 받침이 있는 글자도 잘 알고 대단한 한글 박사야.

공부하자

○ 관련 교과: 1학년 1학기 국어과
○ 관련 단원: 6단원 '받침이 있는 글자'
○ 놀이 효과: '받침이 있는 글자' 단원은 받침이 있는 글자를 바르게 읽고 쓸 수 있는 능력을 기르는 것을 목적으로 하고 있습니다. 올바르지 않은 글자를 찾고 고쳐보며 주변에서 받침이 있는 글자에 흥미를 느끼고 바르게 쓸 수 있는 능력을 함양할 수 있습니다.

놀이 팁

○ 1학년 2학기를 2단원을 이미 배운 학생이라면 겹받침(읽다, 닭, 흙, 밝다 등)을 활용하여 놀이를 즐길 수 있습니다.
○《찬찬한글》6~9단원으로 모음자를 익힐 수 있습니다.
○ 잘못된 부분을 찾기 위해 논리적이고 비판적으로 사고하며 지식정보처리 역량을 높일 수 있습니다.

얼마나 성장했나요?

😊 즐거워했어요 / 😐 집중해서 참여했어요 / 😣 어려워했어요

놀이명	놀이 날짜	자녀의 반응	기억에 남는 자녀의 한마디
신기한 자음자	20 . . .	😊 😐 😣	
	20 . . .	😊 😐 😣	
손가락 모음자	20 . . .	😊 😐 😣	
	20 . . .	😊 😐 😣	
둘이 하나로	20 . . .	😊 😐 😣	
	20 . . .	😊 😐 😣	
글자 수사대	20 . . .	😊 😐 😣	
	20 . . .	😊 😐 😣	

공부머리를 키우는 가족 놀이 100

조리 있게 말하지 못해요

부모님의 고민

우리 아이는 집에 오면 친구들이 자신의 이야기를 잘 들어주지 않아 외롭다는 말을 많이 합니다. 사실 제가 들어도 어떤 의도를 가지고 말을 하는지 헷갈리기 일쑤입니다. 어떻게 하면 자기 생각과 느낌을 정확하게 그리고 조리 있게 말할 수 있을까요?

선생님의 도움말

대뇌반구 양옆에 있는 대뇌피질의 이름은 측두엽입니다. 측두엽을 언어의 뇌라고 부르는데 말을 표현하는 브로카 영역과 말을 이해하는 베르니케 영역이 존재하기 때문입니다. 이러한 측두엽은 만 7~11세에 매우 빠른 성장을 보이며 11~15세부터는 발달 속도가 감소한다고 합니다. 언어의 뇌인 측두엽이 폭발적으로 발달하는 초등학교 저학년 시기에 이루어지는 직접적·간접적인 경험은 언어 활용 능력에 대단히 큰 영향력을 미칩니다. 가족과 함께 하는 언어 놀이로 측두엽을 자극해봅시다.

생각이 번쩍

역량: 창의적 사고

장소: 실내

준비물: 빈 종이, 펜

1. 개인별로 빈 종이와 펜을 준비합니다.

2. 학교에서 공부한 것들이나 새롭게 알게 된 단어를 가족들에게 말합니다.

3. 그중 한 단어를 선정합니다.

4. 자녀가 선정한 단어를 살펴본 후 각 글자가 들어가는 낱말을 생각해봅니다.

5. 생각나는 대로 빈 종이에 적습니다.

6. 정해진 시간 동안 가장 많이 적은 사람이 승리합니다.

1. 오늘의 놀이는 '생각이 번쩍'이야.
2. ○○아 오늘 학교에서 공부한 것들이나 새롭게 배운 단어가 있다면 가족들에게 말해주겠니?
3. 오늘 '반듯이', '반드시'와 '늘이다', '느리다' 같이 소리는 비슷하지만, 뜻이 다른 낱말을 배웠구나. 이 중 한 단어만 선택해볼래?
4. 선택한 단어는 '느리다'구나. '느', '리', '다'가 들어가는 낱말을 생각해보자. 글자가 처음이나 중간, 끝에 들어가도 상관없단다.
5. 생각나는 대로 빈 종이에 적으면 돼. 주어진 시간은 5분이란다.
6. ○○이가 가장 많은 단어를 생각해 냈구나. 정말 많은 단어를 알고 있어서 놀랐어.

공부하자

○ 관련 교과: 2학년 1학기 국어과
○ 관련 단원: 5단원 '낱말을 바르고 정확하게 써요'
○ 놀이 효과: '낱말을 바르고 정확하게 써요' 단원은 소리가 비슷한 낱말의 뜻을 구분해 알맞은 단어를 사용하는 것을 목적으로 하고 있습니다. 학교에서 배운 낱말을 가족들에게 설명하고 이를 활용한 놀이를 즐기며 의사를 정확하게 전달하는 능력을 키울 수 있습니다.

놀이 팁

○ 주어진 글자가 들어가는 단어를 빠르게 많이 떠올려봄으로써 유창성[33]을 높일 수 있습니다.

---

33) 유창성은 인지적 측면에서의 창의적 사고 기능이랍니다.

육하원칙

역량: 의사소통

장소: 실내

준비물: 동요, 포스트잇, 펜

1. 놀이에 활용할 동요를 선정합니다.

2. 포스트잇과 펜을 준비합니다.

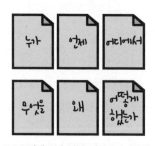

3. 포스트잇에 누가, 언제, 어디에서, 무엇을, 왜, 어떻게 했는지를 적습니다.

4. 동요를 들으며 포스트잇에 적힌 답을 알고 있는 경우 떼어갑니다.

5. 노래가 마치면 자신이 떼어간 포스트잇을 보여줍니다.

6. 포스트잇에 적힌 내용을 설명해줍니다.

1. '육하원칙' 놀이에 활용할 동요 제목은 〈아기 염소〉야.
2. 놀이에 필요한 포스트잇과 펜을 준비하여 보자.
3. 각각의 포스트잇에 누가, 언제, 어디에서, 무엇을, 왜, 어떻게 했는지를 적어보자. 각자 적은 포스트잇을 가운데 모아볼까?
4. 동요를 듣는 도중 포스트잇에 적힌 답을 눈치챘다면 떼어가도 좋아.
5. 자신이 들고 있는 포스트잇을 보여줘 볼까?
6. ○○이가 떼어간 포스트잇의 정답을 말해볼까? ○○이가 '누가'와 '어디에서'를 정확하게 맞혔구나. 일상생활에서도 육하원칙을 생각하며 말을 한다면 조리 있게 생각을 전달할 수 있단다.

공부하자

○ 관련 교과: 2학년 2학기 국어과
○ 관련 단원: 2단원 '인상 깊었던 일을 써요'
○ 놀이 효과: '인상 깊었던 일을 써요' 단원은 초보적인 서사 표현에 쉽고 재미있게 접근해 쓰기 능력을 기르는 것을 목적으로 하고 있습니다. 동요를 들어보고 그 속에 포함되어있는 육하원칙을 찾아보며 서사문 쓰기와 조리 있게 말하는 능력을 함양할 수 있습니다.

놀이 팁

○ 〈아기 염소〉의 육하원칙은 다음과 같습니다.

> 누가: 아기 염소 / 언제: 비가 오는 날 / 어디에서: 언덕 /
> 왜: 빗방울이 뚝뚝뚝뚝 떨어져서 / 어떻게: 음메음메 울상을 지음

○ 육하원칙이 모두 드러난 동요를 찾기란 쉽지 않습니다. 꼭 여섯 개의 요소가 다 들어가야 하는 것은 아닙니다. 적은 정보일수록 선택하기 위한 눈치 싸움이 치열해진답니다.
○ 자신의 의사를 정확하게 전달하는 능력을 키움으로써 의사소통 역량을 함양할 수 있습니다.

얼마나 성장했나요?

😊 즐거워했어요 / 😑 집중해서 참여했어요 / 😖 어려워했어요

놀이명	놀이 날짜	자녀의 반응	기억에 남는 자녀의 한마디
생각이 번쩍	20 . . .	😊 😑 😖	
	20 . . .	😊 😑 😖	
	20 . . .	😊 😑 😖	
	20 . . .	😊 😑 😖	
	20 . . .	😊 😑 😖	
육하 원칙	20 . . .	😊 😑 😖	
	20 . . .	😊 😑 😖	
	20 . . .	😊 😑 😖	
	20 . . .	😊 😑 😖	
	20 . . .	😊 😑 😖	

곱셈구구를 어려워해요

부모님의 고민

저는 2학년 자녀를 둔 학부모입니다. 우리 아이가 2학기가 다 끝나 가는데도 구구단을 외우지 못해 걱정입니다. 다른 아이들은 지난 여름방학을 구구단 암기하는 데 다 썼다는데 저희 아이도 그래야 했나 하고 후회 중입니다. 부랴부랴 구구단 표를 집에 붙여두고 시간이 날 때마다 외우도록 하고 있는데 늘지 않아 큰일입니다. 구구단을 유독 어려워하는 아이 어떻게 해야 할까요?

선생님의 도움말

2학년 2학기가 되면 아이들은 곱셈구구를 외우느라 바쁩니다. 노래를 부르며 외우는 아이, 손가락을 이리저리 움직이며 외우는 아이 그 모습 또한 다양합니다. 현행 교육과정에서는 곱셈구구를 억지로 암기시키지 않습니다. 구체적인 조작 활동을 통하여 그 원리를 파악함으로써 여러 가지 문제 상황에서 적절하게 활용하는 것을 목표로 하고 있습니다. 그럼에도 불구하고 곱셈구구를 외우지 못한다는 것은 학부모로 하여금 이유 모를 불안감에 휩싸이게 만듭니다. 이때 필요한 것이 놀이입니다. 가족들과 함께하는 놀이를 통하여 곱셈구구의 필요성을 느낌으로써 암기하고자 하는 의욕을 불러일으켜 보시기 바랍니다.

하이파이브

역량: 자기관리

장소: 실내

준비물: 없음

1. 놀이에 참여할 두 사람을 정합니다.

2. 손가락은 1부터 9까지 펼 수 있음을 안내합니다.

3. 마음속으로 어떤 숫자를 외칠지 정합니다.

4. 두 사람은 동시에 손가락으로 숫자를 표현한 후 크게 외치며 손바닥을 마주칩니다.

5. 두 사람이 말한 숫자를 곱셈구구한 뒤 정답을 먼저 말한 사람이 1점을 획득합니다.

6. 가장 높은 점수를 획득한 사람이 최종 승리합니다.

1. 오늘의 놀이는 '하이파이브'야. 누구와 누가 대결을 해볼까?
2. 손가락을 1부터 9까지 펼 수 있단다.
3. 마음속으로 어떤 숫자를 외칠지 정해볼까?
4. 시작이라는 소리에 동시에 손가락으로 숫자를 표현한 후 하이파이브를 하면 돼.
5. 두 사람이 말한 숫자를 곱셈구구한 뒤 정답을 먼저 말한 사람이 1점을 획득한단다.
6. ○○이가 가장 높은 점수를 차지했구나. 오늘 놀이하는 모습을 보니 곱셈구구 문제없겠는걸!

공부하자

○ 관련 교과: 2학년 2학기 수학과
○ 관련 단원: 2단원 '곱셈구구'
○ 놀이 효과: '곱셈구구' 단원은 학생들 스스로 곱셈구구의 구성 원리와 여러 가지 계산법을 탐구하는 것을 목적으로 하고 있습니다. 가족과 함께 즐기는 하이파이브 놀이에서 무작위로 제시되는 문제를 해결해보며 곱셈구구의 필요성을 느끼고 나아가 실생활에서 적용하는 힘을 기를 수 있습니다.

놀이 팁

○ 가족이 세 명일 경우 두 명은 대결자로 한 명은 진행자와 심판으로 놀이에 참여할 수 있습니다. 가족이 네 명일 경우 토너먼트 형식으로 놀이를 진행할 수 있습니다.
○ 곱셈구구는 삶을 살아가는 데 꼭 필요한 기초 학습 능력입니다. 놀이를 통하여 자기관리 역량을 높여보세요.

손가락을 펴요

역량: 공동체

장소: 실내   준비물: 없음

*** 2단 ***

2X1 = 2	2X6 = 12
2X2 = 4	2X7 = 14
2X3 = 6	2X8 = 16
2X4 = 8	2X9 = 18
2X5 = 10	

1. 가위바위보로 놀이 순서를 정합니다.

2. 몇 단으로 놀이를 할 것인지 정합니다.

2X7!

3. 최대로 펼 수 있는 손가락 개수를 정한 뒤 두 손바닥을 오므려 주먹을 만듭니다.

4. 순서를 돌아가며 곱셈구구 문제를 내되 답은 말 하지 않습니다.

성공했다!

5. 곱셈구구의 답과 펴진 손가락이 일치하는지 확인합니다.

6. 답과 펴진 손가락이 같으면 성공입니다.

1. 오늘의 놀이는 '손가락을 펴요'야. 가위바위보로 순서를 정해보자.
2. 2단으로 놀이를 해보자.
3. 2단에서 가장 큰 수는 18이고 우리 가족은 총 네 명이니까 0개부터 다섯 개의 손가락까지 펼 수 있단다. 두 손바닥을 오므려 주먹을 만든 뒤 다른 사람들이 잘 보이도록 가슴높이로 들어볼까?
4. 첫 번째 순서가 엄마구나. 엄마부터 차례대로 곱셈구구 문제를 낼 거야. 출제한 사람은 숫자만 외치되 답은 말하지 않아야 해. 연습게임을 해보자 2, 7!
5. 이때 전체 펴진 손가락의 합이 14면 성공하는 거야. 성공을 위해서는 곱셈구구도 잘해야 하지만 가족들의 마음도 읽어야 한단다.
6. 수학을 즐기는 ○○이 모습과 협력하는 마음이 정말 인상적이다.

공부하자

○ 관련 교과: 2학년 2학기 수학과
○ 관련 단원: 2단원 '곱셈구구'
○ 놀이 효과: '곱셈구구' 단원은 곱셈구구의 구성 원리에 대해 알아본 후 여러 가지 계산법을 탐구하는 것을 목적으로 하고 있습니다. 손가락 조작 활동을 통해 곱셈구구를 익혀보는 놀이를 통하여 곱셈구구의 필요성과 실생활 적용 능력을 키울 수 있습니다.

놀이 팁

○ 2단, 5단, 3단, 6단, 4단, 8단, 7단, 9단 순서로 놀이를 해보며 숫자 사이의 연관성을 깨달아 봅시다.
○ 가족들의 마음을 읽고 협업으로 곱셈구구 답을 맞혀보는 놀이를 통하여 더불어 살아가는 공동체 역량을 함양할 수 있습니다.

곱셈구구 빙고

역량: 지식정보처리

장소: 실내   준비물: 빈 종이, 펜

1. 빈 종이를 가로, 세로로 삼등분하여 아홉 칸을 만듭니다.

✱✱✱ 3단 ✱✱✱

3X1 = 3	3X6 = 18
3X2 = 6	3X7 = 21
3X3 = 9	3X8 = 24
3X4 = 12	3X9 = 27
3X5 = 15	

2. 몇 단으로 놀이를 할 것인지 정합니다.

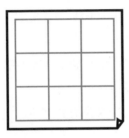

3. 놀이에 활용하는 곱셈구구의 답을 각각의 칸에 무작위로 적습니다.

4. 가위바위보로 놀이 순서를 정한 뒤 돌아가며 곱셈구구 식을 말합니다.

5. 상대방이 말한 곱셈구구의 정답을 찾아 색칠합니다.

6. 가로, 세로, 대각선으로 세 줄을 완성한 다음 빙고를 가장 먼저 외친 사람이 승리합니다.

1. 오늘의 놀이는 '곱셈구구 빙고'야. 빈 종이를 가로, 세로로 삼등분하여 아홉 칸을 만들어보자.
2. 3단으로 놀이를 해볼까?
3. 3단 곱셈구구의 정답을 각각의 칸에 적어보자.
4. 가위바위보로 놀이 순서를 정하자. 순서대로 돌아가며 3단 곱셈구구의 식을 말할 거야. 단 정답은 말하지 않고 식만 말하면 된단다.
5. 상대방이 말한 곱셈구구의 식을 마음속으로 계산한 후 빙고 판에 있는 숫자를 찾아 색칠하면 돼.
6. 가로, 세로, 대각선으로 세 줄을 완성한 다음 빙고를 가장 먼저 외친 사람이 승리하는 놀이야. 지금부터 놀이 시작!
   ○○이가 가장 빨리 빙고를 외쳤구나. 오늘 놀이하는 모습을 보니 곱셈구구 문제없겠는걸!

공부하자

○ 관련 교과: 2학년 2학기 수학과
○ 관련 단원: 2단원 '곱셈구구'
○ 놀이 효과: '곱셈구구' 단원은 곱셈구구의 구성 원리를 스스로 탐구하고 터득하는 것을 목적으로 하고 있습니다. 아이들이 좋아하는 빙고를 활용한 놀이를 통하여 곱셈구구의 필요성과 그 활용방법을 익힐 수 있습니다.

놀이 팁

○ 놀이가 시시하다면 3단과 6단 또는 4단과 8단을 한번에 묶어서 놀이를 해보세요. 두 곱셈구구 사이의 관계를 발견할 수도 있답니다.
○ 출제자의 말에 집중하고 수많은 정보에서 정답을 찾아보며 지식정보처리 역량을 기를 수 있습니다.

얼마나 성장했나요?

😊 즐거워했어요 / 😑 집중해서 참여했어요 / 😣 어려워했어요

놀이명	놀이 날짜	자녀의 반응	기억에 남는 자녀의 한마디
하이 파이브	20 . . .	😊 😑 😣	
	20 . . .	😊 😑 😣	
	20 . . .	😊 😑 😣	
손가 락을 펴요	20 . . .	😊 😑 😣	
	20 . . .	😊 😑 😣	
	20 . . .	😊 😑 😣	
곱셈 구구 빙고	20 . . .	😊 😑 😣	
	20 . . .	😊 😑 😣	
	20 . . .	😊 😑 😣	

창의성이 부족해요

부모님의 고민

지난 주말 가족과 함께 우주 박물관에 갔었습니다. 마침 상상 속의 우주를 그리는 프로그램이 있어 참여했는데 다른 아이들은 쓱쓱 해나가는 반면 우리 아이는 빈 종이였습니다. 사실 아이가 상상해서 그리는 것을 어려워한다는 것은 알고 있었으나 그 모습을 보니 걱정이 되었습니다. 선생님 창의성이 부족한 아이 어떻게 해야 할까요?

선생님의 도움말

몇 년 전까지만 해도 크리에이터는 매우 생소한 직업이었습니다. 그러나 지금은 무시하지 못할 정도로 큰 시장이 되었고 영향력 또한 대단하다 할 수 있습니다. 이러한 세상의 흐름을 볼 때 아이들이 살아갈 미래에는 창의성이 무엇보다 큰 자산이자 능력이 될 것입니다. 창의성은 유아기에 발달하기 시작하여 초등학교 저학년에 다듬어진다고 합니다. 이는 뇌의 발달과 관련 있습니다. 좌뇌가 발달한 사람은 논리적이고 체계적인 반면 우뇌가 발달한 사람은 감성이 풍부하다고 합니다. 과거 창의성은 감성의 뇌인 우뇌에서 권장하는 것이 정설처럼 여겨왔습니다. 하지만 최근 연구들은 양쪽 뇌가 조화를 이뤄 협력할 때 발생한다고 말합니다. 창의력을 우뇌와 좌뇌의 합작으로 보는 것입니다. 하지만 우뇌는 4~7세에 좌뇌는 7~9세 가장 많이 성장하기에 발달 정도가 비슷해지는 시기를 기다릴 수밖에 없습니다.(Hannaford, 1995) 그 시기가 바로 초등학교 저학년입니다. 창의력과 관련된 놀이로 자녀의 생각에 날개를 달아보시기 바랍니다.

협동화

역량: 공동체

장소: 실내

준비물: 빈 종이, 색연필

1. 빈 종이와 색연필을 준비합니다.

2. 가위바위보로 그림을 그릴 순서를 정합니다.

3. 놀이 중 말을 할 수 없음을 안내합니다.

4. 첫 번째 사람은 주제를 정한 뒤 그림을 그립니다.

5. 두 번째 사람부터는 앞사람의 그림을 꾸미거나 새롭게 추가하여 그림을 완성합니다.

6. 그림이 완성된 후 어떤 것을 상상하여 그린 것인지 이야기 나눕니다.

1. 오늘의 놀이는 '협동화'야.
2. 가위바위보로 그림을 그릴 순서를 정해보자.
3. 그림을 그리는 도중에는 말을 할 수는 없단다.
4. 아빠가 첫 번째 순서구나. 마음속으로 정한 주제를 그려볼게.
5. 두 번째 사람부터는 앞사람이 그린 그림을 살펴본 후 주제와 관련된 것을 상상해서 새로운 것을 추가하거나 꾸미면 돼.
6. 그림이 모두 완성되었네. 첫 번째 사람부터 어떤 것을 표현했는지 말해볼까? ○○이는 봄을 맞이하는 나무에게 집과 벤치를 선물해주었구나. 이 세상에는 상상력을 필요로 하는 많은 직업이 있단다. 우리 ○○이도 풍부한 상상력으로 꿈을 꼭 이뤘으면 좋겠다.

○ 관련 교과: 2학년 1학기 통합교과 '봄'
○ 관련 단원: 2단원 '봄이 오면'
○ 놀이 효과: 봄이 되어 달라진 날씨와 이에 어울리는 생활 모습을 알아보는 '봄이 오면' 단원에는 봄에 접할 수 있는 색, 모습, 느낌을 다양한 도구로 표현해보는 '봄 색으로 물들여요' 활동이 있습니다. 가족과 함께 봄이라는 주제를 상상하고 그림을 이어 그리면서 창의성을 높일 수 있습니다.

○ 눈에 보이지 않는 것을 머릿속이나 마음속에 그려보는 보는 것을 상상력이라 합니다. 상상력은 과거 경험에 많은 영향을 받는다고 합니다. 날씨 좋은 주말 자녀와 집에 있기보다 나가서 활동함으로 상상력의 곳간을 넓혀보시기 바랍니다.
○ 가족과 협력하여 하나의 그림을 완성해가며 공동체 역량을 함양할 수 있습니다.

눈을 감고

역량: 창의적 사고

장소: 실내

준비물: 다양한 소품

1. 가위바위보로 놀이 순서를 정합니다.

2. 첫 번째 순서인 사람의 눈을 가립니다.

3. 집에 있는 다양한 소품 중 하나를 선택하여 첫 번째 사람의 손에 쥐여줍니다.

4. 첫 번째 사람은 시각을 제외한 나머지 감각으로 무엇인지 알아맞혀 봅니다.

긴 주둥이, 전선, 손잡이가 있는 것으로 보아 드라이어에요.

5. 3분이라는 시간 안에 정답을 맞히면 1점을 획득합니다.

6. 가장 높은 점수를 차지한 사람이 최종 승리합니다.

1. 오늘의 놀이는 '눈을 감고'야. 가위바위보로 순서를 정하여 보자.
2. ○○이는 눈을 감고 손을 펴보자.
3. ○○이가 알아맞혔으면 하는 물건을 가져와보자. 단 날카로운 물건 같이 사람이 다칠 수 있는 것들은 안 된단다.
4. 지금부터 ○○이는 눈을 제외한 나머지 감각으로 어떤 물건인지 맞혀보면 된단다. 주어진 시간은 3분이야.
5. 3분이 모두 지났네. 어떤 물건인 것 같고 왜 그렇게 생각했니?

> '드라이어 같아요', '손으로 만져보니 긴 주둥이, 집기 편한 손잡이, 긴 전선이 있었어요', '잘 마른 빨래에서 나는 냄새가 나는 듯해요' 등과 같이 말할 수 있습니다.

6. 우와 우리 ○○이 점수가 가장 높네? 우리 주변에 있는 것들을 호기심 있게 바라보는 것은 창의성을 높이는 데 많은 도움이 된대.

공부하자

- 관련 교과: 1학년 1학기 통합교과 '여름'
- 관련 단원: 2단원 '여름 나라'
- 놀이 효과: 생활 속에서 경험할 수 있는 여름 날씨의 특징과 그에 따른 생활 모습을 알아보는 '여름 나라' 단원에는 다양한 감각을 활용하여 여름을 탐구해보는 '여름 나라로 떠나요' 활동이 있습니다. 여름과 관련된 물품을 오감으로 느껴보며 당연한 대상이었던 여름을 탐구의 대상으로 삼을 수 있습니다.

놀이 팁

- 맛을 보아서는 안 되는 물건일 경우 사전에 안내하도록 합니다.
- 놀이를 통하여 주위 사물을 유심히 관찰하는 능력인 민감성 즉 창의적 사고 역량을 높일 수 있습니다.

오늘 뭐 하지?

역량: 의사소통

장소: 실내   준비물: 포스트잇, 펜

1. 가족과 어떤 주제에 관해 이야기할 것인지 생각하여 중심 주제로 잡습니다.

2. 중심 주제를 포스트잇에 적은 뒤 가운데에 붙입니다.

3. 중심 주제와 관련된 다양한 생각을 포스트잇에 적어 중심 주제 옆에 붙입니다.

4. 다양한 생각 중 마음에 드는 것을 떼어갑니다.

5. 자신이 가져간 주제에 대한 다양한 생각을 포스트잇에 적어 주변에 붙입니다.

6. 다양한 아이디어 중 어떤 것을 선택할 것인지 가족과 이야기합니다.

1. 오늘의 놀이는 '오늘 뭐 하지?'야. 외식 메뉴를 놀이로 정해보자.
2. 중심 주제인 '외식 메뉴'를 포스트잇에 적어 가운데 붙여보자.
3. 일식, 중식, 한식, 양식 같이 우리가 밖에서 먹을 수 있는 음식을 포스트 잇에 적어 중심 주제 옆에 붙여볼까?
4. 네 가지 포스트잇 중 마음에 드는 한 가지를 떼어가 볼까? ○○이는 '중 식'을 가져갔구나.
5. 탕수육, 양고기 꼬치 같은 중식 메뉴를 포스트잇에 적어보자.
6. 다양한 음식들이 모여있네. 이 중 어떤 것을 먹을지 이야기해보자. 오늘 해본 놀이처럼 다양한 아이디어를 만들어내는 것은 창의성을 높이는 데 많은 도움이 된단다.

○ 관련 교과: 2학년 2학기 통합교과 '겨울'
○ 관련 단원: 1단원 '두근두근 세계 여행'
○ 놀이 효과: 다른 나라의 문화에 관심을 가져보는 '두근두근 세계 여행' 단원에는 자세히 알고 싶은 나라를 정해서 자랑거리를 조사해보는 '알 고 싶은 나라' 활동이 있습니다. 알고 싶은 나라를 중심 주제로 두고 그 나라의 문화, 유물, 자연 등을 조사해보며 생각을 확장해 나갈 수 있습 니다.

○ 특정 문제에 부딪혔을 때 필요한 것은, 해결하기 위한 다양한 아이디어 생산입니다. 이러한 능력을 유창성이라 합니다.
○ 생각을 모으는 것, 아이디어 생산만큼이나 중요한 것이랍니다. 서로를 배려하는 가운데서 협의를 통해 하나의 의견을 선택해보세요. 의사소 통 역량을 함양할 수 있습니다.

무슨 모양일까?

역량: 심미적 감성

장소: 실내

준비물: 상자, 펜, 가위

1. 빈 상자와 가위, 펜을 준비합니다.

2. 서로가 보지 못하게 한 후 상자에 그리고 싶은 것을 그립니다.

3. 그린 것을 가위로 오립니다.

4. 그림을 뒤로 돌려 보이지 않게 한 후 가족들에게 보여줍니다.

5. 어떤 것을 그린 것인지 맞혀봅니다.

6. 어떤 것을 그린 것인지 설명해줍니다.

1. 오늘의 놀이는 '무슨 모양일까?'야.
2. 각자 흩어져서 상자에 그리고 싶은 것을 그려보자.
3. 모두 그렸니? 이제는 그린 것을 가위로 오리면 된단다.
4. 그림이 그려지지 않은 부분을 가족들에게 보여주자.
5. 어떤 것을 그린 것인지 맞혀볼까?
6. 동그랗게 오려진 것을 보고 아빠는 야구공을, 엄마는 동그랑땡을, ○○
   이는 다트판을 생각했구나. 그림을 돌려서 정답을 확인해볼까?
   정답은 수박이야. 동그라미를 보고 다트판을 생각하다니 ○○이는 다른
   사람이 생각하지 못한 부분을 생각해 내는 능력이 뛰어나구나.

공부하자

○ 관련 교과: 1학년 2학기 수학과
○ 관련 단원: 3단원 '여러 가지 모양'
○ 놀이 효과: '여러 가지 모양' 단원은 다양한 물건에서 모양을 직관적으
   로 파악하는 활동을 통하여 평면도형에 대한 기본적인 이해를 돕는 것
   을 목적으로 하고 있습니다. 네모, 세모, 동그라미 모양을 한 것을 그린
   후 가족에게 퀴즈를 내봄으로써 창의성과 평면도형에 대한 이해를 높
   일 수 있습니다.

놀이 팁

○ '모든 사람이 예스(Yes)라 해도 노(No)라고 할 수 있어야 한다'와 관련
   된 것은 독창성입니다. 남다른 생각을 위해서는 고정관념에서 벗어나
   새롭게 바라보는 힘이 필요하답니다.
○ 일상적인 것에서 아름다움을 발견하고 독특한 나만의 방법으로 표현해
   보는 것, 심미적 감성과 관련 있습니다.

얼마나 성장했나요?

😊 즐거워했어요 / 😑 집중해서 참여했어요 / 😣 어려워했어요

놀이명	놀이 날짜	자녀의 반응	기억에 남는 자녀의 한마디
협동화	20 . .	😊 😑 😣	
	20 . .	😊 😑 😣	
눈을 감고	20 . .	😊 😑 😣	
	20 . .	😊 😑 😣	
오늘 뭐 하지?	20 . .	😊 😑 😣	
	20 . .	😊 😑 😣	
무슨 모양 일까?	20 . .	😊 😑 😣	
	20 . .	😊 😑 😣	

책 읽기를 싫어해요

책을 좋아하는 저와 달리 우리 아이는 독서를 너무나 싫어합니다. 이 세상에 책을 읽는 게 가장 싫다고 합니다. 이렇게도 해보고 저렇게도 해봐도 책에 통 관심을 보이지 않습니다. 책을 싫어하는 아이, 어떻게하면 좋아하게 할 수 있을까요?

선생님의 도움말

책은 새로운 세상과 사람을 연결해주는 다리입니다. 책 속의 세계는 현실과 달리 공간과 시간의 제약이 없어 원하면 어디든지 갈 수 있고 누구든지 만날 수 있으며 어떤 것이든 할 수 있습니다. 이렇게 유용한 독서인데도 불구하고 책 읽기를 진정 즐기는 사람은 드물다고 합니다.[34] 어린 시절 책과 가까웠던 것만 같은데 성인이 된 지금 책 한 권 읽기가 힘들어진 까닭은 독서에 대한 흥미를 느끼지 못했기 때문입니다. 독서와 관련된 놀이를 통하여 진정한 책 읽기의 즐거움을 느껴봄으로써 평생 독자를 길러보시기 바랍니다.

---

34) 2017년 통계청에서 발표한 자료에 따르면 인구 1인당 평균 독서 권수는 9.5권이라고 합니다.

집을 지어요

역량: 공동체

장소: 실내   준비물: 책

1. 집에 있는 책들을 모읍니다.

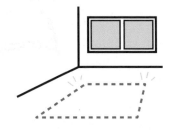

2. 집을 지을 공간을 마련합니다.

3. 기둥을 세웁니다.

4. 지붕을 얹어 집의 행태를 만듭니다.

5. 자신이 감명 깊게 읽었던 책의 내용을 떠올려 봅니다.

6. 함께 만든 집에 어떤 주인공이 살았으면 좋겠는지 서로 서로 이야기해봅니다.

1. 오늘의 놀이는 '집을 지어요'야. 집을 짓기 위해서는 많은 책이 필요하단
   다. 집안 곳곳에 있는 책들을 모아볼까?
2. 이곳에 책으로 집을 지어보자.
3. 처음에는 기둥부터 세워야 한단다.
4. 마지막으로 지붕을 얹어보자.
5. ○○이는 최근 어떤 책을 읽었니? 그랬구나. ○○이처럼 최근에 읽었거나
   인상 깊게 읽었던 책의 내용을 떠올려보자.
6. 우리 가족이 함께 만든 이 집에 살았으면 하는 주인공이 있다면 가족들
   에게 소개해볼까? 책은 즐거운 거야. 함께 집을 지을 수도 있고 가지고
   놀 수도 있어. 우리 종종 책을 가지고 이렇게 놀자.

○ 관련 교과: 1학년 2학기 수학과
○ 관련 단원: 4단원 '덧셈과 뺄셈(2)'
○ 놀이 효과: '덧셈과 뺄셈' 단원은 세 수의 덧셈과 뺄셈을 하며 차례대로
  계산하는 원리를 이해하는 것을 목적으로 하고 있습니다. 책으로 집을
  지은 후 기초, 기둥, 지붕에 각각 몇 개씩의 책이 사용되었는지 확인 후
  덧셈을 해봄으로써 두 수를 바꾸어 더해도 합이 같고 더하는 순서를
  바꾸어도 값이 같다는 것을 이해할 수 있습니다.

○ 놀이 후 완성된 집을 밀어보세요. 도미노처럼 쓰러지는 책을 보며 스트
  레스를 풀 수도 있습니다.
○ 주인공에게 어울리는 집을 지어준다는 하나의 목적을 위해 함께 협력
  해보세요. 공동체 역량을 함양하여 키울 수 있습니다.

책을 피자

역량: 심미적 감성

장소: 실내   준비물: 책, 포스트잇, 펜

 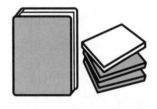

1. 한 권의 책을 나눠 읽습니다.

2. 책의 표지는 피자 도우고 내용이 적힌 포스트잇은 토핑임을 안내합니다.

 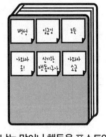

3. 책에 등장하는 사람을 포스트잇에 적어 표지 위에 붙입니다.

4. 기억에 남는 말이나 행동을 포스트잇에 적어 표지 위에 붙입니다.

우리 가족이 읽은 책 제목은 소금을 만드는 맷돌이에요.

5. 어떤 사건이 일어났는지 포스트잇에 적어 표지 위에 붙입니다.

6. 포스트잇을 읽으며 책의 내용을 정리해봅니다.

1. 오늘은 '책을 피자' 놀이를 해볼 거야. 책을 함께 읽어보자.
2. 이제부터 책으로 피자를 만들어볼 거야. 책 표지는 피자 도우고 우리가 적어낼 포스트잇은 토핑이 된단다.
3. 책에 누가 등장하는지 포스트잇에 적어 표지에 붙여보자. 다른 사람이 써서 붙인 것은 반복하지 않아도 돼.
4. 기억에 남는 말이나 행동을 포스트잇에 적어 표지 위에 붙여보자.
5. 어떤 일이 일어났는지도 포스트잇에 적어 표지 위에 붙여보자.
6. 우와 맛있는 피자가 완성되었네? 이제는 우리가 붙인 포스트잇을 살펴보며 이야기 내용을 정리해보자.
   ○○이가 책의 내용을 정말 자세히 정리해주었구나. 오늘 저녁 맛있는 피자를 먹으며 다른 책도 읽어볼까?

○ 관련 교과: 1학년 2학기 국어과
○ 관련 단원: 7단원 '무엇이 중요할까'
○ 놀이 효과: '무엇이 중요할까' 단원은 인물이나 사건 등 중요한 내용을 확인하며 읽는 것을 목적으로 하고 있습니다. 책을 읽은 후 인물이 한 일이나 일어난 사건을 떠올려 포스트잇에 적어봄으로써 중요한 내용을 파악하며 읽는 태도를 기를 수 있습니다.

○ 놀이 후 맛있는 피자를 시켜 먹어보세요.
○ 책에 있는 이야기의 아름다움을 발견하고 문학이 주는 즐거움을 만끽하게 해주세요. 심미적 감성 역량을 함양할 수 있습니다.

그림자 연극

역량: 심미적 감성

장소: 실내   준비물: 상자, 가위, 손전등, 펜

1. 한 권의 책을 나눠 읽습니다.

2. 가장 인상 깊었던 부분을 이야기 나누며 선정합니다.

3. 그림자 연극에 필요한 주인공을 상자에 그립니다.

4. 가위로 오립니다.

5. 형광등을 끈 후 손전등으로 벽을 비춥니다.

6. 손전등 앞에서 가장 인상 깊었던 장면을 연기합니다.

1. 그림책으로 '그림자 연극' 놀이를 해보자. 책을 함께 읽어보자.

2. 그림자 연극으로 꾸밀 부분을 선정해보자. 각자 어떤 부분이 가장 인상 깊었니?

3. 이 부분을 그림자 연극으로 꾸며보자. 이야기에 누가 등장하니? 아빠가 늑대를, 엄마가 돼지를, ○○이가 코끼리를 만들면 되겠다. 잡고 연기할 수 있는 손잡이도 꼭 만들어주렴.

4. 가위로 오려보자.

5. 이제 형광등을 끌게. 손전등으로 벽을 비추니 그림자들이 생기네?

6. 지금부터 우리 가족이 가장 인상 깊게 읽은 부분을 그림자 연극으로 꾸며볼 거야. ○○이 목소리 연기가 정말 실감 난다. 책을 읽고 연극으로 해보는 것도 정말 재미있구나.

○ 관련 교과: 2학년 2학기 국어과
○ 관련 단원: 1단원 '실감 나게 표현해요'
○ 놀이 효과: '실감 나게 표현해요' 단원은 인형극의 말과 행동을 실감 나게 표현하며 역할극을 하는 것을 목적으로 하고 있습니다. 책을 읽은 후 그 내용을 가족과 함께 그림자 인형극으로 표현해보는 놀이를 통하여 문화적 가치를 내면화하는 계기를 마련해볼 수 있습니다.

○ 2017년 문화체육관광부에서 학생들의 독서 장애 요인을 조사한 결과 '학업으로 인한 시간 없음'이 1위였습니다. 문제집에 허덕이는 자녀에게 책 한 권 읽을 수 있는 여유를 줘보세요.
○ 책이 주는 즐거움과 아름다움을 발견함으로써 질 높은 삶과 행복을 누릴 수 있는 심미적 감성 역량을 높일 수 있습니다.

얼마나 성장했나요?

😊 즐거워했어요 / 😐 집중해서 참여했어요 / 😣 어려워했어요

놀이명	놀이 날짜	자녀의 반응	기억에 남는 자녀의 한마디
집을 지어요	20 . .	😊 😐 😣	
	20 . .	😊 😐 😣	
	20 . .	😊 😐 😣	
책을 피자	20 . .	😊 😐 😣	
	20 . .	😊 😐 😣	
	20 . .	😊 😐 😣	
그림자 연극	20 . .	😊 😐 😣	
	20 . .	😊 😐 😣	
	20 . .	😊 😐 😣	

공부에 소질이 없어요

어린 시절 우리 아이는 머리가 좋은 아이였습니다. 말도 빨리 트였고 이해력도 높은 편이었습니다. 그러나 그 명석함은 어디로 사라졌는지 지금은 공부한 만큼 결과가 나오지 않아 걱정입니다. 혹시 수업 시간에 딴짓하는 건 아닌지 걱정되는 마음에 선생님과 이야기를 해보았지만 그런 모습은 보이지 않는다고 합니다. 공부에 소질 없는 아이, 어떻게 도와줘야 할까요?

선생님의 도움말

뇌에 있는 신경세포 간의 전기적 신호를 우리는 뇌파라 부릅니다. 뇌파는 몸과 마음에 상태에 따라 다양한 주파수를 보이는데 7~12헤르츠 대역의 알파파와 16~20헤르츠의 중간 수준의 베타파는 학습과 깊은 연관을 맺고 있습니다. 주로 명상 같은 편안한 상태에서 보이는 알파파는 마음을 편안하게 함으로써 집중할 수 있는 분위기를 만들어주고 중간 베타파는 어떤 것에 집중함으로 학습에 몰두할 수 있도록 긴장감을 형성하기 때문입니다.[35] 가족과 함께하는 놀이를 통하여 알파파와 베타파를 자극해봄으로써 공부할 수 있는 심신의 준비를 해보는 것은 어떨까요?

---

35) 전현진, 이승환(2016). 학습과 기억의 뇌파. 대한생물정신의학회. Vol.23 No.3 pp.102-107.

마음의 안정

역량: 심미적 감성

장소: 실내

준비물: 명상 음악

1. 명상 음악을 준비합니다.

2. 눈을 감고 음악을 듣습니다.

3. 음악이 끝난 후 가장 기억에 남는 장면을 떠올립니다.

4. 몸짓으로 명상 음악을 표현해봅니다.

5. 눈을 뜨고 서로의 몸짓을 봅니다.

6. 같은 것을 표현하고 있는 경우 1점씩을 획득하며 최종득점이 높은 사람이 승리합니다.

1. 오늘의 놀이는 '마음의 안정'이야. 눈을 감아보자.
2. 음악에 귀 기울여 보자.

> 바람 소리, 물 흐르는 소리처럼 자연의 소리도 좋습니다.

3. 몸과 마음이 편안해지는 것을 느꼈니? 음악에 등장하는 것 중 가장 기억에 남는 것을 떠올려보자.
4. 떠올린 것을 몸으로 표현해볼까?
5. 눈을 뜨고 서로 표현한 것을 살펴보자. 각자 어떤 것을 표현했니?
6. 아빠와 ○○이와 동생은 눈을 밟는 모습을, 엄마는 바람이 '후'하고 부는 모습을 표현했으므로 엄마를 제외한 나머지 사람들이 1점씩 가져가면 되겠다. ○○이 점수가 가장 높구나. 명상은 몸과 마음을 편안하게 해줌으로써 집중할 수 있도록 도와준단다. 공부 전 간단한 명상을 해보는 것은 어떨까?

공부하자

○ 관련 교과: 1학년 2학기 통합교과 '겨울'
○ 관련 단원: 2단원 '우리의 겨울'
○ 놀이 효과: 겨울 날씨의 특징과 그에 따른 생활 모습을 탐색, 표현해보는 '우리의 겨울' 단원에는 겨울의 모습과 느낌을 창의적으로 표현해보는 활동이 있습니다. 눈을 밟는 소리, 눈을 뭉치는 소리 등이 포함된 음악을 들으며 명상하고 몸으로 표현해보며 마음의 안정감을 찾아갈 수 있습니다.

놀이 팁

○ 암기, 문제 해결 등의 과제를 더 빨리 해결한 집단이 그렇지 않은 그룹보다 알파파가 약 1헤르츠 정도 더 높았다고 합니다.[36] 알파파는 기억에 상당한 영향을 미친답니다.
○ 음악이 주는 편안함을 느낌으로써 심미적 감성 역량을 함양할 수 있습니다.

---

36) Klimesch W.(1999). EEG alpha and theta oscillations reflect cognitive and memory performance: a review and analysis. Brain Res Brain Res Rev. 1999;29:169-195

파닥파닥

역량: 자기관리

장소: 실내   준비물: 포스트잇

1. 포스트잇을 준비합니다.

2. 가위바위보를 통하여 놀이 순서를 정합니다.

3. 첫 번째 사람의 몸에 포스트잇 다섯 장을 붙여줍니다.

4. 격렬하게 몸을 움직여 포스트잇을 뗍니다. 단 손을 사용해서는 안 됩니다.

5. 나머지 사람도 똑같이 해봅니다.

6. 가장 빨리 포스트잇을 떼어낸 사람이 승리합니다.

1. 오늘의 놀이는 '파닥파닥'이야.
2. 가위바위보로 놀이 순서를 정해보자.
3. 첫 번째 순서인 ○○이의 몸에 포스트잇 다섯 장을 붙여주자.
4. 지금부터 격렬하게 몸을 움직여 포스트잇을 떼면 된단다. 단 손을 사용할 수는 없어.
5. 나머지 가족도 해보자. 가장 빨리 뗀 사람이 승리하는 놀이야.
6. ○○이가 가장 빨리 포스트잇을 뗐구나. 본격적인 공부 전 운동을 하거나 친구들과 뛰어노는 것은 학습 능력을 높여준다고 해. 중간놀이시간이나 점심시간 같은 틈새 시간에 의자에 앉아있기보다 운동장에서 놀아보는 것은 어떨까?

공부하자

○ 관련 교과: 2학년 1학기 통합교과 '여름'
○ 관련 단원: 2단원 '초록이의 여름 여행'
○ 놀이 효과: 건강하고 안전한 여름을 보낼 수 있는 능력을 기르는 '초록이의 여름 여행' 단원에는 올챙이와 개구리의 움직임을 몸으로 표현해보는 '팔딱팔딱 개구리 됐네' 활동이 있습니다. 학교에서 배운 율동을 활용하여 몸에 붙은 포스트잇을 떼며 긍정적인 알파파를 생성할 수 있습니다.

놀이 팁

○ '마음껏 놀면 공부가 잘된다?' 모순 같은 말이지만 사실입니다. 2005년 미국의 한 고등학교에서 0교시 체육을 실시한 결과 학습 능력은 물론 알파파의 수준까지 높아졌다고 합니다. 움직임이 두뇌에 긍정적인 영향을 미친 것입니다. 본격적인 공부 전 마음껏 뛰어놀 수 있는 시간을 줘보는 것은 어떨까요?
○ 움직임과 학습의 긍정적인 상관관계를 알아보며 기초 학습 능력 즉 자기관리 역량을 높일 수 있습니다.

얼마나 성장했나요?

😊 즐거워했어요 / 😑 집중해서 참여했어요 / 😣 어려워했어요

놀이명	놀이 날짜	자녀의 반응	기억에 남는 자녀의 한마디
마음의 안정	20 . . .	😊 😑 😣	
	20 . . .	😊 😑 😣	
	20 . . .	😊 😑 😣	
	20 . . .	😊 😑 😣	
	20 . . .	😊 😑 😣	
파닥 파닥	20 . . .	😊 😑 😣	
	20 . . .	😊 😑 😣	
	20 . . .	😊 😑 😣	
	20 . . .	😊 😑 😣	
	20 . . .	😊 😑 😣	

3

건강한 몸을 위한

신체 놀이

건강한 신체에 건강한 정신이 깃든다고 하였습니다. 몸이 건강해야 무엇이든 할 수 있으며 도전할 수 있는 것입니다. 행복의 시작 건강, 다양한 신체 놀이로 다져봅시다.

한참도 가만히 있지 못하는 저학년 아이들에게 필요한 것은 가만히 좀 있으라는 꾸중이 아닌 에너지를 발산할 수 있는 신체 활동입니다. 움직이고자 하는 욕구가 만족할 때 비로소 어떤 것에 집중할 마음과 힘이 생기기 때문입니다. 자 준비되셨나요? 아이들과 신나게 놀아줄 준비 말입니다. 본격적인 놀이 전 초등학교 저학년의 신체적 변화 및 발달에 대해 알아볼까요?

○ **지칠 줄을 몰라요**

무한 체력, 초등학교 저학년생에게 어울리는 단어입니다. 한시도 멈추지 않고 뛰어다니는 아이들을 바라보고 있으면 신기할 정도입니다. 이렇게 쉬지 않고 움직이는 힘의 근원은 탁월한 근육 회복력에 있습니다. 8~12세 아이들의 근육 회복 속도는 일반 성인보다 빠르고 운동선수와 비슷하다고 합니다.[37] 근육을 움직일 때 많은 산소를 사용함으로 근육을 피로하게 하는 물질을 보다 빨리 분해한다니 놀라운 사실입니다.

○ **놀이를 좋아해요**

정신분석의 창시자 프로이트(Freud)에 따르면 초등학교 저학년은 잠복기에 해당한다고 합니다. 성적인 충동이나 환상이 겉으로 드러나지 않고 숨어있어 평온한 시기입니다. 이 시기의 아이들은 놀이에 에너지를 쏟아부으며 지식을 확대하고 사회 기술을 연습합니

---

37) 프랑스 클레르몽 오베뉴 대학 세바스티안 라텔 교수팀의 연구결과: http://health.chosun.com/site/data/html_
dir/2018/05/03/2018050303537.html

다. 놀이를 통하여 친구들과 소통하고 경험을 확대하며 세상을 이해하는 것입니다.

○ 성별에 따른 운동 능력 차이가 심하지 않아요

중간놀이, 점심놀이시간만 되면 아이들은 약속이나 한 듯이 운동장에 모입니다. 바로 술래잡기, 축구 같은 놀이를 하기 위해서입니다. 다 같이 열심히 놀고 있는 것 같으나 자세히 보면 학년별로 노는 모습에 차이가 있습니다. 저학년 아이들은 성별에 따라 신체능력이 차이가 크지 않기에 같은 종목을 즐기지만 중학년, 고학년은 각기 무리 지어 좋아하는 것을 하며 시간을 보냅니다. 비슷한 체격, 비슷한 운동 능력을 가진 초등학교 저학년, 함께 뛰어놀기 좋은 시기입니다.

○ 소근육이 발달해요

엊그제까지만 해도 옷에 있는 단추를 채우기 어려워하던 아이가 언제 성장했는지 이제는 척척 잘해냅니다. 이는 눈과 손이 서로 도와 반응하는 정도가 늘어 작은 근육을 섬세하게 움직일 수 있는 능력이 발달했다는 증거입니다. 초등학생이 되면 글을 쓰거나 종이를 오리는 등 소근육을 활용할 일이 점점 많아집니다. 이런 상황을 힘들어하는 것은 남자아이들입니다. 여학생은 남학생들보다 소근육 활용도가 높아 금세 임무를 완수하지만, 남자아이들은 낑낑대며 어려워하기 때문입니다. 대근육 발달에 앞섰던 남학생들 이제는 소근육에 힘쓸 때입니다.

○ 쥐는 힘이 세져요

고사리 같은 손으로 안녕을 해주던 것이 엊그제 같은데 이제는 손이 제법 커졌습니다. 손이 성장함에 따라 쥐는 힘도 강해지는데 이는 연필을 그 전보다 더 효율적으로 사용할 수 있다는 것을 의미합니다. 무엇을 쓰고 그리는 활동을 늘림으로써 학습의 재미를 느끼는 3, 4학년을 대비하여 봅시다.

○ 거친 몸싸움을 즐겨요

어린 시절 몸을 서로 겹쳐가며 위로 쌓아가는 햄버거 놀이를 한 번쯤은 해보셨을 것입니다. 초등학교 저학년은 이런 거친 놀이를 즐깁니다. 선생님이 교실을 잠깐 비웠을 뿐인데 술래잡기를 하는 아이들, 레슬링을 하는 아이들로 한바탕 난리가 나기도 합니다. 아이들이 이런 거친 몸싸움을 즐기는 이유는 체내 에너지를 발산하기 위함도 있으나 서로 부대끼며 친근감을 형성하기 때문입니다. 하지만 이런 몸싸움이 실제 다툼이 되기도 하니 어느 정도 제약은 필요하다 할 수 있습니다.

○ 체력이 증가해요

체력이 약한 사람을 보고 저질 체력이라 합니다. 체력이 약하면 참 슬픕니다. 이것도 하고 싶고 저것도 하고 싶은데 하지 못하니 말입니다. 체력이 약한 당신, 초등학교 시절 제대로 놀지 않아서일 수도 있습니다. 근력과 민첩성 같은 체력은 7세부터 11세까지 폭발적

---

38) 황단비(2008). 초등학교 저학년의 체력에 관한 종단적 분석. 숙명여자대학교 대학원 석사학위 논문.

인 증가세를 보이는데 이때 이루어지는 놀이가 기초 체력 형성에 도움을 주기 때문입니다.[38] 강한 체력은 초등학교 저학년생에게 맡겨진 특명입니다.

○ 유치가 빠져요

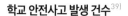

학교 안전사고 발생 건수[39]

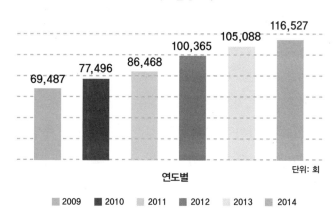

저학년 담임을 하다 보면 '선생님, 이가 흔들려요', '이가 빠졌어요'라는 말을 많이 듣게 됩니다. 초등학교 저학년이 되면 유아 때 사용하던 젖니가 빠지는 대신 평생을 함께할 영구치가 새로 나게 됩니다. 이 시기에 필요한 것은 올바른 칫솔질 같은 건강한 양치 습관입니다. 소중한 치아는 초등학교 저학년 때의 습관이 좌우합니다.

○ 안전사고가 빈번해요

초등학교 저학년 아이들은 반창고를 달고 삽니다. 유치원 시절보

39) 학교안전중앙공제회 제공

다 발달된 신체 활용 능력을 보여주고 싶은 마음과 경쟁에서 이겨 친구들에게 인정받고 싶은 욕구에 더욱 과격하고 위험한 행동을 선택하기 때문입니다. 이런 아이들에게 필요한 것은 안전교육과 보호 장구입니다. 특히 킥보드, 인라인스케이트, 자전거 같이 다치기 쉬운 놀이 기구를 탈 때는 반드시 보호 장구를 착용할 수 있도록 하고 주의를 시킴으로써 건강한 삶을 유지할 수 있도록 합니다.

○ **체계적인 안전교육의 적기에요**

2015 개정 교육과정이 현장에 적용됨에 따라 큰 변화 중 하나는 안전교육이 매우 강화되었다는 것입니다. 이러한 정책에 따라 초등학교 저학년은 창의적 체험활동 시간을 활용하여 주당 1시간씩 다양한 상황에서 벌어질 수 있는 사건, 사고 예방 방법을 배우고 있습니다. 이러한 체계적인 안전교육이 1, 2학년에서 이루어지는 까닭은 초등학교 저학년이 삶을 살아가는 데 기초가 되는 다양한 기능을 습득하기에 가장 좋은 시기이며 이때 배우는 것이 삶의 전반에 영향을 미치기 때문입니다. 초등학교 저학년, 건강한 삶을 살아가는 데 필요한 지식 체계를 구축하는 아주 중요한 시기입니다.

우리 반 아이들은 술래잡기를 좋아합니다. 준비물도 필요 없고 방법도 간단하며 재미있기 때문입니다. 술래잡기처럼 몸을 이리저리 움직이며 노는 것은 운동 능력 발달에 매우 효과적입니다. 신체를 활용한 놀이는 근력 발달에 도움을 줄 뿐 아니라 올바른 자세 형성에도 한몫한다고 합니다.[40] 단지 놀이에 참여하였을 뿐인데 건강까지 선물해주다니 일거양득이 아닐 수 없습니다.

---

40) 이숙재(1990). 유아를 위한 놀이의 이론과 실제. 서울: 창지사.

섬세한 조작을 어려워해요

우리 아이는 섬세한 가위질을 어려워합니다. 사실 가위질뿐 아니라 신발 끈을 맨다거나 악기를 연주한다거나 글씨를 쓰는 것 같이 정교한 손기술이 필요한 것 모두를 힘들어한 다는 것이 맞을 것 같습니다. 요새 학교에서 공부하는 것들을 보면 섬세한 손기술을 요 구하는 것들이 많던데 잘해내고 있는지 걱정입니다. 세밀한 조작을 어려워하는 아이, 어떻게 도와줘야 할까요?

선생님의 도움말

어떤 일을 할 때 빈틈이 없고 꼼꼼한 사람을 보고 우리는 '손이 야물다'라고 표현합니 다. 수업하다 보면 손을 이용하여 물건을 잡거나 쓰다듬는 등의 소근육이 발달하여 손 이 야문 아이들을 발견하곤 합니다. 그 아이들의 공통점은 학습에 대한 자신감이 높다 는 것입니다. 이는 완성도 높은 결과물로 인하여 스스로 얻는 성취감이 클 뿐 아니라 주 변의 칭찬으로 인하여 높은 자기 효능감을 가지고 있기 때문입니다. 소근육을 활용하는 것은 뇌의 발달을 돕기도 합니다. 한 장의 종이를 오리기 위해서는 눈과의 손의 협응력 이 필요한데 이때 관련된 뇌가 활성화되는 것입니다. 이렇게 소중한 소근육, 놀이를 통 하여 발달시켜볼까요?

종이 퍼즐

역량: 심미적 감성

장소: 실내   준비물: 잡지, 가위

1. 잡지를 준비합니다.

2. 마음에 드는 사진이나 그림을 선택합니다.

3. 사진이나 그림을 잡지에서 떼어냅니다.

4. 가위를 이용하여 사진이나 그림을 불규칙하게 오린 후 흩트려 놓습니다.

5. 각각의 조각을 이리저리 움직이며 원래의 모양으로 만듭니다.

6. 가장 짧은 시간을 기록한 사람이 승리합니다.

1. 오늘의 놀이는 '종이 퍼즐'이야.
2. 잡지를 살펴보며 마음에 드는 사진이나 그림을 선택해보자.
3. 마음에 와닿는 그림이나 사진을 뜯어보자. ○○이는 어떤 점에서 이 사진이 가장 마음에 드니?
4. 가위로 사진을 마음대로 오린 뒤 맞추기 어렵게 흩어놓자.
5. 조각난 퍼즐을 이리저리 움직이며 원래 사진으로 맞추면 된단다.
6. 가장 빨리 완성한 사람이 승리하는 놀이야.
   ○○이가 가장 빨리 퍼즐을 맞췄네? 사진 오릴 때 가위질도 잘하고 퍼즐도 잘 맞추고 정말 최고다!

○ 관련 교과: 1학년 1학기 통합교과 '봄'
○ 관련 단원: 1단원 '도란도란 봄 동산'
○ 놀이 효과: 봄을 탐색하고 표현해봄으로써 마음껏 누려보는 '도란도란 봄 동산' 단원에는 봄과 관련된 사진을 보며 이야기를 나누는 '사진 읽기' 활동이 있습니다. 잡지에서 봄과 관련된 사진을 찾아 오려 종이 퍼즐 놀이를 한 뒤 가족과 이야기 나눔으로써 자신들의 봄을 공유할 수 있습니다.

○ 이리저리 가위질하며 소근육을 발달시킬 수 있습니다.
○ 혹시 집에 큰 달력이 있나요? 달력에 있는 사진을 활용해보세요.
○ 잡지 속 사진과 그림에 아름다움을 느낄 수 있는 것은 심미적 감성 역량 덕분입니다.

콩콩콩

역량: 자기관리

장소: 실내

준비물: 콩, 젓가락, 접시 두 개

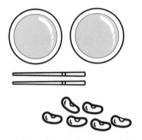

1. 빈 접시 두 개와 콩, 젓가락을 준비합니다.

2. 하나의 접시에 콩을 흩트려 놓습니다.

3. 젓가락을 이용하여 콩을 집습니다.

4. 젓가락으로 집은 콩을 다른 접시에 옮깁니다.

5. 접시에 있는 모든 콩을 다른 접시로 옮깁니다.

6. 가장 짧은 시간을 기록한 사람이 최종 승리합니다.

1. 오늘의 놀이는 '콩콩콩'이야.
2. 두 접시 중 하나의 접시에만 콩을 흩트려 놓을게.
3. 젓가락으로만 이 콩을 집을 수 있단다.
4. 젓가락으로 집은 콩을 다른 접시로 옮기면 돼.
5. 모든 콩을 옮기면 끝난단다.
6. 준비 시작!
   ○○이가 가장 빨리 끝났네? 집중해서 콩을 집는 모습이 정말 좋았어. 손을 이용한 놀이나 활동을 하면 머리도 똑똑해진대.

공부하자

○ 관련 교과: 1학년 1학기 수학과
○ 관련 단원: 1단원 '9까지의 수'
○ 놀이 효과: '9까지의 수' 단원은 9까지의 수를 세고 순서를 알아보며 크기를 비교하는 것을 목적으로 하고 있습니다. 콩을 하나하나 옮길 때마다 수를 세어야 한다는 규칙을 추가해봄으로써 수 세기와 소근육 발달이라는 두 마리 토끼를 한번에 잡을 수 있습니다.

놀이 팁

○ 콩 집기는 성인도 어렵습니다. 콩이 너무 어렵다면 육면체 모양의 껌이나 캐러멜을 이용해보세요. 좀 더 쉽게 할 수 있습니다.
○ 능숙하게 잘 옮기나요? 그렇다면 이제는 서로 다른 색의 콩을 섞은 뒤 특정 색만 옮기는 임무를 줘보세요. 눈과 손, 생각의 협응력을 키울 수 있습니다.
○ 젓가락으로 콩을 옮기는 것은 소근육 발달뿐만 아니라 집중력 향상에도 도움이 된답니다. 콩을 옮기며 자기관리 역량을 함양할 수 있습니다.

솔방울 하키

역량: 의사소통

장소: 실외

준비물: 솔방울, 나무 막대, 돌

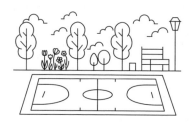

1. 공터 같은 놀이 장소로 이동합니다.

2. 솔방울 한 개와 가족 수 만큼의 나무 막대를 구합니다.

3. 주변의 돌로 골대를 표시합니다.

4. 두 팀으로 나눈 뒤 가위바위보로 먼저 공격할 팀을 선정합니다.

5. 나뭇가지로만 솔방울을 치며 하키를 즐깁니다.

6. 정해진 시간 동안 많은 골을 넣은 팀이 승리합니다.

1. 오늘의 놀이는 '솔방울 하키'야. 학교 운동장으로 이동해볼까?
2. 솔방울 한 개와 나무 막대를 구해보자. 나무 막대는 끝이 두껍거나 끝에 잔가지가 있어 공을 치기 편한 것으로 선택하면 된단다.
3. 여기서부터 저기까지가 경기장이야. 돌로 골대를 표시해볼까?
4. 두 팀으로 나눠보자. 엄마와 ○○이가 한 팀, 아빠와 동생이 한 팀이구나. 가위바위보로 먼저 공격할 팀을 선정해볼까?
5. 엄마 팀부터 공격할 거야. 나뭇가지로만 솔방울을 칠 수 있단다.
6. 전·후반 각각 5분이야. 준비 시작!
   ○○이 팀이 이겼구나. 나뭇가지로 솔방울을 몰고 다니기 어려웠을 텐데 잘해서 정말 놀랐어.

공부하자

○ 관련 교과: 1학년 2학기 통합교과 '가을'
○ 관련 단원: 2단원 '현규의 추석'
○ 놀이 효과: 우리나라의 대표적인 명절인 추석에 대해 알아보는 '현규의 추석' 단원에는 가을 숲속에서 볼 수 있는 것들을 무리 지어보는 '반가워요! 가을 친구' 활동이 있습니다. 가을에 흔히 찾아볼 수 있는 솔방울을 활용한 놀이를 통하여 가을의 특징을 발견하는 동시에 눈과 손, 발의 협응력을 높일 수 있습니다.

놀이 팁

○ 살아있는 나무의 가지는 꺾지 않도록 합니다.
○ 이리저리 튀는 솔방울 하키에서 이기기 위해서는 팀원과의 소통이 중요합니다. 놀이 중 이루어지는 배려하는 말하기와 듣기를 통하여 의사소통 역량을 키울 수 있습니다.

얼마나 성장했나요?

😊 즐거워했어요 / 😐 집중해서 참여했어요 / 😣 어려워했어요

놀이명	놀이 날짜	자녀의 반응	기억에 남는 자녀의 한마디
종이 퍼즐	20 . .	😊 😐 😣	
	20 . .	😊 😐 😣	
	20 . .	😊 😐 😣	
콩콩콩	20 . .	😊 😐 😣	
	20 . .	😊 😐 😣	
	20 . .	😊 😐 😣	
솔방울 하키	20 . .	😊 😐 😣	
	20 . .	😊 😐 😣	
	20 . .	😊 😐 😣	

공부머리를 키우는 가족 놀이 100

잠시도 가만히 있지 못해요

우리 아이 별명은 콩콩이입니다. 잠시도 가만히 있지 못하기 때문이죠. 온종일 부산스러운 아이 때문에 선생님도 힘드신지 조심스럽게 병원에 가보는 것을 권유하셨습니다. 최근 제 주변에도 같은 이유로 고민하다 병원에서 진단을 받고 약을 먹는 아이가 있는데 그 전보다 나아졌다고 합니다. 저희도 그렇게 해야 할까요?

선생님의 도움말

주의력 결핍 과잉 행동 장애(ADHD)로 고통받는 학생들은 약 10퍼센트 정도라고 합니다. 열명 중 한명이 ADHD로 힘들어하는 것입니다. 주의력 결핍, 충동성, 과잉 행동을 보이는 아이는 자신뿐만 아니라 주변 사람들까지도 힘들게 합니다. 규칙을 어기거나 큰소리를 지르는 등의 행동으로 친구들과 다투거나 따돌림을 당하는 비율이 50퍼센트에 달한다고 합니다.[41] 이러한 자녀들에게 도움이 되는 것은 약물 치료와 행동 치료입니다. 그러나 병원에서 진단을 받고 약을 먹는 것이 부모 스스로 낙인을 찍는 것 같아 고민스러운 것은 사실입니다. 다행스럽게도 최근 놀이를 통하여 ADHD를 완화해보려는 시도가 늘고 있습니다. 있는 그대로의 자신을 받아들이고 장점을 찾음으로써 주의력을 높이고 충동성 과잉 행동을 극복할 수 있는 놀이를 함께 알아보러 가실까요?

41) Guevremont, D. C., & Dumas, M. C.(1994). Peer relationship problems and disruptive behaviour disorders. Journal of Emotional and Behavioural Disorders, 2, 164-172.

휴지 탑 쌓기

역량: 공동체

장소: 실내   준비물: 두루마리 휴지

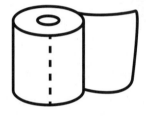

1. 두루마리 휴지를 여러 개 준비합니다.

2. 가위바위보로 놀이 순서를 정합니다.

3. 첫 번째 사람은 두루마리 휴지 하나를 집어 듭니다.

4. 집어 든 휴지를 바닥에 놓아 탑의 기초를 만듭니다.

5. 두 번째 사람부터는 앞사람이 놓은 휴지 위에 하나를 더 올려 탑처럼 쌓아 올립니다.

6. 3~5회 반복하며 휴지 탑을 높게 쌓아봅니다.

1. 오늘의 놀이는 '휴지 탑 쌓기'야.
2. 가위바위보로 놀이 순서를 정해보자.
3. 첫 번째 순서가 ○○이네. 휴지 하나를 집어볼래?
4. 바닥에 놓아 탑의 기초를 만들자.
5. 두 번째 사람부터는 앞사람이 놓은 휴지 위에 하나를 더 올려 탑처럼 쌓아 올리면 된단다.
6. ○○아, 휴지로 탑을 쌓는 동안 움직이지 않고 집중하는 모습이 정말 보기 좋았어. 학교에서 공부하거나 어떤 일을 할 때 이리저리 움직이지 않고 이렇게 집중한다면 무엇이든 해낼 수 있단다.

공부하자

○ 관련 교과: 2학년 2학기 수학과
○ 관련 단원: 3단원 '길이 재기'
○ 놀이 효과: '길이 재기' 단원은 다양한 물건의 길이를 재보며 양감을 기르는 것을 목적으로 하고 있습니다. 휴지 탑을 쌓은 뒤 대략 몇 미터 몇 센티미터가 될지 어림, 측정해봄으로써 수학적 문제 해결 능력을 키울 수 있습니다.

놀이 팁

○ ADHD 유형 중 주의력 결핍형이 약 27퍼센트 정도 된다고 합니다. 휴지 탑을 쌓으며 집중력을 높일 수 있습니다.
○ 휴지 탑 쌓기는 생각보다 많은 두루마리 휴지가 필요합니다. 휴지를 새로 산 날에 하기 좋은 놀이입니다.
○ 휴지로 높은 탑 쌓기라는 공동의 목표 아래 협력하며 공동체 역량을 길러줄 수 있습니다.

물병 볼링

역량: 공동체

장소: 실외

준비물: 빈 물병, 공, 물

1. 가위바위보로 놀이 순서를 정합니다.

2. 빈 물병 열 개에 물을 반 정도 채웁니다.

3. 물병을 4, 3, 2, 1 순서로 세웁니다.

4. 출발점을 정합니다.

5. 공을 굴려 물병을 넘어뜨립니다.

6. 가장 적은 시도로 모든 물병을 넘어뜨린 사람이 승리합니다.

1. 오늘의 놀이는 '물병 볼링'이야. 가위바위보로 순서를 정해보자.

2. 빈 물병 열 개에 물을 반씩 채워볼까?

3. 물병을 4, 3, 2, 1 순서로 세워보자.

4. 여기서 공을 굴려 물병을 넘어뜨릴 거란다.

5. 공을 굴려볼까?

6. ○○이가 다섯 번 만에 모든 물병을 쓰러뜨렸구나. 마음대로 넘어지지 않는 물병을 보며 당장이라도 달려가서 쓰러뜨리고 싶었을 텐데 끝까지 포기하지 않는 모습이 인상적이었어. 어떤 것을 하다 보면 포기하고 싶기도 하고 마음대로 행동하고 싶기도 하단다. 그럴 때 한 번 두 번 참다 보면 그런 마음을 이겨낼 수 있단다.

공부하자

○ 관련 교과: 1학년 1학기 수학과

○ 관련 단원: 3단원 '덧셈과 뺄셈'

○ 놀이 효과: '덧셈과 뺄셈' 단원은 수학에서 가장 기초가 되는 한 자리 수 범위에서의 덧셈과 뺄셈을 다루고 있습니다. 전체의 물병에서 쓰러진 물병의 개수를 빼보며 일상생활에서 수를 사용해보는 경험을 제공할 수 있습니다.

놀이 팁

○ ADHD 유형 중 과잉 행동-충동형은 약 18퍼센트 정도 된다고 합니다.

○ 물병에 물을 가득 채우면 잘 안 넘어가고 너무 적게 채우면 통통 날아다닌답니다. 반이 딱 적당합니다.

○ 놀이에 활용한 물을 그냥 버리지 말고 설거지를 하거나 꽃에 주세요. 자원을 낭비하지 않는 부모님을 보며 환경을 보호해야겠다는 생각을 함으로써 공동체 역량을 함양할 수 있습니다.

침묵의 도형

역량: 지식정보처리

장소: 실내

준비물: 없음

1. 둥그렇게 둘러 앉은 뒤 놀이 중 말을 할 수 없음을 안내합니다.

2. 놀이 중 말을 할 수 없음을 안내한 후 첫 번째로 시작할 사람을 정합니다.

3. 손가락으로 도형을 그리며 놀이의 시작을 알립니다.

4. 도형 이름의 글자 개수만큼 차례대로 사람을 지목합니다.

5. 마지막으로 지목된 사람은 양손을 들어 놀이가 끝났음을 알려줍니다.

6. 소리를 내거나 손을 제대로 들지 못하는 경우 탈락합니다.

1. 오늘의 놀이는 '침묵의 도형'이야.
2. 놀이 중에는 말을 할 수 없단다. 첫 번째로 시작할 사람을 정해보자.
3. ○○이가 첫 번째 순서구나. 손가락으로 원, 사각형, 삼각형 중 하나를 그리면 시작한다는 의미야. 도형을 그려볼래?
4. 사각형을 그렸구나. ○○이는 마음속으로 '사'를 외치며 다른 한 사람을 가리키면 돼. 지목을 받은 사람도 속으로 '각'을 외치며 다른 사람을 가리키면 된단다.
5. 마지막 '형'으로 지목된 사람은 양손을 들어 놀이가 끝났음을 알려주면 돼. 소리를 내거나 제대로 손을 들지 못하면 탈락이란다.
6. ○○아 놀이 중 말하거나 웃고 싶었을 텐데 그걸 참다니 정말 대단해. 그리고 놀이에 집중하는 모습 또한 정말 멋졌어.

공부하자

○ 관련 교과: 2학년 1학기 수학과
○ 관련 단원: 2단원 '여러 가지 도형'
○ 놀이 효과: '여러 가지 도형' 단원은 생활 주변에 있는 여러 가지 평면도형이나 입체도형을 관찰하는 것을 목적으로 하고 있습니다. 학교에서 배운 삼각형, 사각형 등을 활용한 놀이를 통하여 평면도형의 감각을 기를 수 있습니다.

놀이 팁

○ ADHD 유형 중 주의력 결핍과 충동성, 과잉행동의 복합형은 약 55퍼센트 정도 된다고 합니다. 집중과 참음 요소가 녹아있는 놀이를 가족과 함께 즐기며 ADHD를 완화할 수 있습니다.
○ 사각형, 삼각형, 원 등 시시때때로 변하는 도형을 살펴본 후 주어진 문제를 해결하는 과정에서 지식정보처리 역량을 강화할 수 있습니다.

😊 즐거워했어요 / 😑 집중해서 참여했어요 / 😣 어려워했어요

놀이명	놀이 날짜	자녀의 반응	기억에 남는 자녀의 한마디
휴지 탑 쌓기	20 . . .	😊 😑 😣	
	20 . . .	😊 😑 😣	
	20 . . .	😊 😑 😣	
물병 볼링	20 . . .	😊 😑 😣	
	20 . . .	😊 😑 😣	
	20 . . .	😊 😑 😣	
침묵의 도형	20 . . .	😊 😑 😣	
	20 . . .	😊 😑 😣	
	20 . . .	😊 😑 😣	

승부욕이 너무 강해요

부모님의 고민

우리 아이는 운동 중 지는 것을 정말 싫어합니다. 얼마 전 체육대회에서 개인 달리기를 하는 도중 친구가 자신을 앞지르자 달리는 것을 중단하고 제자리에 앉아 울고불고 정말 난리도 아니었습니다. 평소 승리에 대한 집착이 강한 것은 알고 있었는데 그런 모습을 보니 정말 충격이었습니다. 이겨야만 직성이 풀리는 아이 어떻게 해야 할까요?

선생님의 도움말

학급 운영을 하다 보면 승리에 유독 집착하는 학생들이 있습니다. 이런 놀이 중 다른 친구를 배려하지 않거나 이기는 데 집착하여 반칙하는 등의 잘못된 모습으로 눈살을 찌푸리게 하기도 합니다. 이들에게 필요한 것은 과정에 대한 칭찬입니다. '잘하고 있어', '좋은 시도야' 같이 어떠한 것을 이루기 위한 과정에서 노력한 것을 높이 평가하는 말을 해줌으로써 꼭 승리가 중요한 것이 아니라는 것을 알려줄 필요가 있는 것입니다. 오늘 저녁 자녀에게 노력한 것을 칭찬해줘 보는 것은 어떨까요?

흔들흔들 젓가락

역량: 지식정보처리

장소: 실내   준비물: 빵, 젓가락

1. 빵과 젓가락을 준비합니다.

2. 가위바위보로 놀이 순서를 정합니다.

3. 빵 가운데 젓가락을 꽂습니다.

4. 젓가락이 쓰러지지 않도록 조심히 빵을 뜯어 갑니다.

5. 뜯어 간 빵은 맛있게 먹습니다.

6. 젓가락이 넘어질 때까지 순서대로 놀이를 진행합니다.

1. 오늘의 놀이는 '흔들흔들 젓가락'이야.
2. 가위바위보로 놀이 순서를 정해보자.
3. 빵 가운데 젓가락을 꽂아보자.
4. 가위바위보에서 승리한 순서대로 빵을 뜯어 갈 거야. 젓가락이 넘어지지 않게 조심히 뜯어 가렴.
5. 뜯어 간 빵은 맛있게 먹으면 된단다.
6. 젓가락이 넘어질 때까지 해보자. 아쉽게도 ○○이가 젓가락을 쓰러뜨리고 말았구나. 그래도 괜찮아. 놀이 중 최선을 다했잖니.

○ 관련 교과: 2학년 1학기 통합교과 '여름'
○ 관련 단원: 2단원 '초록이의 여름 여행'
○ 놀이 효과: 건강하고 안전한 여름을 보낼 수 있는 능력을 기르는 '초록이의 여름 여행' 단원에는 촉각을 활용하여 모래를 만지고 느껴보는 '모래는 요술쟁이' 활동이 있습니다. 주변의 모래를 산처럼 모은 뒤 주변의 나뭇가지를 꽂아 놀이를 즐겨봄으로써 승부욕보다는 놀이가 주는 기쁨을 깨달을 수 있습니다.

○ 우연적 요소가 강한 놀이는 승패의 요인을 운에 맡기기 때문에 승부욕 해소에 효과적입니다.
○ 젓가락을 쓰러뜨리지 않기 위해서는 조심성도 필요하지만, 젓가락이 꽂힌 위치, 깊이 등을 고려하여 뜯어 가는 전략이 필요합니다. 놀이에 필요한 전략을 짜며 지식정보처리 역량을 높일 수 있습니다.

동전 컬링

역량: 의사소통

장소: 실내

준비물: 동전, 절연테이프

1. 절연테이프로 출발선과 지름 30센티미터의 원을 만듭니다.

2. 100원, 500원짜리 동전을 가족 인원만큼 준비합니다.

3. 가위바위보로 놀이 순서를 정합니다.

4. 순서대로 동전을 선택합니다.

5. 마지막 순서부터 출발선에서 동전을 밀어 원 안에 넣습니다.

6. 원의 중심에 가장 가까이 가는 사람이 승리합니다.

1. 오늘의 놀이는 '동전 컬링'이야. 놀이 전에 절연테이프로 출발선과 지름 30센티미터의 원을 만들어보자.
2. 엄마가 100원, 500원짜리 동전을 가족 수만큼 준비했어.
3. 가위바위보로 놀이 순서를 정해보자.
4. 첫 번째 순서인 아빠부터 마지막 순서인 엄마까지 놀이에 활용할 동전을 선택해볼까?

> 자녀들에게 500원짜리 동전은 양보하는 게 좋습니다.

5. 마지막 순서부터 출발선에서 동전을 밀어 원 안에 넣으면 돼.
6. 동생이 가장 원 중심과 가까운 곳에 동전을 집어넣었구나. 동생이 이겼는데도 화를 내지 않는 ○○이의 모습이 인상적이다. 그래도 괜찮아. 놀이 중 최선을 다했잖니.

공부하자

○ 관련 교과: 2학년 1학기 수학과
○ 관련 단원: 1단원 '세 자리 수'
○ 놀이 효과: '세 자리 수' 단원은 세 자리 수의 의미와 각 자리의 숫자가 나타내는 값을 알아보는 것을 목적으로 하고 있습니다. 세 자리 수로 이루어진 동전을 활용한 놀이를 가족들과 즐기며 학교에서 배운 내용을 복습할 수 있을 뿐만 아니라 놀이가 주는 즐거움이 승패보다 더 소중함을 느낄 수 있습니다.

놀이 팁

○ 승패가 빨리 끝나는 놀이는 승리와 패배에 대한 감정 이입도가 낮아 승부욕을 무뎌지게 하는 데 효과적입니다.
○ 팀 놀이에는 많은 소통이 필요합니다. 다른 사람의 의견을 경청하고 존중하며 놀이에 참여함으로써 의사소통 역량을 함양할 수 있습니다.

얼마나 성장했나요?

😊 즐거워했어요 / 😐 집중해서 참여했어요 / 😣 어려워했어요

놀이명	놀이 날짜	자녀의 반응	기억에 남는 자녀의 한마디
흔들 흔들 젓가락	20 . . .	😊 😐 😣	
	20 . . .	😊 😐 😣	
	20 . . .	😊 😐 😣	
	20 . . .	😊 😐 😣	
	20 . . .	😊 😐 😣	
동전 컬링	20 . . .	😊 😐 😣	
	20 . . .	😊 😐 😣	
	20 . . .	😊 😐 😣	
	20 . . .	😊 😐 😣	
	20 . . .	😊 😐 😣	

공부머리를 키우는 가족 놀이 100

자주 다쳐요

부모님의 고민

오늘도 아이는 학교에서 반창고를 붙이고 왔습니다. 친구들과 놀다가 넘어져서 피가 났기 때문이죠. 하루가 멀게 다치는 아이를 볼 때면 마음이 미어집니다. 아이가 다치는 모습을 보고 싶지 않습니다. 선생님 도와주세요.

선생님의 도움말

아동기의 안전사고 발생 요인은 크게 세 가지입니다.[42] 첫 번째, 개인의 부주의나 실수로 인하여 다치는 인적 요인입니다. 두 번째, 안전 기준에 미흡하게 제작된 기기나 결함으로 상처를 입는 기계적 요인입니다. 세 번째로는 지진, 태풍 등의 자연재해로 상처를 입는 환경적 요인입니다. 세 요인 중 가장 큰 비율을 차지하고 있는 것은 무엇일까요? 정답은 인적 요인[43]입니다. 아이들이 학교 또는 가정에서 다치는 대부분 이유는 주의를 기울이지 않음에서 발생하는 것입니다. 인적 요인을 예방하는 방법은 간단합니다. 놀이기구를 타기 전 보호 장구를 착용한다거나 교육을 통하여 주의를 집중시켜주면 되는 것입니다. 자주 다치는 우리 아이를 위한 놀이 한번 알아볼까요?

---

42) H.W. Heinrich & D. Peterson & N. Roos. (1980). Industrial Accident Prevention. McGraw-Hill Co.
43) 인적 요인 88퍼센트, 기계적 요인 10퍼센트, 환경적 요인 2퍼센트라고 합니다.

무슨 의미일까?

역량: 자기관리

장소: 실내

준비물: 스마트폰

1. 스마트폰을 활용해 교통 표지판을 검색합니다.

2. 가위바위보로 놀이 순서를 정합니다.

3. 첫 번째 사람은 마음에 드는 표지판 하나를 선택합니다.

4. 가족들에게 잠깐 보여줍니다.

5. 가족들은 어떤 표지판인지 맞혀봅니다. 맞힌 사람은 1점을 획득합니다.

6. 최종 점수가 높은 사람이 승리합니다.

1. 오늘의 놀이는 '무슨 의미일까?'야. 엄마가 스마트폰으로 교통 표지판을 검색해놓을게.
2. 가위바위보로 놀이 순서를 정해보자.
3. 엄마가 첫 번째 순서네. 마음에 드는 표지판 하나를 선택할게.
4. 크게 확대한 교통 표지판을 아주 잠깐 보여줄게.
5. 어떤 것을 의미하는지 맞혀보자. 맞힌 사람은 1점을 획득한단다.
6. ○○이가 가장 높은 점수를 차지했네. ○○아 학교에 가다 보면 다양한 교통 표지판을 볼 수 있단다. 특히 조심해야 할 것들은 '보행 금지'와 '도로 공사 중' 같은 표지판이야. 이런 곳은 가지 않아야 한단다.

공부하자

○ 관련 교과: 2학년 1학기 수학과
○ 관련 단원: 5단원 '분류하기'
○ 놀이 효과: '분류하기' 단원은 자료를 특정 관점에 의해 분류하는 것을 목적으로 하고 있습니다. 놀이를 통하여 다양한 교통 표지판을 살펴본 후 기준에 따라 분류해봄으로써 자료를 수집하고 처리하는 통계적 능력을 발달시킬 수 있습니다.

놀이 팁

○ 교통 표지판은 모양에 따라 주의, 규제, 지시로 나눌 수 있습니다.

주의하세요!   하지마세요!   이렇게 하세요!

주의표지판   규제표지판   지시표지판

○ 교통 표지판을 활용한 놀이를 통하여 안전한 생활을 꾸려나갈 힘, 자기 관리 역량을 함양할 수 있습니다.

골라 골라

역량: 지식정보처리

장소: 실내

준비물: 보호 장구

1. 집에 있는 보호 장구를 한데 모읍니다.

2. 어떤 것을 할 때 필요한 보호 장구인지 이야기 나눕니다.

나는 마네킹

3. 가위바위보로 마네킹 임무를 수행할 사람을 선정합니다.

인라인 스케이트

4. 보호 장구와 관련된 스포츠 이름을 말합니다.

5. 다양한 보호 장구 중 관련된 것을 재빨리 선택하여 마네킹에게 입혀줍니다.

6. 제대로 착용되었는지 살펴봅니다.

1. 오늘의 놀이는 '골라 골라'야. 놀이를 위해서는 다양한 보호 장구들이 필요하단다. 집에 있는 보호 장구들을 한데 모아보자.
2. 안전모는 어떤 것을 할 때 써야 할까?
3. 가위바위보로 마네킹 임무를 수행할 사람을 선정해보자.
4. ○○이가 첫 번째 순서가 구나. 여기에 모여있는 보호 장구와 관련된 스포츠 이름 한 가지를 말해볼래?
5. ○○이가 인라인스케이트를 말했네. 나머지 가족은 재빨리 인라인스케이트를 탈 때 필요한 보호 장구인 안전모, 팔꿈치 보호대, 손목 보호대, 무릎 보호대를 가져가 ○○이에게 착용시켜주면 된단다.
6. 오늘 놀이에서처럼 자전거를 타거나, 인라인스케이트를 타거나, 축구를 할 때 반드시 보호 장구를 착용해야 다치지 않는단다.

공부하자

○ 관련 교과: 2학년 1학기 통합교과 '여름'
○ 관련 단원: 2단원 '초록이의 여름 여행'
○ 놀이 효과: 건강하고 안전한 여름을 보낼 수 있는 능력을 기르는 '초록이의 여름 여행' 단원에는 안전한 물놀이를 위해 해야 하는 것들을 알아보는 '물놀이를 안전하게 하려면' 활동이 있습니다. 구명조끼, 튜브 등 집에 있는 물놀이 소품을 활용한 놀이를 가족과 함께 즐기며 보호 장구의 중요성을 깨닫고 실생활에서 활용하고자 하는 의지를 기를 수 있습니다.

놀이 팁

○ 보호 장구를 착용한 김에 같이 나가서 놀아주는 것은 어떨까요?
○ 상황에 어울리는 보호 장구를 찾아야 하는 문제 상황을 해결해보며 지식정보처리 역량을 키울 수 있습니다.

😊 즐거워했어요 / 😐 집중해서 참여했어요 / 😣 어려워했어요

놀이명	놀이 날짜	자녀의 반응	기억에 남는 자녀의 한마디
무슨 의미 일까?	20 . . .	😊😐😣	
	20 . . .	😊😐😣	
	20 . . .	😊😐😣	
	20 . . .	😊😐😣	
	20 . . .	😊😐😣	
골라 골라	20 . . .	😊😐😣	
	20 . . .	😊😐😣	
	20 . . .	😊😐😣	
	20 . . .	😊😐😣	
	20 . . .	😊😐😣	

체력이 약해요

부모님의 고민

우리 아이는 다른 아이들에 비해 체력이 약한 편입니다. 놀이터에서 놀다가도 금세 지쳐 의자를 찾아 쉬곤 합니다. 이런 모습이 안쓰러워 보약도 먹여보고 건강에 좋다는 음식도 해주었지만, 체력이 쉽게 늘지 않아 걱정입니다. 약한 체력 탓에 점점 바깥 활동을 꺼리는 아이, 어떻게 해줘야 할까요?

선생님의 도움말

체력이 강한 아이들은 일상생활에서 쉽게 지치지 않을뿐더러 회복력이 빨라 질병으로부터 강한 면모를 보이는 반면 그렇지 않은 아이들은 체력이 뒷받침해주지 않아 이루고자 하는 것을 쉽게 포기하는 모습을 보입니다. 이처럼 체력은 건강하고 행복한 삶을 유지하는 데 필수적인 요소라 할 수 있습니다. 체력은 신체를 움직이거나 조정하는 행동 체력과 건강을 위협하는 것들로부터 신체를 방어하는 방위 체력으로 구분할 수 있습니다.[44] 운동과 관련된 체력은 행동 체력이라 할 수 있습니다. 행동을 일으키는 근력, 행동을 지속하는 근지구력·심폐지구력, 행동을 조절하는 유연성·민첩성·평형성을 높이는 놀이를 알아볼까요?

---

44) 김종인(1996). 운동과 건강. 부산: 부산전문대출판부.

물통 아령

역량: 자기관리

장소: 실내　　　　　　　　　　　준비물: 포스트잇, 펜, 페트병, 물

1. 500밀리리터 페트병 두 개와 포스트잇을
   준비합니다.

2. 500밀리리터 페트병 두 개에 물을 가득 담습니다.

3. 근력 운동과 관련된 여러 가지 미션을
   생각해봅니다.

4. 포스트잇에 미션을 적은 뒤 내용이 보이지 않게
   접어 가운데로 모읍니다.

5. 가위바위보로 놀이 순서를 정합니다.

6. 순서대로 포스트잇을 뽑아 미션을 수행합니다.

1. 오늘의 놀이는 '물통 아령'이야.
2. 빈 페트병에 물을 가득 넣은 후 뚜껑을 꽉 닫아보자.
3. 근력 운동과 관련된 여러 가지 미션을 생각해볼까?

> 미션은 아이들에게 무리가 가지 않는 선에서 정해야 합니다.
> 구체적인 횟수까지 정해주는 게 좋습니다.

4. 포스트잇에 미션을 적고 접은 뒤 가운데로 모아보자.
5. 가위바위보로 놀이 순서를 정해볼까?
6. 순서대로 포스트잇을 뽑아 미션을 수행하면 된단다. ○○이 이마에 땀이 맺혔네. 이렇게 놀이로 운동을 하니 더 재미있는 것 같다.

공부하자

○ 관련 교과: 1학년 2학기 통합교과 '가을'
○ 관련 단원: 2단원 '현규의 추석'
○ 놀이 효과: 우리나라의 대표적인 명절인 추석에 대해 알아보는 '현규의 추석' 단원에는 가을철 다양한 먹거리에 대해 알아보는 '맛있는 음식이 한가득' 활동이 있습니다. 쌀, 콩, 메밀 같은 햇곡식을 페트병에 담아 아령을 만들고 각각 주어진 미션을 수행해보며 추수의 감사함을 느낄 뿐 아니라 기초 체력을 기를 수 있습니다.

놀이 팁

○ '물통 아령'은 팔굽혀펴기, 윗몸일으키기 같이 근육의 힘을 키우는 놀이입니다. 근력은 7세부터 11세 사이에 급격히 성장합니다.
○ 근력 운동은 주 3회 이상 하는 것이 좋다고 합니다. 이참에 부모님이 아이와 함께 운동해보는 것은 어떨까요?
○ 물통 아령으로 기초 체력을 기르며 미래를 준비하는 자기관리 역량을 함양할 수 있습니다.

퐁당퐁당

역량: 심미적 감성

장소: 실내   준비물: 책, 주사위

1. 놀이에 활용할 책을 모은 뒤 가위바위보로 놀이 순서를 정합니다.

2. 출발점과 도착점을 정합니다.

3. 주사위를 던져 나온 숫자대로 책을 가져갑니다.

4. 가져간 책을 출발점과 도착점 사이에 놓습니다.

5. 자신이 가져간 책의 권수에 어울리는 흉내 내는 말을 생각해봅니다.

6. 흉내 내는 말을 하며 도착점을 향해 나아갑니다. 단 책만 밟아야 합니다.

1. 오늘의 놀이는 '퐁당퐁당'이야. 집에 있는 크고 무거운 책들을 모아보자. 여섯 권만 있으면 된단다. 가위바위보로 놀이 순서를 정해보자.
2. ○○이 걸음으로 네 걸음 정도가 되는 출발점과 도착점을 정해보자.
3. 첫 번째 순서가 ○○이구나. 주사위를 던져보자. 4가 나왔네. 책 네 권을 가져가면 된단다.
4. 가져간 책으로 징검다리를 만들어보자.
5. 책 네 권 가져갔으니 네 글자로 된 흉내 내는 말을 생각해보렴.
6. 생각해둔 흉내 내는 말을 하며 도착 지점까지 가면 된단다. 단 땅을 밟으면 탈락이니 조심히 건너가렴. ○○이는 '퐁당퐁당'이라는 흉내 내는 말을 하며 다리를 건너갔구나. 다리를 건너기 위해 다리를 쭉 찢는 모습이 인상적이었어. 우리 ○○이 유연성이 대단한걸.

공부하자

○ 관련 교과: 2학년 1학기 국어과
○ 관련 단원: 4단원 '말놀이를 해요'
○ 놀이 효과: '말놀이를 해요' 단원은 여러 가지 말놀이에 즐겁게 참여하는 것을 목적으로 하고 있습니다. 책으로 징검다리를 만들어본 후 '퐁당퐁당', '훨훨' 같은 표현하는 말을 하며 건너봄으로써 말이 주는 재미를 느낄 수 있습니다.

놀이 팁

○ '퐁당퐁당'은 다리 벌려 찢기, 몸 앞으로 굽히기 같이 관절의 가동 영역을 넓혀주는 유연성 향상과 관련된 놀이입니다. 유연성은 남학생의 경우 12세부터 급격히 증가하는 반면 여학생은 11세까지 발달하고 그다음부터는 점차 그 속도가 줄어듭니다.
○ 말이 주는 즐거움과 아름다움을 느껴보며 심미적 감성 역량을 높일 수 있습니다.

슝슝 달려요

역량: 지식정보처리

장소: 실외   준비물: 동요

1. 놀이에 활용할 동요를 함께 불러봅니다.

2. 노래 가사 중 마음에 드는 단어 한 가지씩을 선택합니다.

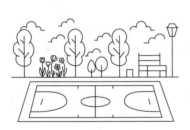

3. 놀이 반경을 정한 뒤 각자 흩어집니다.

4. 노래 중 자신이 선택한 단어가 나오면 술래가 됩니다.

5. 노래를 부르며 술래잡기를 합니다. 술래에게 잡힌 사람은 자리에 앉습니다.

6. 최종 살아남는 사람이 승리합니다.

1. 오늘의 놀이는 '슝슝 달려요'야. 〈당근송〉 함께 불러볼까?
2. 노래 가사 중 마음에 드는 단어 한 가지씩을 선택해보자. 아빠는 '당근', 엄마는 '사랑해', ○○이는 '좋아해'를 선택했구나.
3. 여기서부터 저기까지만 뛰어다닐 수 있단다. 각자 흩어져 보자.
4. 모두 준비됐지? 노래 중 자신이 선택한 단어가 나오면 술래가 되는 거야. 아빠가 선택한 '당근'이 나오면 아빠가 술래가 되어 엄마와 ○○이를 잡고 '좋아해'가 나오면 술래가 ○○이로 바뀌는 거야.
5. 노래를 부르며 술래잡기를 해보자. 잡힌 사람은 자리에 앉는 거야.
6. ○○이가 가장 오랫동안 살아남았구나. 술래에게 잡히지 않기 위해 이리저리 움직이는 모습이 재빠른 소금쟁이 같았어. 정말 대단해!

○ 관련 교과: 2학년 2학기 통합교과 '겨울'
○ 관련 단원: 2단원 '겨울 탐정대의 친구 찾기'
○ 놀이 효과: 알차고 보람된 겨울나기의 방법을 알아보는 '겨울 탐정대의 친구 찾기' 단원에는 겨울잠을 자지 않는 동물의 겨울나기 모습을 살펴보는 '겨울잠을 자지 않아도 괜찮아요' 활동이 있습니다. 호랑이, 여우, 청설모 같이 겨울잠을 자지 않는 동물들을 흉내 내면서 하는 술래잡기를 통해 민첩성을 높일 수 있습니다.

○ '슝슝 달려요'는 운동의 방향을 매우 날쌔고 빠르게 바꿀 수 있는 민첩성을 키울 수 있는 놀이입니다. 민첩성은 남아 같은 경우에는 10세, 여아 같은 경우에는 11세까지 폭발적으로 증가한다고 합니다.
○ 다양한 정보에서 자신이 선택한 단어에 집중하며 놀이에 참여함으로써 지식정보처리 역량을 높일 수 있습니다.

끝까지 버텨라

역량: 심미적 감성

장소: 실내   준비물: 신문지

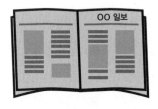

1. 신문지를 준비하여 바닥에 펼쳐 놓습니다.

2. 가위바위보로 놀이 순서를 정합니다.

3. 첫 번째 사람은 펼쳐 놓은 신문지 위에 원하는 자세로 1분 동안 버팁니다.

4. 두 번째 사람부터는 신문지를 반으로 접어 면적을 점차 줄여갑니다.

5. 신체 중 일부가 신문지를 넘어 바닥에 닿으면 탈락합니다.

6. 가장 아름다운 포즈로 최후까지 살아남는 사람이 승리합니다.

1. 오늘의 놀이는 '끝까지 버텨라'야. 신문지 한 장을 펼쳐서 바닥에 깔아놓자.
2. 가위바위보로 놀이 순서를 정해보자.
3. ○○이가 첫 번째 순서네. 신문지 위에 올라가서 원하는 자세로 1분 동안 버티면 된단다. 시작!
4. 엄마가 두 번째 순서네. 엄마부터는 신문지를 반으로 접을 거야. 엄마도 2분 동안 원하는 자세로 버티면 돼.
5. 세 번째 순서가 아빠네. 신문지를 또 반으로 접어서 2분 동안 버티면 되 겠지? 만약 발이나 팔 같이 신체 중 일부가 신문지를 제외한 바닥에 닿 으면 그 사람은 탈락이야.
6. ○○이가 가장 아름다운 포즈로 최후까지 살아남았구나. 정해진 구역을 넘어가지 않게 버티는 모습이 정말 대단했어. 우리 ○○이는 평형감각이 정말 좋은 것 같아.

공부하자

○ 관련 교과: 1학년 2학기 통합교과 '겨울'
○ 관련 단원: 2단원 '우리의 겨울'
○ 놀이 효과: 겨울 날씨의 특징과 그에 따른 생활 모습을 탐색, 표현해보 는 '우리의 겨울' 단원에는 겨울철 대표 놀이에 대해 알아보는 '얼음 위 에서 빙글빙글' 활동이 있습니다. 자신이 팽이가 되었다고 생각한 후 다 양한 방법으로 균형을 잡아보는 '끝까지 버텨라' 놀이를 통하여 평형성 을 기를 수 있습니다.

놀이 팁

○ '끝까지 버텨라'는 몸을 일정한 자세로 유지하는 평형성을 기를 수 있는 놀이입니다.
○ 몸을 활용한 표현의 아름다움을 느끼며 심미적 감성 역량을 함양할 수 있습니다.

😊 즐거워했어요 / 😐 집중해서 참여했어요 / 😣 어려워했어요

놀이명	놀이 날짜	자녀의 반응	기억에 남는 자녀의 한마디
물통 아령	20 . .	😊 😐 😣	
	20 . .	😊 😐 😣	
퐁당 퐁당	20 . .	😊 😐 😣	
	20 . .	😊 😐 😣	
나 잡아 봐라	20 . .	😊 😐 😣	
	20 . .	😊 😐 😣	
끝까지 버텨라	20 . .	😊 😐 😣	
	20 . .	😊 😐 😣	

잔병치레가 잦아요

우리 아이는 1년 내내 감기를 달고 삽니다. 또래 친구들은 1년에 다섯 번 정도 걸린다고 하는데 우리 아이는 적어도 열 번은 걸리는 것 같습니다. 걱정된 마음에 병원에서 이것 저것 검사한 결과 큰 문제는 없으나 위생습관이 잘못되었다고 합니다. 제가 시키지 않으면 밥을 먹고 양치를 안하거나 외출 후 손을 잘 씻지 않는데 이게 잦은 잔병치레의 원인이라는 것입니다. 어떻게 하면 올바른 생활 습관을 들일 수 있을까요?

선생님의 도움말

갑자기 변하는 환경에 적응하는 힘인 방위 체력은 크게 세 가지입니다. 첫 번째, 외부적인 환경 변화 즉 추위·더위 같은 기온과 기압에 적응하는 힘인 물리적 저항력입니다. 물리적 방위 체력은 계절에 어울리는 옷을 입거나 음식을 섭취함으로써 높일 수 있습니다. 두 번째, 일상생활에서 발생하는 크고 작은 일로부터 겪게 되는 충격, 긴장, 불안을 버티는 정신적 저항력입니다. 마지막으로 세균, 바이러스, 해충 같은 질병으로부터 자신을 지키는 생물적 저항력입니다. 잔병치레가 잦은 아이들은 잘못된 생활 습관으로 계절에 어울리지 않는 옷을 선택하거나 위생상태가 좋지 않아 바이러스에 노출되는 경우가 잦습니다. 놀이를 통하여 손 씻기의 중요성, 계절에 맞는 옷을 선택하는 방법 등을 익힘으로 건강한 아이로 자랄 수 있도록 합니다.

계절 텔레파시

역량: 공동체

장소: 실내   준비물: 옷, 소품

나는
마네킹

1. 가위바위보로 놀이 순서를 정합니다. 놀이 중 말을 할 수 없음을 안내합니다.

2. 가위바위보에 진 사람이 옷을 입는 마네킹 임무를 수행합니다.

3. 첫 번째 사람은 마음속으로 어떤 계절을 표현할 것인지 정합니다.

4. 집에 있는 다양한 옷, 소품 중 하나를 선택하여 마네킹에게 입힙니다.

5. 두 번째 사람부터는 앞사람이 표현한 계절에 어울리는 옷과 소품으로 마네킹을 꾸밉니다.

6. 마네킹을 수행한 사람은 어떤 계절을 표현한 것인지 맞혀봅니다.

1. 오늘의 놀이는 '계절 텔레파시'야. 가위바위보로 놀이 순서를 정해보자. 그리고 놀이 중 말을 할 수는 없단다.
2. 가위바위보에서 진 ○○이의 역할은 옷을 입는 마네킹이란다.
3. 첫 번째 순서인 동생은 어떤 계절을 표현할지 속으로 정해보렴.
4. 마음에 정한 계절에 어울리는 옷이나 소품을 한 개 가져와서 ○○이에게 입혀줄래? 놀이 중 말을 할 수는 없단다.
5. 두 번째 사람부터는 앞사람이 어떤 계절을 표현한 것인지 생각한 후 마네킹에게 옷이나 소품을 추가하면 된단다.
6. ○○아 우리 가족이 어떤 계절을 표현한 것 같니? 맞아 겨울이야. 겨울에는 체온을 지켜주는 두꺼운 외투, 모자, 장갑들을 끼면 된단다. 계절에 어울리는 복장 이제 스스로 할 수 있겠지?

공부하자

○ 관련 교과: 1학년 2학기 통합교과 '겨울'
○ 관련 단원: 2단원 '우리의 겨울'
○ 놀이 효과: 겨울 날씨의 특징과 그에 따른 생활 모습을 탐색, 표현해보는 '우리의 겨울' 단원에는 날씨에 따른 생활 모습의 변화를 알아보는 '동장군이 왔어요' 활동이 있습니다. 다양한 옷과 소품으로 겨울철에 어울리는 복장을 만들어보는 '계절 텔레파시' 놀이를 통하여 겨울철에 어울리는 복장과 생활 모습에 대해 생각해볼 수 있습니다.

놀이 팁

○ '계절 텔레파시'는 기온에 맞는 옷을 선택함으로써 물리적 저항력을 높이는 방법을 익히는 놀이입니다.
○ 계절에 맞는 복장 꾸미기라는 공동의 목표에 협력적으로 참여함으로써 공동체 역량을 함양할 수 있습니다.

물감을 씻어요

역량: 자기관리

장소: 실내   준비물: 물감, 접시

1. 물감과 접시를 준비합니다.   2. 물감을 접시에 짭니다.

3. 서로의 손에 물감을 구석구석 칠해줍니다.   4. 한 사람씩 손을 씻습니다.

5. 손에 물기를 털어냅니다.   6. 잘 씻었는지 확인해줍니다.

1. 오늘의 놀이는 '물감을 씻어요'야.
2. 물감을 접시에 짜보자.
3. 서로의 손에 물감을 구석구석 칠해주자.
4. 지금부터 한 사람씩 손을 씻을 거야.
5. 수건으로 손을 닦지 않고 탈탈 털어서 말려볼까?
6. ○○이가 가장 깨끗이 씻었구나. 물감이 하나도 안 보이네. 화장실을 다 녀오거나 외출 후에는 꼭 손을 씻어야 한단다. 올바른 손 씻기로 건강한 ○○이가 될 수 있겠지?

공부하자

○ 관련 교과: 2학년 1학기 통합교과 '봄'
○ 관련 단원: 1단원 '알쏭달쏭 나'
○ 놀이 효과: 2학년이 된 후 자신의 성장 모습을 살펴보는 '알쏭달쏭 나' 단원에는 건강을 유지하는 여러 가지 방법을 알아보는 '몸을 깨끗이 해 요' 활동이 있습니다. 물감을 손에 묻힌 후 깨끗이 닦아보는 놀이를 통 하여 손 씻기의 방법과 중요성을 느낄 수 있습니다.

놀이 팁

○ 각종 감염성 질환을 예방하는 손 씻기 방법입니다.

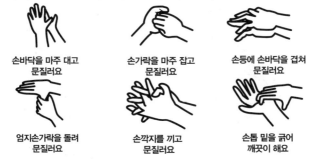

손바닥을 마주 대고 문질러요

손가락을 마주 잡고 문질러요

손등에 손바닥을 겹쳐 문질러요

엄지손가락을 돌려 문질러요

손깍지를 끼고 문질러요

손톱 밑을 긁어 깨끗이 해요

○ 청결 유지 방법을 익힘으로써 자기관리 역량을 높일 수 있습니다.

세균을 찾아라

역량: 지식정보처리

장소: 실내   준비물: 포스트잇, 펜

1. 포스트잇과 펜을 준비합니다.

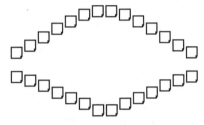

2. 포스트잇 스물여덟 장을 치아 모양으로 붙입니다.

3. 가위바위보로 놀이 순서를 정한 뒤 첫 번째 사람을 제외한 나머지는 눈을 감습니다.

4. 첫 번째 사람은 스물여덟 장의 포스트잇 중 하나를 선택하여 뒤에 작은 세균을 그립니다.

5. 다음 사람부터는 3장씩 들여다볼 수 있습니다.

내가 찾았다!

6. 세균을 찾은 사람이 승리합니다.

1. 오늘의 놀이는 '세균을 찾아라'야.
2. 성인 치아는 총 스물여덟 개래. 포스트잇 스물여덟 장을 치아 모양으로 붙여보자.
3. 가위바위보로 놀이 순서를 정해보자. 엄마가 첫 번째 순서구나. 엄마를 제외한 나머지 가족은 눈을 감아보자.
4. 엄마가 포스트잇 한 장을 선택한 후 뒷장에 세균을 그려볼 거야.
5. 다음 순서부터는 순서대로 세 장씩 들여다볼 수 있단다. 가장 빨리 세균을 찾은 사람이 승리하는 놀이야.
6. ○○이가 가장 빨리 찾았구나. 오늘 놀이처럼 구석구석 이를 닦아야 건강한 치아를 가질 수 있단다.

공부하자

○ 관련 교과: 2학년 1학기 통합교과 '봄'
○ 관련 단원: 1단원 '알쏭달쏭 나'
○ 놀이 효과: 2학년이 된 후 자신의 성장 모습을 살펴보는 '알쏭달쏭 나' 단원에는 손 씻기, 이 닦기, 목욕하기 등의 방법을 알아보는 '몸을 깨끗이 해요' 활동이 있습니다. '세균을 찾아라' 놀이를 가족과 함께 즐기며 올바른 이 닦기의 필요성을 느낌으로써 깨끗한 몸을 유지할 수 있습니다.

놀이 팁

○ 포스트잇에 세균을 그릴 때 세게 그리면 태가 나 금방 찾아버립니다. 힘을 빼고 그릴 수 있도록 사전에 안내합니다.
○ 유지는 총 스무 개이지만 영구치는 스물여덟 개에 사랑니의 개수를 더한 만큼이라고 합니다. 올바른 양치 습관으로 치아를 지킬 수 있도록 합니다.
○ 다른 가족이나 자신이 뒤집어 본 포스트잇을 기억하는 작전을 놀이에 활용함으로써 지식정보처리 역량을 키워줄 수 있습니다.

얼마나 성장했나요?

😊 즐거워했어요 / 😑 집중해서 참여했어요 / 😣 어려워했어요

놀이명	놀이 날짜	자녀의 반응	기억에 남는 자녀의 한마디
계절 텔레 파시	20 . .	😊 😑 😣	
	20 . .	😊 😑 😣	
	20 . .	😊 😑 😣	
물감을 씻어요	20 . .	😊 😑 😣	
	20 . .	😊 😑 😣	
	20 . .	😊 😑 😣	
세균을 찾아라	20 . .	😊 😑 😣	
	20 . .	😊 😑 😣	
	20 . .	😊 😑 😣	

편식이 심해요

우리 아이는 음식에 대한 호불호가 강한 편입니다. 달걀말이를 해줘도 당근, 양파 같은 게 보이면 아예 안 먹을 정도입니다. 집에선 갈아서 음식에 넣는 방법으로 어찌어찌 먹인다고 쳐도 학교에서가 문제입니다. 학교에서는 자신이 싫어하는 음식이 나오면 아예 먹지 않겠다고 울고 불며 떼를 쓴다고 합니다. 편식이 심한 아이 어떻게 해야 할까요?

선생님의 도움말

자녀의 건강 중 가장 우려되는 부분을 조사[45]한 결과 1위는 없음(32퍼센트), 2위는 편식(21퍼센트), 3위는 아토피(15퍼센트), 4위는 키(12퍼센트)였습니다. 키와 몸무게 같은 체격보다 식습관으로 고민하는 학부모들이 많은 것입니다. 초등학교 저학년은 유아기처럼 쑥쑥 크지는 않지만, 꾸준히 성장한다는 점에서 5대 영양소를 골고루 섭취해야 합니다. 억지로 먹여보기도 하고 화를 내보기도 하지만 식습관은 쉽게 고쳐지지 않습니다. 이때 필요한 것이 놀이입니다. 다양한 식재료를 가지고 놀아봄으로써 거부감을 줄여봅시다.

---

45) 보건복지부 아동종합실태조사(2008) 6~8세

채소 도장

역량: 창의적 사고	
장소: 실내	준비물: 채소, 칼, 빈 종이, 빈 접시, 물감

1. 아이가 싫어하는 채소를 준비합니다.

2. 채소를 칼로 잘라 단면을 살펴봅니다.

3. 빈 접시에 물을 살짝 넣은 후 물감을 풉니다.

4. 자른 채소에 물감을 묻힙니다.

5. 물감을 묻힌 채소를 빈 종이에 찍습니다.

6. 채소 도장으로 재미있는 모양을 만들어봅니다.

1. 오늘의 놀이는 '채소 도장'이야. 평소에 ○○이가 잘 먹지 않는 당근과 양파로 놀이를 해보자.
2. 채소를 잘라 단면을 봐볼까? 칼은 위험하니 아빠가 할게.
   우와 양파를 가로로 잘라서 보니 마치 나무 나이테 같이 생겼네.
3. 빈 접시에 물감을 짜서 물에 풀어볼까?
4. 자른 채소를 물감에 살짝 찍어보자.
5. 채소를 빈 종이에 찍어 다양한 모양을 만들어보자.
6. ○○이는 양파와 당근을 이용해서 달팽이를 만들어보았구나. 오늘 저녁은 양파와 당근이 들어간 달걀말이 어때?

○ 관련 교과: 2학년 1학기 통합교과 '여름'
○ 관련 단원: 2단원 '초록이의 여름 여행'
○ 놀이 효과: 건강하고 안전한 여름을 보낼 수 있는 능력을 기르는 '초록이의 여름 여행' 단원에는 여름철 과일과 채소의 모양과 자른 면을 관찰하는 '반으로 잘랐더니' 활동이 있습니다. 평소 좋아하지 않은 채소를 이용한 놀이를 가족과 함께 해보며 편식 습관을 고치는 동시에 관찰력을 높일 수 있습니다.

○ 오이 같이 수분이 많은 채소를 이용할 때는 물감에 물을 풀지 않아도 됩니다.
○ 채소에 물감을 너무 많이 묻히면 찍었을 때 고유의 모양이 나타나지 않으니 살짝 찍도록 안내해주세요.
○ 채소 도장으로 재미있는 그림, 독창적인 모양을 만들어보며 창의적 사고 역량을 함양할 수 있습니다.

상추를 키워요

역량: 공동체

장소: 실외

준비물: 씨, 스티로폼 상자, 흙, 양파 망

1. 씨앗을 3~4시간 정도 물에 담가놓습니다.

2. 스티로폼 상자 아래에 구멍을 뚫은 후 양파 망을 깝니다.

3. 흙을 담고 씨앗을 뿌립니다.

4. 흙으로 0.5센티미터 정도 씨앗을 살짝 덮어줍니다.

5. 자라는 모습을 살펴봅니다.

6. 상추를 이용한 음식을 만들어 먹습니다.

1. 오늘의 놀이는 '상추를 키워요'야. 엄마가 4시간 전에 상추 씨를 물에 담가 놓았단다.
2. 스티로폼 상자 아랫부분에 구멍을 뚫어보자. 이제는 양파 망을 깔아볼까?
3. 흙을 담고 씨앗을 뿌리자.
4. 흙으로 씨앗을 덮어주자. 얇게 덮어주면 된단다.
5. 다 심었네. 상추의 주인은 ○○이란다. 상추는 물을 매우 좋아한대. 하루에 한 번 물을 꼭 줘야 한단다.
6. 상추가 많이 자랐네? ○○이가 물도 잘 주고 풀도 뽑아줘서 잘 자란 것 같아. 오늘은 다 자란 상추로 맛있는 삼겹살을 싸 먹어보자.
   ○○이가 상추를 아주 잘 먹는구나. 편식하지 않는 모습이 정말 보기 좋다. 다음에는 어떤 것을 키워볼까?

○ 관련 교과: 1학년 1학기 통합교과 '봄'
○ 관련 단원: 1단원 '도란도란 봄 동산'
○ 놀이 효과: 봄을 탐색하고 표현해봄으로써 마음껏 누려보는 '도란도란 봄 동산' 단원에는 다양한 씨앗을 관찰해보는 '씨앗을 심어요' 활동이 있습니다. 상추 씨를 관찰한 후 직접 심고 재배해봄으로 씨앗의 변화 과정을 관찰할 뿐 아니라 편식하는 습관도 고칠 수 있습니다.

○ 모종을 심으면 더 빠른 수확을 할 수 있습니다.
○ 상추 모양에 대한 거부감이 있는 아이의 경우 상추를 갈아 밀가루 반죽에 넣어 녹색 칼국수를 만들어 먹을 수도 있습니다.
○ 직접 상추를 심고 기르며 자연과 더불어 사는 공동체 역량을 키워줄 수 있습니다.

맛있는 피자

역량: 자기 관리

장소: 실내

준비물: 피자 재료, 요리 도구

1. 아이가 싫어하는 채소를 준비합니다.

2. 채소를 얇게 썹니다.

3. 숟가락을 이용하여 토르티야에 토마토소스를 바릅니다.

4. 토르티야 위에 채소를 올린 뒤 치즈를 뿌립니다.

5. 180도로 예열한 오븐에 넣어 8분 동안 굽습니다.

6. 맛있는 피자를 나눠 먹습니다.

1. 오늘의 놀이는 '맛있는 피자'야. 요리 전 손을 깨끗이 씻어볼까? 오늘 피자에 들어갈 재료는 평소 ○○이가 잘 먹지 않았던 양파, 피망이야. 피자에 들어가면 엄청 맛있는 음식으로 변한단다.
2. 채소를 얇게 썰어볼까? 혹시 다칠 수도 있으니 아빠가 썰게.
3. 숟가락을 이용하여 토르티야에 토마토소스를 바르자.
4. 토르티야 위에 얇게 썬 채소를 올려볼까? 치즈도 뿌려보자.
5. 180도로 예열한 오븐에 넣어 8분 동안 구워볼게.
6. 우와 맛있는 피자가 되었네? 같이 먹어보자. 다양한 채소가 들어있는 피자를 맛있게 먹는 ○○이가 자랑스러웠어. 오늘처럼 양파, 피망을 편식하지 않는 아이가 되면 정말 좋겠구나.

○ 관련 교과: 2학년 2학기 통합교과 '겨울'
○ 관련 단원: 1단원 '두근두근 세계여행'
○ 놀이 효과: 다른 나라의 문화에 관심을 가져보는 '두근두근 세계여행' 단원에는 가보고 싶은 나라의 음식을 직접 만들어보는 '잔치 잔치 열렸네' 활동이 있습니다. 평소 싫어하는 채소를 넣은 피자를 만들고 함께 먹어봄으로써 다른 나라의 음식을 즐기는 동시에 올바른 식습관을 형성할 수 있습니다.

○ 피자를 프라이팬에 넣은 뒤 뚜껑을 엎어 약한 불로 가열해도 맛있는 피자를 먹을 수 있답니다.
○ 직접 토마토를 갈러 소스를 만들어 볼 수도 있습니다.
○ 올바른 식습관 형성으로 건강을 관리하는 자기관리 역량을 높일 수 있습니다.

얼마나 성장했나요?

😊 즐거워했어요 / 😐 집중해서 참여했어요 / 😣 어려워했어요

놀이명	놀이 날짜	자녀의 반응	기억에 남는 자녀의 한마디
채소 도장	20 . .	😊 😐 😣	
	20 . .	😊 😐 😣	
	20 . .	😊 😐 😣	
상추를 키워요	20 . .	😊 😐 😣	
	20 . .	😊 😐 😣	
	20 . .	😊 😐 😣	
맛있는 피자	20 . .	😊 😐 😣	
	20 . .	😊 😐 😣	
	20 . .	😊 😐 😣	

공부머리를 키우는 가족 놀이 100

비만이에요

우리 아이는 간편식이나 기름진 음식을 사랑합니다. 하교 후 집에 오면 과자부터 찾을 정도입니다. 그러다 보니 자연스레 살이 찌게 되었고 지금은 심각한 비만에 이르렀습니다. 얼마 전 울면서 집에 들어온 적이 있는데 왜 그러냐 물어보니 친구들이 뚱뚱하다고 놀려서 그랬다고 합니다. 큰 체격 때문인지 요새 들어 점점 자신감도 사라지는 것 같고 친구들과 어울리는 것도 힘들어하는데 선생님 어떻게 하면 좋을까요?

선생님의 도움말

2017년도 학생 건강검사 표본 통계에 따르면 비만에 해당하는 학생의 비율은 17.3퍼센트로 16년 16.5퍼센트에 비해 0.8퍼센트 증가하였다고 합니다. 조금씩 높아지는 비만율, 사실 더 큰 문제는 당뇨병, 동맥경화 같이 심각한 질환을 동반할 수 있는 중등도, 고도 비만 학생이 계속 증가하고 있다는 것입니다. 비만의 문제는 건강을 위협하는데서 멈추지 않습니다. 이런 아이들은 큰 체격 탓에 또래의 표적이 되어 놀림이나 따돌림을 당하기 쉬운데 이는 낮은 자존감과 부정적인 자아상을 형성하는 요인이 되기도 합니다. 비만인 아이들에게 도움이 되는 것은 체중을 줄이는 다이어트가 아닙니다. 여전히 성장하고 있는 아이들이므로 체중을 줄이기보다 키를 키워 정상 체격, 체중이 되도록 하는 것이 바람직합니다. 부정적인 신체상을 날려버리고 성장판을 자극할 수 있는 놀이를 알아볼까요?

소중한 나

역량: 의사소통

장소: 실내

준비물: 개인 사진, 포스트잇, 펜

1. 자신의 모습이 담긴 사진 한 장씩을 준비합니다.

2. 언제, 누가 찍어준 사진인지 이야기 나눕니다.

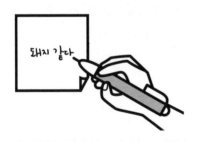 

3. 자기 사진을 살펴보며 드는 생각을 포스트잇에 적어 붙입니다.

4. 다른 가족들은 어떤 내용을 적어 붙였는지 살펴 봅니다.

5. 외모에 부정적인 생각이 적혀있는 경우 긍정적 으로 고쳐줍니다.

6. 긍정적인 신체상을 형성합니다.

1. 오늘의 놀이는 '소중한 나'야. 자기 사진 한 장씩을 가져와 볼까?
2. 언제, 누가 찍어준 사진인지 돌아가면서 이야기해보자.
3. 각자 사진 속 자신의 모습을 자세히 봐보자. 얼굴, 몸, 팔, 다리 등 신체 곳곳을 살펴보며 드는 생각을 포스트잇에 적어 붙여보자.
4. 다 적었니? 이제는 서로 돌려보며 어떤 내용을 적었는지 살펴보자.
5. ○○이는 남들보다 큰 체격으로 인하여 '돼지 같다'라고 적었구나. 엄마는 곧 미남이 될 몸 같은데? 키만 자라면 멋진 사람이 될 것 같아. '돼지 같다'라는 말 대신 '곧 미남'으로 바꿔 줘야겠다.
6. 부정적인 단어들이 모두 사라졌네. ○○이는 우리 가족이 정말 사랑하는 존재란다. 항상 자신을 아꼈으면 해.

공부하자

○ 관련 교과: 1학년 1학기 통합교과 '여름'
○ 관련 단원: 1단원 '우리는 가족입니다'
○ 놀이 효과: 가족과 친척의 소중함을 느껴보는 '우리는 가족입니다' 단원에는 다양한 사진을 보며 가족과 친척에 관한 이야기를 나누는 '가족 사진을 살펴봐요' 활동이 있습니다. 가족 또는 혼자 찍은 사진을 활용한 놀이를 즐기며 긍정적인 자아상을 형성할 수 있을 뿐 아니라 가족 간 소통을 강화함으로써 유대감을 높일 수 있습니다.

놀이 팁

○ 혹 자녀와 함께 TV를 보며 연예인과 비교되는 체형에 '살을 빼야겠다', '운동해야겠다'라는 말로 상처를 주고 있지는 않으신가요. 비만으로 인하여 자존감이 낮아진 아이들은 사소한 말 한마디에도 쉽게 상처받는답니다.
○ 다른 사람의 감정을 이해하고 배려하는 말을 해줌으로써 의사소통 역량을 키울 수 있습니다.

풍선 제기차기

역량: 공동체

장소: 실외   준비물: 풍선

1. 풍선에 공기를 불어 넣습니다.

2. 본격적인 놀이 전 준비운동을 합니다.

3. 가위바위보로 놀이 순서를 정합니다.

4. 풍선을 허공에 던집니다.

5. 놀이 순서에 따라 발을 이용하여 풍선을 찹니다.

6. 긍정적인 신체상을 형성합니다.

1. 오늘의 놀이는 '풍선 제기차기'야. 풍선에 바람을 넣어보자.
2. 놀이 전 준비운동을 해보자. 첫 번째 골반 준비운동이야. 양다리를 최대한 벌린 후 무릎을 구부리고 살짝 앉아보자. 두 손을 무릎 위에 올린 뒤 왼쪽 어깨를 최대한 앞으로 밀어주면 돼. 반대쪽도 해볼까? 두 번째 발목 돌리기 운동이야. 모두 자리에 앉아보자. 왼쪽 다리를 오른쪽 다리 무릎 위에 얹은 후 오른손으로 왼쪽 발을 잡아보자. 천천히 안쪽으로 스무 번 바깥쪽으로 스무 번씩 돌리면 된단다.
3. 가위바위보로 놀이 순서를 정해볼까?
4. ○○이, 엄마, 동생, 아빠 순서구나
5. 풍선을 하늘로 던진 다음 가위바위보 순서대로 풍선을 발로 차서 땅에 떨어지지 않도록 하면 된단다.
6. 우와! 우리 가족이 협력해서 100번이나 찼는걸? 풍선으로 운동을 하니 정말 재미있다.

공부하자

○ 관련 교과: 1학년 2학기 통합교과 '겨울'
○ 관련 단원: 1단원 '여기는 우리나라'
○ 놀이 효과: 우리나라의 전통문화와 상징을 알아보는 '여기는 우리나라' 단원에는 전통놀이를 직접 체험해보는 '재미난 우리 놀이' 활동이 있습니다. 풍선을 활용한 제기차기를 가족과 함께 즐겨보며 감각을 발달시키고 건강한 신체를 기를 수 있습니다.

놀이 팁

○ 하트 모양, 막대 모양 같은 풍선을 이용해서 놀이를 해보세요. 어디로 튈지 모르는 긴장감이 추가되어 더 재미있게 놀 수 있습니다.
○ 오랫동안 풍선 차기라는 공동의 목표를 달성하기 위해 서로 협력하며 공동체 역량을 함양할 수 있습니다.

책을 넘자

역량: 창의적 사고

장소: 실내

준비물: 책

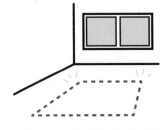

1. 주변을 치워 놀이 공간을 만든 뒤 놀이에 활용할 책을 준비합니다.

2. 출발점과 도착점을 정한 뒤 중간중간에 책을 쌓아 장애물을 만듭니다.

3. 가위바위보로 놀이 순서를 정합니다.

4. 출발점에 섭니다.

5. 다양한 포즈로 장애물을 넘어봅니다.

6. 가장 독특한 포즈를 취한 가족을 뽑아봅니다.

1. 오늘의 놀이는 '책을 넘자'야. 놀이에 방해되는 물건이 주변에 있는지 살펴보자.
2. 여기가 출발점이고 저기가 도착점이야. 중간중간에 책을 쌓아 장애물을 만들어볼까? 장애물 높이는 각각 다르게 해보자.
3. 가위바위보로 놀이 순서를 정해보자.
4. ○○이가 첫 번째 순서구나. 출발점에 서볼까?
5. 시작이라는 소리에 다양한 포즈로 장애물을 넘어가면 된단다.
6. ○○이는 손으로 토끼 귀 모양을 만든 후 장애물을 깡충깡충 넘어갔구나. 이렇게 뛰는 운동이 키 크는 데 도움이 된다고 해. 깡충깡충 다시 한번 뛰어볼까?

공부하자

○ 관련 교과: 2학년 1학기 수학과
○ 관련 단원: 3단원 '덧셈과 뺄셈'
○ 놀이 효과: '덧셈과 뺄셈' 단원은 받아올림, 받아내림이 있는 덧셈과 뺄셈의 방법을 익히는 것을 목적으로 하고 있습니다. 집에 있는 책으로 장애물을 쌓고 총 몇 권의 책이 활용되었는지 더해봄으로써 즐겁게 수학 공부를 할 수 있습니다.

놀이 팁

○ 무릎이나 발목에 있는 성장판을 자극하는 것은 키 성장에 좋다고 합니다. '책을 넘자' 놀이로 우리 자녀의 키를 키워볼까요?
○ 남들과 다른 포즈로 장애물을 넘어보며 창의적인 사고 역량을 함양할 수 있습니다.

얼마나 성장했나요?

😊 즐거워했어요 / 😑 집중해서 참여했어요 / 😣 어려워했어요

놀이명	놀이 날짜	자녀의 반응	기억에 남는 자녀의 한마디
소중한 나	20 . . .	😊 😑 😣	
	20 . . .	😊 😑 😣	
	20 . . .	😊 😑 😣	
풍선 제기 차기	20 . . .	😊 😑 😣	
	20 . . .	😊 😑 😣	
	20 . . .	😊 😑 😣	
책을 넘자	20 . . .	😊 😑 😣	
	20 . . .	😊 😑 😣	
	20 . . .	😊 😑 😣	

공부머리를 키우는 가족 놀이 100

　비만을 판단하는 기준은 몸무게가 아닌 체내에 얼마나 많은 지방이 존재하느냐입니다. 체질량 지수를 측정하는 기계로 측정하는 것이 가장 정확하나 성별, 나이, 신장 등을 활용하여 간접적으로 측정하는 방법도 있습니다. 우리 자녀의 비만도 한번 계산해봅시다.

1. 비만도

$$비만도(\%) = \frac{실제\ 체중 - 신장별\ 표준\ 체중}{신장별\ 표준\ 체중} \times 100$$

　위의 계산법은 체중과 신장으로 자녀의 비만도를 측정하는 방법입니다. 비만도가 20퍼센트 이상일 때 비만이라 하며 20~29퍼센트는 경도 비만, 30~49퍼센트를 중증도 비만, 50퍼센트 이상을 고도비만이라 합니다. 신장별 표준체중[46]은 다음과 같습니다.

신장(cm)	남아	여아	신장(cm)	남아	여아
100	15.8	15.5	120	22.8	22.6
101	16.0	15.8	121	23.3	23.1
102	16.3	16.1	122	23.8	23.6
103	16.6	16.4	123	24.3	24.0
104	16.9	16.7	124	24.9	24.5
105	17.2	17.0	125	25.4	25.1
106	17.6	17.4	126	26.0	25.6
107	17.9	17.7	127	26.6	26.1

46) 질병관리본부(2017). 소아청소년 성장도표 해설집.

108	18.2	18.0	128	27.2	26.7
109	18.6	18.3	129	27.8	27.3
110	18.9	19.0	130	28.4	27.9
111	19.2	19.4	131	29.1	28.5
112	19.6	19.8	132	29.7	29.1
113	20.0	20.1	133	30.4	29.7
114	20.4	20.5	134	31.1	30.4
115	20.7	20.9	135	31.8	31.0
116	21.1	21.3	136	32.6	31.7
117	21.5	21.7	137	33.3	32.3
118	22.0	22.0	138	34.0	33.0
119	22.4	22.2	139	34.8	33.6

2. 체질량 지수(BMI)

$$\text{체질량 지수(BMI)} = \frac{\text{체중(kg)}}{\text{신장(m)} \times \text{신장(m)}}$$

위의 계산법은 체중과 신장으로 자녀의 체칠량을 측정하는 방법입니다. 체질량 지수, 즉 BMI 계산 결과 85~94백분위수 사이에 해당하면 비만 위험군, 95백분위수 이상이면 비만이라고 합니다. 만 8세인 남아의 키가 130센티미터(1.3미터)이고 몸무게가 30킬로그램이면 체질량지수가 17.8, 50백분위수이므로 정상입니다. 그러나 여아의 키가 120센티미터(1.2미터)이고 몸무게가 30킬로그램이면 체질량 지수가 20.8, 95백분위수 이상에 해당함으로 비만이라 할 수 있습니다. 나이에 따른 체질량지수[47]는 인터넷 등 다양한 자료에서

---

47) 질병관리본부(2017). 소아청소년 성장도표 해설집.

찾을 수 있습니다.

아울러 포털 사이트를 통해 BMI 수치를 계산할 경우 그 기준이 2007년 소아·청소년 표준 성장 도표를 따를 확률이 높아 비만 판정 여부가 다를 수 있습니다.

운동을 싫어해요

우리 아이는 운동을 정말 싫어합니다. 점심시간에 밖에 나가 놀지 않고 책상에 앉아 있는 사람은 우리 아이뿐이라 합니다. 이렇게 운동을 싫어하다 보니 자연스럽게 비만이 되어버렸습니다. 움직이는 것을 싫어하는 아이 어떻게 해야 할까요?

선생님의 도움말

최근 통계[48]에 따르면 기대 수명[49]은 높아지지만 건강 수명[50]은 낮아지고 있다고 합니다. 건강한 삶의 비율이 줄어들고 있는 것입니다. 실제로 2016년에 태어난 아이들을 기준으로 했을 때 삶의 21퍼센트 정도를 병상에서 보낸다고 하니 참으로 슬픈 일입니다. 그렇다면 건강한 삶을 유지하는 데 필요한 것은 무엇일까요? 다양하겠으나 운동을 빼놓고 이야기할 수는 없습니다. 그러나 여러 가지 이유로 운동을 꾸준히 하기란 어렵습니다. 아이들도 마찬가지입니다. 이런 자녀에게 필요한 것은 운동하라는 강요가 아닙니다. 자연스럽게 놀이에 참여하며 움직임의 즐거움을 느낌으로써 스스로 하고자 하는 마음가짐입니다. 신체 활동의 행복함을 알려주는 놀이 함께 알아볼까요?

---

48) 통계청, 「생명표, 국가승인통계 제101035호」
49) 0세의 출생아가 앞으로 생존할 것으로 기대되는 평균 생존연수
50) 기대수명 중 질병에 걸리거나 다친 기간을 제외한 기간

휴지를 둥둥

역량: 공동체

장소: 실외

준비물: 갑 휴지

1. 갑 휴지 한 장을 준비한 뒤 넓은 공터로 이동합니다.

2. 가위바위보로 놀이 순서를 정합니다.

3. 첫 번째 순서에게 휴지를 줍니다.

4. 첫 번째 순서가 휴지를 하늘로 던집니다.

5. 두 번째 순서부터 차례대로 휴지가 떨어지지 않도록 숨을 붑니다.

6. 총 몇 번을 불었는지 세어봅니다.

1. 오늘의 놀이는 '휴지를 둥둥'이야. 학교 운동장으로 가볼까?

2. 가위바위보로 놀이 순서를 정해보자.

3. ○○이가 가장 첫 번째 순서구나. 이 휴지로 놀이를 할 거란다.

3. 휴지를 하늘로 들어볼까?

4. ○○이가 휴지를 하늘로 던지면 그다음 순서부터 차례대로 휴지가 땅에 떨어지지 않도록 숨을 크게 불어주면 된단다. 서로 부딪치지 않도록 조심해야 해.

6. 우와 우리 가족이 총 마흔아홉 번이나 불었네. 다들 이마에 땀이 송골송골 맺혔구나. 휴지로 하는 운동 참 재미있다.

○ 관련 교과: 1학년 1학기 수학과

○ 관련 단원: 5단원 '50까지의 수'

○ 놀이 효과: '50까지의 수' 단원은 50까지의 수를 바르게 쓰고 읽는 방법을 탐구하는 것을 목적으로 하고 있습니다. 가족과 함께 휴지를 몇 번 불었는지 수를 세어보며 두 자리 수를 알아볼 수 있습니다.

○ 두루마리 휴지보다는 갑 휴지가 부드러워서 잘 날아다닌답니다.

○ 놀이 중 시선은 하늘을 향하게 됩니다. 서로 순서를 바꿀 때 부딪치지 않도록 조심합니다.

○ 땅에 휴지 떨어뜨리지 않기라는 공동의 목표를 위해 협력하며 공동체 역량을 함양할 수 있습니다.

신나는 줄넘기

역량: 창의적 사고

장소: 실외

준비물: 줄넘기

1. 줄넘기를 준비합니다.

2. 준비운동을 합니다.

3. 줄을 발뒤꿈치 뒤에 놓습니다.

4. 손목으로 줄을 돌립니다.

5. 두 발을 모은 뒤 앞 발바닥에 힘을 주어
줄을 뛰어넘습니다.

6. 줄넘기가 익숙해지면 나만의 방법으로 줄넘기를
해봅니다.

1. 오늘의 놀이는 '신나는 줄넘기'이야.
2. 제자리에서 가볍게 뛰거나 관절을 돌리는 등 각자 몸을 풀어볼까?
3. 자신의 겨드랑이까지 줄이 오도록 높이를 맞춰 보자. 길이를 맞춘 사람 은 줄을 발뒤꿈치 뒤에 놓아볼까?
4. 팔은 되도록 움직이지 않고 손목으로만 돌리는 것이 좋아.
5. 두 발을 모은 뒤 발바닥 앞쪽에 힘을 주어 줄을 뛰어넘어보자.
6. 줄넘기가 익숙해졌니? 이제는 한 발로 넘기, 구보 뛰기, 짝과 함께 넘기, 가위바위보 뛰기, 앞뒤 엇갈려 뛰기 등 자신만의 방법으로 뛰어보자. 줄 넘기는 장시간 동안 뛰는 것보다 쉬어가면서 하는 게 더 효과적이래. 시 간이 날 때마다 줄넘기를 해보렴. 체력이 좋아지는 것을 느낄 수 있단다.

공부하자

○ 관련 교과: 2학년 2학기 통합교과 '겨울'
○ 관련 단원: 2단원 '겨울 탐정대의 친구 찾기'
○ 놀이 효과: 알차고 보람된 겨울나기의 방법을 알아보는 '겨울 탐정대의 친구 찾기' 단원에는 여러 가지 방법으로 줄넘기를 해보는 '줄넘기를 해 요' 활동이 있습니다. 학교에서 배운 방법을 바탕으로 가족과 함께 줄넘 기하며 체력을 기를 수 있습니다.

놀이 팁

○ 줄넘기는 근지구력과 심폐지구력 증가에 효과적인 운동이랍니다.
○ 초보자에게는 겨드랑이까지 오는 줄의 길이가 가장 좋다고 합니다.
○ 다양한 방법으로 줄을 넘어보며 창의적인 사고를 함양할 수 있습니다.

얼마나 성장했나요?

😊 즐거워했어요 / 😑 집중해서 참여했어요 / 😣 어려워했어요

놀이명	놀이 날짜	자녀의 반응	기억에 남는 자녀의 한마디
휴지를 둥둥	20 . .	😊 😑 😣	
	20 . .	😊 😑 😣	
	20 . .	😊 😑 😣	
	20 . .	😊 😑 😣	
	20 . .	😊 😑 😣	
신나는 줄넘기	20 . .	😊 😑 😣	
	20 . .	😊 😑 😣	
	20 . .	😊 😑 😣	
	20 . .	😊 😑 😣	
	20 . .	😊 😑 😣	

공부머리를 키우는 가족 놀이 100

4

관계를 형성하는

사회 놀이

길동무가 좋으면 먼 길도 가깝다는 속담이 있습니다. 친구와 함께라면 무엇을 해도 즐겁다는 의미입니다. 모든 사람은 좋은 친구를 만나기를 원합니다. 하지만 그 전에 자신이 좋은 사람이 되어야 합니다. 사회성을 높이는 놀이를 통하여 따뜻하고 정이 넘치는 아이로 키워봅시다.

인간이 인간답게 살 수 있는 것은 모두 사회성 덕분입니다. 사회성이란 자신이 속한 집단의 구성원으로 살아가는 데 필요한 생활 습관과 인간관계 모두를 통틀어 일컫는 말로써 다른 사람들과 더불어 살아가는 데 꼭 필요한 기초 소양이라 할 수 있습니다. 많은 사람에게 사랑받는 사람들을 살펴보면 사회성이 높은 경우가 많습니다. 친구들과 사이좋게 지내는 아이로 성장시키고 싶은 부모님들에게 필요한 것은 사회성을 높이는 놀이입니다. 관계를 돕는 놀이를 알아보기 전 초등학교 저학년의 사회적 발달 특징을 함께 살펴보도록 합시다.

○ 칭찬과 인정을 원해요

발달심리학자 에릭슨(Erikson)은 모든 사람에게 적용되는 일정한 심리·사회적 발달단계[51]가 있다고 생각하였습니다. 그는 각 단계마다 심리적인 위기가 찾아오면 이를 어떻게 극복하느냐에 따라 건강한 성격이나 자아를 형성할 수 있다고 하였습니다. 초등학교 저학년이 속한 시기는 근면성 대 열등감입니다. 이 시기의 아이들은 학교에서 읽기, 쓰기, 셈하기 등의 기본적인 인지 능력을 습득하고 친구들과 놀면서 사회성을 형성하게 됩니다. 학교라는 기관을 통해 사회가 요구하는 지식과 기술을 배우는 것입니다. 이러한 과정에서 성공을 경험한 아이들은 부지런한 품성 즉 근면성을 형성하나 그렇지 않은 아이들은 열등감을 느끼게 됩니다. 열등감이 심한 아이들은 나는 어디에서도 쓸모없는 아이라 느껴 더는 도전이나 시도를 하

---

51) Erikson, E. (1950). Childhood and society (1st ed.). New York: Norton

공부머리를 키우는 가족 놀이 100

지 않는 모습을 보이기도 합니다. 이때 칭찬과 격려는 큰 도움이 됩니다. 오늘 하루 사랑하는 자녀에게 마음껏 칭찬해봄으로써 아이의 자존감을 높여보시기 바랍니다.

○ 서로 경쟁을 해요

초등학교 저학년 선생님이 가장 많이 듣는 말 중 하나가 '선생님! 다했어요'입니다. 누가 시키지 않았음에도 불구하고 빨리하려고 노력하고 이를 자랑하고 싶어합니다. 이는 자신이 세상의 중심이라 생각하여 다른 사람의 처지나 상황을 고려하지 않기 때문입니다. 자기중심적인 현상을 완전히 버리지 못한 저학년은 과시욕과 소유욕이 강할뿐더러 남들에게 돋보이길 원합니다. 개인 달리기를 할 때 넘어진 친구를 도와주지 않고 결승점으로 달려가는 우리 아이, 이기적인 것이 아니라 아직은 그럴 여유가 없을 뿐이랍니다.

○ 감투를 좋아해요

대부분 학급에는 1인 1역할이라는 것이 있습니다. 학급이라는 공동체 생활을 유지하기 위해 스스로 할 일을 정하고 꾸준히 실천하는 제도입니다. 우유 가져오기, 도서 정리하기 같은 것을 예로 들 수 있습니다. 1, 2학년이 이런 역할 수행을 잘하겠느냐고 생각하실 수도 있으나 고학년보다 더 잘해냅니다. 이 시기의 아이들은 자신에게 어떠한 권한이나 임무가 맡겨지는 것을 즐기기 때문입니다. 오늘 가족 협의를 통하여 자녀에게 청소, 설거지 같은 임무를 줘봅시다. 척척 잘해내는 자녀를 만날 수 있을 겁니다.

○ 동성끼리 놀기 시작해요

학교를 들어가기 전부터 초등학교 2학년 1학기 때까지는 성별 구분 없이 잘 놉니다. 그러나 2학년 2학기가 되면서부터 이성보다는 동성과 자주 어울리는 모습을 보입니다. 이는 성장하면서 성별에 따라 관심사가 달라지기 때문에 발생하는 현상입니다. 이 시기의 여자아이들은 연예인, 춤, 공기놀이 같은 것에 관심을 보인 반면 남자아이들은 몸으로 할 수 있는 팽이치기, 축구, 블록 조립 같은 것에 더 많은 흥미를 느낍니다. 이렇게 관심사가 비슷한 동성과 어울리며 아이들은 사회적인 성 역할을 습득하고 이를 통해 성 의식을 발달시킵니다.

○ 단짝 친구가 자주 바뀌어요

초등학생이 되면 친한 친구들이 하나둘씩 생기기 시작합니다. 그러나 우정의 깊이를 논하기에는 아직 이릅니다. 어제까지만 해도 죽고 못 사는 사이였지만 오늘은 그 정도까지는 아니라고 생각할 수도 있기 때문입니다. 셀만(Selman)[52]의 우정 발달 이론에 따르면 초등학교 저학년은 일방적 조력 단계에 해당합니다. 이 시기의 아이들은 자신이 필요할 때 나를 도와주는 사람을 친구라 생각합니다. 어제까지만 해도 내가 원할 때 옆에 있어 주었던 아이가 세상에서 가장 친한 친구였지만 오늘 그 자리에 없다면 그저 그런 사람이 되는 것입니다. 단짝이 자주 변한다고 해서 걱정할 필요는 없습니다.

---

52) Selmen, R. L. (1980). The Growth of Interpersonal Understanding: Developmental and Clinical Analyes. New York. Academic Press.

○ 관계 변화를 겪어요

어른의 보살핌 아래에 있던 아이들은 학교에 입학함에 따라 자연스럽게 또래 집단에 참여하게 됩니다. 또래 집단에 참여하면서부터 달라지는 것이 있습니다. 바로 관계 변화입니다. 이제까지 부모나 선생님으로부터 일방적인 지시를 받는 종속적인 관계에 있었다면 또래 집단에 참여하면서부터는 동등한 위치에서 서로 협의, 상의, 조언을 주고받을 수 있는 수평적인 관계로 전환되는 것입니다. 학령기의 아이들에게 필요한 것은 지시보다는 인정과 존중입니다.

○ 정교한 거짓말을 해요

아이가 언제 처음으로 거짓말을 했는지 기억하시나요? 대부분 아이는 3세가 되면 거짓말을 시작한다고 합니다. 이때의 거짓말은 자신의 의도를 돋보이거나 벌을 받지 않기 위해 하는 행위에 지나지 않습니다. 하지만 초등학교 저학년이 되면 구체적인 상황을 제시하거나 일관성 있는 주장을 함으로써 거짓말을 정교화하려는 모습을 보입니다.

○ 삼삼오오 몰려다니기 시작해요

초등학교 저학년이 되면 또래 집단을 형성하기 시작합니다. 또래 집단이란 말 그대로 친구들의 모임을 의미합니다. 또래 집단에 참여하는 이유는 간단합니다. 집단이 주는 이점이 있기 때문입니다. 또래 집단에 소속된 아이들은 든든한 동반자가 있다는 생각에 안정감과 자신감을 얻을 수 있다고 합니다. 그렇다면 초등학교 저학년은 어떻게 또래 집단을 형성하고 참여할까요? 바로 학습 능력, 운동 능력 같은 개인적인 요인과 부모님들의 친분, 생활 지역 같은 가정 요인이 큰 영향을 미친다고 합니다.[53] 부모님들끼리 어울리면 아이들끼리도 친한 이유가 여기에 있었습니다.

○ 이분법적 사고로 직업을 구분해요

초등학교 1, 2학년 아이들은 남성, 여성에게 사회가 기대하는 성 역할로 직업을 구분하려는 성향을 가지고 있습니다.[54] 자신이 되고자 하는 직업이 성 역할에 맞는다는 확신이 들어야 비로소 꿈으로 삼는 것입니다. 이 시기의 아이들에게 필요한 것은 편견 없이 직업을 바라볼 수 있는 눈입니다. TV나 책에 등장하는 직업에 대한 사실적인 정보를 제공함으로써 다양한 직업의 종류와 하는 일에 대해 알아갈 수 있도록 합니다.

---

53) 임오용(2001). 초등학교 저학년 학생들의 또래집단 형성에 관한 문화기술적 연구. 인천교육대학교 교육대학원 석사학위논문.
54) Gottfredson, L. S.(1981). "Circumscription and compromise: A developmental theory of occupational aspirations", Journal of Counseling Psychology, Vol. 28, pp. 545~

인간이 태어나 한 사회의 구성원이 되기 위해서는 배워야 할 것들이 참 많습니다. 이러한 것들을 알아가고 실천함으로써 세상과 하나 되는 것을 사회화라고 합니다. 어린 시절의 주된 사회화 대상은 어른입니다. 부모님이나 선생님을 동경함으로써 세상을 살아가는 지혜를 배우는 것입니다. 하지만 항상 함께할 것만 같았던 아이들은 나이가 들어감에 따라 하루 대부분을 유치원, 학교 같은 교육기관에서 보내게 되고 친구들과 놀며 세상을 배우게 됩니다. 친구들과 어울리며 사회 구성원으로서 갖추어야 할 규칙 준수와 협동의 필요성을 느끼는 것입니다. 친구들과 즐겁게 노는 자녀, 사회에 나갈 연습을 하는 것이랍니다.

친한 친구가 없어요

부모님의 고민

아이가 친구들을 단 한 번도 집에 데려온 적이 없습니다. 그렇다고 해서 못 오게 하는 것도 아닙니다. 이런 모습을 볼 때면 학교에서는 친구들과 잘 어울려 놀고 있는지 걱정됩니다. 친구가 없어서 외로워하는 아이 어떻게 해야 할까요?

선생님의 도움말

친구는 삶에 있어서 매우 중요한 부분으로 평생에 걸쳐 영향력을 행사합니다. 특히 맞벌이 부부 등으로 가정의 기능이 약화된 오늘날은 과거 가정에서 담당하였던 고민 상담 및 정서적·사회적 안정 역할까지 또래 관계가 대신하기도 합니다. 바람직한 인간관계 형성의 기초를 마련하는 초등학교 저학년생에게 있어 친구는 상호작용의 대상을 넘어 세상을 함께 살아갈 동반자를 만들어간다는 점에서 큰 의의가 있다고 할 수 있습니다. 하지만 이 시기의 또래 관계는 극히 개인적이어서 자신의 요구와 필요에 따라 쉽게 형성되고 깨지는 특징을 가지고 있습니다. 친구가 없어 힘들어하는 아이들에게 필요한 것은 이기심을 내려놓고 타인의 처지를 생각해줄 수 있는 마음입니다. 친구와 가까워질 수 있는 놀이 함께 알아볼까요?

로봇 친구

역량: 공동체

장소: 실내   준비물: 상자, 스카치테이프, 펜

1. 상자를 준비합니다.

2. 상자로 몸통과 머리를 만듭니다.

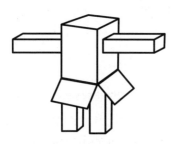

3. 머리와 팔과 다리를 만듭니다.

4. 이어 붙여 로봇을 만듭니다.

5. 로봇이 좋은 친구가 되기 위해 어떤 것들이 필요한지 적어봅니다.

6. 나는 어떤 친구가 되어야 할지 생각해봅니다.

1. 오늘의 놀이는 '로봇 친구'야. 상자를 모아보자.

2. 상자로 머리와 몸통을 만들어보자.

3. 팔과 다리를 만들어보자.

4. 전체를 이어 붙여 로봇으로 만들어보자.

5. 로봇이 좋은 친구가 되기 위해 어떤 것들이 필요할까?

> 친구의 마음을 이해해주는 '머리', 친구들의 이야기를 잘 들어주는 '귀', 도움이 필요한 친구를 도와주는 '팔'처럼 친구를 도울 때 필요한 구체적인 태도를 안내할 수 있습니다.

6. 훌륭한 로봇 친구가 탄생했구나. ○○이는 어떤 친구가 되고 싶니?
   좋은 친구란 힘들 때 이야기를 들어주고 도와주는 사람이란다. 학교에서 그런 친구가 되어보면 어떨까?

공부하자

○ 관련 교과: 1학년 1학기 수학과

○ 관련 단원: 2단원 '여러 가지 모양'

○ 놀이 효과: '여러 가지 모양' 단원은 일상생활에서 접하는 입체도형을 기하학적으로 탐구하여 도형에 대한 기초적인 개념과 관계를 알아보는 것을 목적으로 하고 있습니다. 집에 있는 원기둥, 구, 직육면체 등을 활용하여 로봇을 만들어보며 좋은 친구가 갖추어야 할 조건에 대해 생각해볼 수 있습니다.

놀이 팁

○ 다양한 크기의 택배 상자를 버리지 말고 모아 놀이를 해봅시다.

○ 놀이를 통하여 좋은 친구가 되는 방법을 알아봄으로써 또래와 더불어 살아가려는 공동체 역량을 함양할 수 있습니다.

소통 전화기

역량: 의사소통

장소: 실내　　　　　　　　　　준비물: 종이컵, 실, 이쑤시개

1. 이쑤시개로 종이컵 밑바닥에 구멍을 뚫습니다.

2. 실을 구멍 안에 넣은 뒤 이쑤시개에 묶습니다.

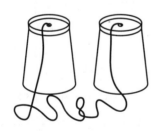

3. 실 끝부분에 종이컵 하나를 더 연결한 후 실을 팽팽하게 합니다.

4. 말을 하는 사람을 제외한 나머지는 귀를 종이컵 윗부분에 댑니다.

이 사람은 키가 크고 동그란 안경을 끼고 있어 그리고 누구보다 너를 사랑한단다

정답은 엄마!

5. 말하는 사람은 가족 모두가 알고 있는 사람을 소개합니다.

6. 누구인지 맞혀봅니다.

1. 오늘의 놀이는 '소통 전화기'야. 이쑤시개로 종이컵 밑바닥에 구멍을 뚫어보자.
2. 실을 구멍 안에 넣은 뒤 이쑤시개에 묶어보자.
3. 실 끝부분에 종이컵 하나를 더 연결해보자. 실을 팽팽하게 해볼까?
4. 말을 하는 사람을 제외한 나머지는 귀를 종이컵 윗부분에 대보자.
5. 아빠가 우리 가족이 모두 알고 있는 사람을 소개할 거야. 누군지 상상하며 들어보렴.

> '이 사람은 키가 크고 동그란 안경을 끼고 있어. 그리고 누구보다 ○○이를 사랑한단다'와 같은 말이 가능합니다.

6. ○○이가 가장 빨리 정답인 엄마를 외쳤구나. 좋은 친구란 또래의 이야기를 잘 들어주는 사람이란다. 내일 학교에 가서 친구들의 이야기를 잘 들어줘 보는 것은 어떨까?

공부하자

○ 관련 교과: 2학년 2학기 국어과
○ 관련 단원: 6단원 '자세하게 소개해요'
○ 놀이 효과: '자세하게 소개해요' 단원은 주변 사람을 소개하는 방법을 알고 글을 맞춤법에 맞게 쓰는 것을 목적으로 하고 있습니다. 학교에서 배운 방법을 바탕으로 다른 사람을 소개해보고 맞혀보며 다른 사람의 말에 귀 기울이는 것의 중요성을 느낄 수 있습니다.

놀이 팁

○ 실 대신 낚싯줄로 하면 더 잘 들립니다.
○ 실이 팽팽하지 않으면 이야기가 잘 들리지 않는답니다.
○ 잘 들어주는 것이 말을 잘하는 것보다 낫다는 말이 있습니다. 놀이를 통하여 들어주는 것의 중요성을 느끼며 의사소통 역량을 함양할 수 있습니다.

가족 믿지?

역량: 공동체

장소: 실내
준비물: 책

1. 집에 있는 책을 모읍니다.

2. 출발점과 도착점을 정합니다.

3. 출발점과 도착점 사이에 책을 쌓아 장애물을 만듭니다.

4. 놀이 짝을 정합니다.

5. 출발점에 선 뒤 한 명은 눈을 감습니다.

6. 다양한 방법으로 짝을 도착점까지 인도합니다.

1. 오늘의 놀이는 '가족 믿지?'야. 집에 있는 책들을 모아보자.
2. 출발점과 도착점을 정해보자.
3. 출발점과 도착점 사이에 책을 쌓아 장애물을 만들어볼까?
4. 같이 놀이할 짝을 정해보자. 아빠와 엄마가 한 팀, ○○이와 동생이 한 팀이구나.
5. ○○이와 동생이 먼저 해볼까? 동생은 눈을 가리고 출발점에 서면 된단다.
6. ○○이가 다양한 방법으로 동생을 도착점까지 인도하면 되는 거야.
   ○○아 좋은 친구란 때로는 친구를 이끌어주기도 하고 믿고 따라가기도 해야 한단다.

○ 관련 교과: 1학년 1학기 통합교과 '봄'
○ 관련 단원: 1단원 '학교에 가면'
○ 놀이 효과: 학교 곳곳을 둘러보며 학교생활 모습과 필요한 규칙을 정해보는 '학교에 가면' 단원에는 친구와 잘 지낼 방법을 알아보는 '친해지고 싶어요' 활동이 있습니다. 가족들과 놀이를 즐기며 친구를 사귀는 방법을 익히고 실천해봄으로써 또래와 잘 지낼 수 있습니다.

○ 장애물을 불규칙하게 만들어보세요. 더 재미있답니다.
○ 꼭 장애물이 책일 필요는 없어요. 안방에서 자녀 방으로 가기 등의 미션을 주어도 좋답니다.
○ 자신의 짝을 배려하며 함께 살아갈 수 있는 능력을 습득함으로써 공동체 역량을 높일 수 있습니다.

얼마나 성장했나요?

😊 즐거워했어요 / 😐 집중해서 참여했어요 / 😣 어려워했어요

놀이명	놀이 날짜	자녀의 반응	기억에 남는 자녀의 한마디
로봇 친구	20 . .	😊 😐 😣	
	20 . .	😊 😐 😣	
	20 . .	😊 😐 😣	
소통 전화기	20 . .	😊 😐 😣	
	20 . .	😊 😐 😣	
	20 . .	😊 😐 😣	
가족 믿지?	20 . .	😊 😐 😣	
	20 . .	😊 😐 😣	
	20 . .	😊 😐 😣	

이기적이에요

부모님의 고민

월요일은 급식 순서를 정하는 날입니다. 그런 월요일만 되면 집에 와서 씩씩거립니다. 급식을 먹으러 갈 때 1등을 하지 못하는 게 그렇게 싫은가 봅니다. 어린 시절부터 욕심이나 승부욕이 강해 친구들과 자주 다투었는데 초등학교 2학년이 되어도 그러니 걱정입니다. 이기심이 많은 아이 어떻게 해야 할까요?

선생님의 도움말

자신의 이익만을 꾀하는 마음인 이기심은 모든 인간이 가지고 있는 본성 중 하나입니다. 이기심은 욕구를 채움으로써 생존을 지속시켜주는 수단이 되긴 하나 그 정도가 심할 때 다른 사람들에게 피해를 준다는 점에서 본능을 억누를 수 있는 훈련이 필요하다 할 수 있습니다. 그런데 초등학교 저학년생에게 쉬운 일이 아닙니다. 다른 사람의 입장이 나와 같지 않을 수도 있겠다고 생각하는 정도를 '사회 주관적 조망 수용'이라 하는데, 초등학교 1, 2학년에게 아직까지는 이 능력이 부족하기 때문입니다. 이런 아이들에게 필요한 것은 타인을 위해 살아야 한다는 질타가 아닌 나와 다른 사람이 생각하는 게 다를 수 있다는 경험입니다. 놀이를 통하여 타인의 입장을 고려해보는 능력을 키워볼까요?

빨대 축구

역량: 의사소통

장소: 실내   준비물: 빨대, 탁구공, 절연테이프, 가위

1. 식탁 위를 깨끗이 치운 뒤 두 팀으로 나눕니다.　2. 절연테이프로 중간선, 골대를 표시합니다.

3. 탁구공을 마음대로 움직일 수 있도록 빨대를 변형합니다.　4. 가위바위보로 공격을 먼저 할 팀을 선정합니다.

5. 정해진 시간 동안 빨대로 탁구공을 불며 축구를 즐깁니다.　6. 탁구공이 식탁에서 떨어지면 상대편에게 공격권이 주어집니다.

1. 오늘의 놀이는 '빨대 축구'야. 식탁 위를 깨끗이 치워볼까? 두 팀으로 나눠보자. 엄마와 ○○이가 한 팀, 아빠와 동생이 한 팀이구나.
2. 절연테이프로 중간선, 골대를 표시해보자.
3. 본격적인 놀이 전 빨대를 오리거나 구부려서 탁구공을 마음대로 움직일 수 있도록 만들어보자.
4. 가위바위보로 먼저 공을 차지할 팀을 선정해볼까?
5. 전·후반 각각 3분 동안 빨대 축구를 할 거야. 빨대로 바람을 불어서 탁구공을 움직이면 된단다.
6. 탁구공이 식탁에서 떨어지면 상대편에게 공격권이 주어진단다. 본격적으로 놀이를 시작해볼까? ○○이 팀이 이겼구나. 서로 협력하면서 공을 주고받는 모습이 인상적이었어.

공부하자

○ 관련 교과: 1학년 1학기 통합교과 '여름'
○ 관련 단원: 1단원 '우리는 가족입니다'
○ 놀이 효과: 가족과 친척의 소중함을 느껴보는 '우리는 가족입니다' 단원에는 가족 운동회를 즐겨보는 '가족과 함께 놀아요' 활동이 있습니다. 협력이 필요한 빨대 축구를 가족들과 즐기며 이기심을 버릴 수 있습니다.

놀이 팁

○ 놀이에 승리하기 위해서는 팀원 간 충분한 소통과 전략 수립이 필요합니다. 서로를 배려하는 가운데서 이루어지는 이야기를 바탕으로 의사소통 역량을 기를 수 있습니다.

의리 게임

역량: 공동체

장소: 실내   준비물: 컵, 음료

1. 컵에 음료를 가득 담습니다.

2. 가위바위보로 놀이 순서를 정합니다.

3. 첫 번째 순서를 제외한 나머지는 모두 눈을 감습니다.

4. 첫 번째 사람부터 음료를 마십니다. 마실 양은 스스로 정할 수 있도록 합니다.

5. 순서에 따라 이어서 음료를 마십니다.

6. 놀이를 마친 후 누가 가장 많이, 적게 마셨을 것 같은지 맞춰봅니다.

1. 오늘의 놀이는 '의리 게임'이야. 컵에 음료를 가득 따라보자.
2. 가위바위보로 놀이 순서를 정해보자.
3. 엄마가 첫 번째 순서구나. 엄마를 제외한 나머지는 모두 눈을 감으면 돼.
4. 엄마부터 음료를 마셔볼게. 단 마실 양은 스스로 정해야 한단다. 많이 마셔도 되고 적게 마셔도 돼.
5. 순서에 따라 이어서 음료를 마셔보자.
6. ○○이는 뒤에 있는 사람들을 배려해서 조금 마셨구나. 많이 마시고 싶었을 텐데 뒷사람을 생각해주는 마음이 너무 예쁘다. 다른 사람에게 베푼 만큼 돌아오기 마련이란다.

공부하자

○ 관련 교과: 1학년 1학기 통합교과 '여름'
○ 관련 단원: 2단원 '여름 나라'
○ 놀이 효과: 생활 속에서 경험할 수 있는 여름 날씨의 특징과 그에 따른 생활 모습을 알아보는 '여름 나라' 단원에는 물을 이용한 놀이를 하며 물의 소중함을 느껴보는 '한 방울도 소중해' 활동이 있습니다. 물이 한 컵밖에 없다는 상황 놀이를 해봄으로써 물의 귀중함을 느낄 뿐 아니라 배려하는 마음을 키울 수 있습니다.

놀이 팁

○ 이 놀이의 목적은 음료를 적게 마시는 것이 아닙니다. 다른 사람을 배려하는 마음이 중요한 것입니다. 놀이를 마칠 때 이타심을 강조함으로 놀이가 가진 목적을 달성해보시기 바랍니다.
○ 자신의 이익을 버리고 공동체의 공존을 선택한 자녀, 공동체 역량이 무럭무럭 자라고 있다는 증거입니다.

비밀 가족

역량: 의사소통

장소: 실내   준비물: 포스트잇, 펜

1. 포스트잇에 자신의 이름을 적습니다.

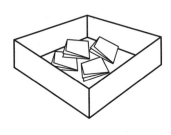

2. 이름이 보이지 않도록 포스트잇을 접어 한데 모읍니다.

3. 가위바위보로 포스트잇을 뽑을 순서를 정합니다.

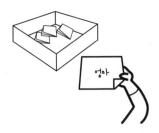

4. 첫 번째부터 포스트잇을 뽑아 이름을 확인합니다. 단 자신을 뽑았을 땐 다시 합니다.

5. 이틀 동안 비밀 가족을 몰래 도와줍니다.

6. 시간이 끝난 뒤 자신의 비밀 가족을 맞혀봅니다.

1. 오늘의 놀이는 '비밀 가족'이야. 포스트잇에 자기 이름을 적어보자.
2. 이름이 보이지 않도록 포스트잇을 접어 한데 모아보자.
3. 가위바위보로 포스트잇을 뽑을 순서를 정해보자.
4. 첫 번째 순서부터 포스트잇을 뽑아 이름을 확인할 거야. 단 자신을 뽑으면 다시 제비뽑기할 거란다.
5. 자신의 비밀 가족을 확인했니? 이틀 동안 비밀 가족을 몰래 도와줄 거야. 단 자신의 정체를 들키지 않도록 노력해야겠지?
6. 이틀이 지났구나. 각각 자신의 비밀 가족을 맞혀보자.
   ○○이가 엄마의 비밀 가족이었구나. 귀찮았을 텐데 설거지도 도와주고 쓰레기도 버려줘서 정말 고마워. ○○이 덕분에 정말 행복했단다.

공부하자

○ 관련 교과: 1학년 2학기 통합교과 '겨울'
○ 관련 단원: 2단원 '우리의 겨울'
○ 놀이 효과: 겨울 날씨의 특징과 그에 따른 생활 모습을 탐색, 표현해보는 '우리의 겨울' 단원에는 정해진 구성원 속에서 서로의 비밀 친구가 되어 일정 기간 아무도 모르게 친구를 도와주는 '비밀 친구가 되어' 활동이 있습니다. 비밀 가족을 위한 일을 찾아보고 행동해봄으로써 배려하는 즐거움을 느낄 수 있습니다.

놀이 팁

○ 처음부터 일주일이라는 긴 시간을 설정하기보다 하루, 이틀과 같이 짧게 놀이를 해보세요. 아이들의 인내심은 그리 길지 않답니다.
○ 정해진 기간 동안 비밀 가족에게 다가가 이야기를 들어주고 힘이 되는 말을 해줌으로써 의사소통 역량을 키워줄 수 있습니다.

얼마나 성장했나요?

☺ 즐거워했어요 / 😑 집중해서 참여했어요 / ☹ 어려워했어요

놀이명	놀이 날짜	자녀의 반응	기억에 남는 자녀의 한마디
빨대 축구	20 . .	☺ 😑 ☹	
	20 . .	☺ 😑 ☹	
	20 . .	☺ 😑 ☹	
의리 게임	20 . .	☺ 😑 ☹	
	20 . .	☺ 😑 ☹	
	20 . .	☺ 😑 ☹	
비밀 가족	20 . .	☺ 😑 ☹	
	20 . .	☺ 😑 ☹	
	20 . .	☺ 😑 ☹	

공부머리를 키우는 가족 놀이 100

친구와 자신을 비교해요

나도
새 가방
사주세요

부모님의 고민

우리 아이는 친구가 하는 걸 모두 따라 해야 직성이 풀리는 아이입니다. 예쁜 가방이 있음에도 불구하고 친구가 새로운 가방을 들고 오면 그것을 사달라고 떼를 쓸 정도입니다. 학교에 돌아온 아이의 단골 멘트는 '친구는 뭐했는데 나도 하고 싶어'입니다. 이렇게 다른 사람과 자신을 비교해서 따라 하려고만 하는 아이, 어떻게 해야 할까요?

선생님의 도움말

사람들은 자신의 능력을 끊임없이 평가하고 싶어 합니다. 하지만 절대적인 기준이 없기에 다른 사람을 기준으로 삼아 자신을 평가하는 사회 비교를 하게 됩니다. 이러한 사회 비교에는 세 가지 유형이 있습니다. 첫 번째는 나보다 못한 사람을 기준으로 삼는 하향 비교입니다. 두 번째는 비슷한 능력을 갖춘 사람을 표준으로 삼음으로써 정확하게 파악하려는 유사 비교입니다. 세 번째는 나보다 나은 사람을 대상으로 하는 상향 비교입니다. 상향 비교를 자주 하는 아이들은 자극을 받음으로써 꿈을 이루기 위해 끊임없이 노력한다는 긍정적인 측면도 있지만, 그 정도가 심할 경우 자책을 느껴 낮은 자아 존중감을 형성한다는 문제점도 가지고 있습니다. 친구와 자신을 비교함으로써 자신을 사랑하지 않는 아이들에게 필요한 것은 있는 그대로의 나를 받아들이는 것입니다. 나를 사랑하는 놀이에 대해 알아볼까요?

복제 인간

역량: 심미적 감성성

장소: 실내
준비물: 전지, 색연필

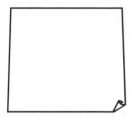

1. 전지를 바닥에 깔아놓습니다.

2. 자녀를 전지 위에 눕힙니다.

3. 자녀의 외형을 따라 그립니다.

4. 자녀를 일으킨 뒤 얼굴, 입고 있는 옷 등을 그대로 그려봅니다.

5. 색칠합니다.

6. 각각의 신체에 자녀가 소중한 까닭을 적어줍니다.

1. 오늘의 놀이는 '복제 인간'이야. 전지를 바닥에 깔아보자.

2. ○○아 전지 위에 누워볼래?

3. 엄마가 ○○이 모습대로 전지에 본을 떠볼게.

4. 완성했다. 이제 일어나도 된단다. 이제 우리 가족이 협력해서 얼굴이나 입고 있는 옷의 무늬 등을 그려볼까?

5. 함께 색칠해보자.

6. 우와 ○○이와 똑같은 복제 인간이 탄생했다. 이제부터는 각각의 신체에 ○○이가 소중한 까닭을 적어보자.

> 귀에는 '말을 잘 들어준다', 손에는 '가족을 잘 도와준다'와 같이 쓸 수 있습니다.

○○이는 좋겠다. 우리 가족이 이렇게나 사랑하니 말이야. ○○아 너는 존재 자체만으로도 정말 소중하고 가치 있는 사람이란다.

○ 관련 교과: 2학년 1학기 통합교과 '봄'

○ 관련 단원: 1단원 '알쏭달쏭 나'

○ 놀이 효과: 2학년이 된 후 자신의 성장 모습을 살펴보는 '알쏭달쏭 나' 단원에는 관찰을 통해 몸을 살펴보는 '내 몸을 살펴봐' 활동이 있습니다. 가족들과 협력하여 몸을 그리고 소중한 까닭을 적어주며 자신을 사랑하는 마음을 가질 수 있습니다.

○ 전지의 크기는 788㎜×1090㎜입니다. 두 장을 연결해야 머리부터 발끝까지 그릴 수 있답니다.

○ 가만히 누워있는 것보다 다양한 동작을 하게 한 후 본뜨는 것이 더 재미있습니다.

○ 이제껏 알지 못한 자신의 아름다움을 발견하며 심미적 감성 역량을 높일 수 있습니다.

손가락을 접어라

역량: 자기관리

장소: 실내 　　　　　　　　　　　　　　　　　준비물: 없음

1. 가위바위보로 놀이 순서를 정한 뒤 둥그렇게 둘러 앉습니다.

2. 한쪽 손바닥을 펴서 가슴높이까지 듭니다.

잘 웃어요

3. 칭찬하고 싶은 사람을 생각한 후 그 사람의 장점을 말합니다.

4. 자신이 해당하면 손가락 하나를 접습니다.

5. 손가락이 모두 접힌 사람이 나올 때까지 반복합니다.

'마음이 따뜻해요'가 마음에 들어요

6. 받은 칭찬 중 가장 마음에 드는 것을 선택하여 말합니다.

1. 오늘의 놀이는 '손가락을 접어라'야. 가위바위보로 놀이 순서를 정해보자. 놀이를 위해서 둥그렇게 앉아볼까?
2. 한쪽 손바닥을 펴서 가슴높이까지 들어볼까?
3. 우리 가족 중 칭찬하고 싶은 사람을 마음속으로 생각해봐. 다들 생각했지? 지금부터 돌아가면서 자신이 생각한 사람의 장점을 말할 거야. 단 이름을 말해서는 안 된단다.
4. 다른 사람이 말한 게 자기 장점이라 생각하면 손가락 하나를 접으면 된단다.
5. 모든 손가락이 접힌 사람이 나올 때까지 하면 돼. ○○이의 손가락이 모두 접혔구나.
6. 받은 칭찬 중 어떤 것이 마음에 드니?
   ○○이는 마음이 따뜻하다는 말이 가장 마음에 드나 보다. ○○아 너는 이렇게 많은 장점이 있는 아이란다. 너 자신을 사랑하는 마음을 가지면 좋겠어.

공부하자

○ 관련 교과: 2학년 2학기 국어과
○ 관련 단원: 10단원 '칭찬하는 말을 주고받아요'
○ 놀이 효과: '칭찬하는 말을 주고받아요' 단원은 칭찬하는 말의 좋은 점을 알고 생활 속에서 실천하는 것을 목적으로 하고 있습니다. 놀이를 통하여 가족과 함께 칭찬을 주고받으며 자신의 소중함을 느껴볼 수 있습니다.

놀이 팁

○ 놀이 중 자녀를 마구 칭찬해줌으로써 기를 팍팍 살려줘 봅시다.
○ 나를 소중히 여기고 사랑하는 과정에서 자기관리 역량을 길러줌으로써 긍정적인 자아 정체성을 형성할 수 있습니다.

😊 즐거워했어요 / 😐 집중해서 참여했어요 / 😣 어려워했어요

놀이명	놀이 날짜	자녀의 반응	기억에 남는 자녀의 한마디
복제 인간	20 . .	😊 😐 😣	
	20 . .	😊 😐 😣	
	20 . .	😊 😐 😣	
	20 . .	😊 😐 😣	
	20 . .	😊 😐 😣	
손가 락을 접어라	20 . .	😊 😐 😣	
	20 . .	😊 😐 😣	
	20 . .	😊 😐 😣	
	20 . .	😊 😐 😣	
	20 . .	😊 😐 😣	

수줍음이 심해요

오늘은 학예회 날입니다. 드디어 기다리던 1학년 무대가 되었고 전주가 흘러나옵니다. 다른 아이들은 리듬을 타며 공연 준비를 하는데 우리 아이만 그대로 서 있습니다. 결국 노래가 끝나기까지 아무것도 하지 않았습니다. 오늘 학예회가 상처는 되지 않았는지 걱정됩니다. 선생님 수줍음이 많은 아이 어떻게 해야 할까요?

선생님의 도움말

숫기가 없어 다른 사람 앞에서 말이나 행동하는 것을 부끄러워하는 사람을 보고 수줍음이 많은 사람이라고 표현합니다. 수줍음이 많은 아이는 친구를 사귀는 데 많은 시간이 필요하며 자신의 마음을 드러내는 것을 어려워합니다. 실제로 한 연구에 따르면 수줍음이 많은 사람은 인간관계 네트워크가 좁을뿐더러 주변 사람들로부터 지지나 응원을 만족스럽게 받지 못해 외로움을 많이 느낀다고 합니다. 더 큰 문제는 부정적인 자아형성에 있습니다. 이 모든 것을 자신의 성격 탓으로 돌림으로써 자신을 사랑하지 않게되기 때문입니다. 수줍음, 더는 가만히 두고 보아서는 안 되는 존재입니다. 수줍음 극복에 도움이 되는 놀이 함께 알아볼까요?

사랑의 손길

역량: 의사소통

장소: 실내

준비물: 없음

1. 주먹을 쥔 다음 '감자에'를 외칩니다.

2. 손가락으로 가위 모양을 한 뒤 '싹이 나서'를 외칩니다.

3. 손가락으로 보자기 모양을 한 뒤 '잎이 나서'를 외칩니다.

4. 손바닥으로 바닥을 쓰는 흉내를 내며 '싹싹싹'을 외친 후 가위바위보를 합니다.

5. 가위바위보에서 진 사람은 한쪽 손을 냅니다. 놀이를 반복하며 손바닥 탑을 쌓습니다.

6. 손바닥 순서대로 아래에 있는 사람이 소중한 까닭을 이야기해줍니다.

1. 오늘의 놀이는 '사랑의 손길'이야. 주먹을 쥔 다음 '감자에'를 외쳐볼까?
2. 손가락으로 가위 모양을 한 뒤 '싹이 나서'를 말해보자.
3. 손가락으로 보자기 모양을 한 뒤 '잎이 나서'를 외쳐보자.
4. 손바닥으로 바닥을 쓰는 흉내를 내며 '싹싹싹'을 외친 후 가위바위보를 해보자.
5. 아빠가 가위바위보에서 졌구나. 아빠처럼 양손 중 한 손을 선택하여 가운데 바닥에 내면 된단다. 우리 가족의 모든 손이 탑이 될 때까지 1~5회 반복해보자.
6. 아빠가 최후까지 살아남았네. 탑 가장 위에 손을 올려볼게. 아빠 밑에 ○○이 손바닥이 있구나. ○○이가 소중한 까닭을 말하며 손을 쓰다듬어 줄 거야. ○○이는 우리 가족에게 이렇게 소중한 존재란다. 이렇게 든든한 가족이 있으니 자신 있게 행동하면 좋겠어!

공부하자

○ 관련 교과: 2학년 2학기 국어과
○ 관련 단원: 10단원 '칭찬하는 말을 주고받아요'
○ 놀이 효과: '칭찬하는 말을 주고받아요' 단원은 칭찬하는 말의 좋은 점을 알고 생활 속에서 실천하는 것을 목적으로 하고 있습니다. 놀이를 통하여 가족과 함께 칭찬을 주고받으며 자신감과 바른 언어 사용 습관을 기를 수 있습니다.

놀이 팁

○ 가족과의 스킨십은 정서적 안정을 느끼고 불안 수준을 낮춤으로써 수줍음을 극복할 수 있도록 돕는다고 합니다. 신체 접촉과 힘이 되어주는 칭찬하는 말을 하며 배려하는 말하기의 필요성을 느낌으로써 의사소통 역량을 함양해보시기 바랍니다.

정상에서

역량: 의사소통

장소: 실내   준비물: 책

1. 집에 있는 책을 한데 모읍니다.

2. 가장 큰 책을 찾아 바닥에 내려놓습니다.

3. 책으로 탑을 쌓습니다.

4. 가위바위보로 탑 위에 올라설 순서를 정합니다.

5. 탑 위에 올라선 후 평소 가족에게 하고 싶었던 긍정적인 말을 생각해봅니다.

아빠
맛있는 음식을
해주셔서
감사해요

6. 자신 있는 목소리로 외칩니다.

1. 오늘의 놀이는 '정상에서요'야. 놀이에 책이 필요하단다. 크고 무거운 책들을 찾아와보자.
2. 가장 큰 책을 선택해서 탑의 기초를 만들어보자.
3. 그 위에 다양한 책을 쌓아 탑을 만들면 돼. 단 사람이 올라서야 하니 너무 높게 만들면 안 된단다.
4. 가위바위보로 탑 위에 올라설 순서를 정해보자.
5. ○○이가 첫 번째 순서구나. 탑 위에 올라가 볼까? 평소 가족에게 해주고 싶었던 긍정적인 말을 생각해보자 긍정적인 말이란 상대방이 들었을 때 기분 좋은 말을 의미한단다.

> 아이가 하는 긍정적인 말에는 '엄마, 내 엄마가 돼주어서 정말 고마워요', '아빠, 맛있는 음식을 해주셔서 정말 감사해요'와 같은 표현이 있습니다.

6. ○○아, 기분 좋은 말을 들려주어 고마워. 오늘처럼 사람들 앞에서 자신 있게 말한다면 수줍음을 극복할 수 있단다.

공부하자

○ 관련 교과: 1학년 2학기 국어과
○ 관련 단원: 4단원 '바른 자세로 말해요'
○ 놀이 효과: '바른 자세로 말해요' 단원은 듣기와 말하기를 할 때 가져야 할 바른 태도와 자세에 대해 알아보는 것을 목적으로 하고 있습니다. 가족에게 하고 싶었던 말을 생각하여 듣는 사람을 바라보고 말하며 자신 있게 말하는 태도를 습관화 할 수 있습니다.

놀이 팁

○ 듣는 사람을 바라보며 자신 있게 말하고 들을 때 예절을 지키며 의사소통 역량을 높일 수 있습니다.

가족을 웃겨라

역량: 심미적 감성

장소: 실내   준비물: 스마트폰

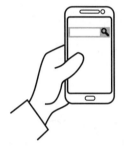

1. 스마트폰을 이용하여 재미있는 이야기를 찾아봅니다.

2. 가위바위보로 이야기할 순서를 정합니다.

3. 모두 입을 꾹 다뭅니다.

4. 첫 번째 순서부터 자신이 선택한 이야기를 들려 줍니다.

5. 이야기 도중 웃거나 잇몸이 보인 사람이 있으면 성공입니다.

6. 놀이 후 가장 재미있었던 이야기를 선택해봅니다.

1. 스마트폰을 이용하여 재미있는 이야기를 찾아보자.
2. 가위바위보로 이야기할 순서를 정해보자.
3. 놀이 중 입을 열어 웃거나 잇몸이 보이면 탈락이야. 우리 모두 입을 꾹 다물어볼까?
4. 첫 번째 순서부터 자신이 선택한 이야기를 들려줘 보자.
5. 이야기 도중 웃거나 잇몸이 보인 사람이 있으면 성공이야.
6. 놀이 중 어떤 이야기가 가장 재미있었니?

　　다들 ○○이가 준비한 이야기가 재미있었나 보다. 오늘처럼 재미있는 이야기나 유머를 기억했다가 친구들에게 들려주면 더 듣고 싶어서 ○○이에게 다가올 거야. 내일 친구들에게 들려줘 보는 것은 어떠니?

공부하자

○ 관련 교과: 2학년 1학기 국어과
○ 관련 단원: 11단원 '상상의 날개를 펴요'
○ 놀이 효과: '상상의 날개를 펴요' 단원은 인물의 모습, 행동, 마음을 상상하며 이야기를 감상하는 것을 목적으로 하고 있습니다. 재미있는 이야기 속에 등장하는 인물의 모습과 행동을 상상한 후 실감 나게 들려줌으로써 서사 문학을 이해 하는 능력을 길러 줄 수 있습니다.

놀이 팁

○ 재미있는 유머는 분위기를 부드럽게 만들 뿐 아니라 그 사람에 대한 호감도를 높인다고 합니다. 분위기를 녹일 수 있는 한두 가지 유머를 기억하여 어색하거나 부끄러울 때 주변 사람에게 들려준으로써 수줍음을 완화할 수 있습니다.
○ 재미있는 글을 읽고 즐거움을 느낄 수 있다는 것은 심미적 감성이 풍부하다는 증거입니다.

😊 즐거워했어요 / 😑 집중해서 참여했어요 / 😣 어려워했어요

놀이명	놀이 날짜	자녀의 반응	기억에 남는 자녀의 한마디
사랑의 손길	20 . . .	😊 😑 😣	
	20 . . .	😊 😑 😣	
	20 . . .	😊 😑 😣	
정상 에서	20 . . .	😊 😑 😣	
	20 . . .	😊 😑 😣	
	20 . . .	😊 😑 😣	
가족을 웃겨라	20 . . .	😊 😑 😣	
	20 . . .	😊 😑 😣	
	20 . . .	😊 😑 😣	

인사를 잘 안 해요

부모님의 고민

우리 아이는 마음이 곱고 다른 친구들을 배려할 줄 아는 착한 아이입니다. 하지만 이 사실을 다른 사람들이 몰라준다는 게 문제입니다. 우리 아이는 어릴 때부터 사람들에게 먼저 다가가 인사를 하지 않았습니다. 도리어 다른 사람들이 아는 체를 하면 제 뒤로 숨곤 했습니다. 인사성이 없다 보니 처음 보는 사람들은 예의 없는 아이라 생각하는 게 마음이 아플 따름입니다. 인사를 잘 하지 않는 아이, 어떻게 해야 할까요?

선생님의 도움말

마주하거나 헤어질 때 나누는 인사는 말 이상의 의미를 지니고 있습니다. 인사는 그 사람의 인간성을 판단하는 기준이 되기 때문입니다. 예의 바르게 인사를 잘하는 사람을 보고 우리는 '인사성이 바르다'라고 말합니다. 인사성이 바른 사람은 그렇지 않은 사람들에 비해 긍정적인 인상을 남김으로써 호감형을 유지할 수 있을뿐더러 원만한 인간관계를 유지할 수 있도록 돕는다는 장점이 있습니다. 인사가 주는 장점이 이렇게 많음에도 불구하고 아이들이 인사를 하지 않는 이유는 부끄러움을 이기지 못하거나 상황에 알맞은 인사말을 알지 못함에서 기인하는 경우가 많습니다. 상황에 적절한 몸짓과 자세, 말투가 반영된 인사를 놀이로 익혀봄으로써 예의 바른 아이가 될 수 있도록 합니다.

짝을 찾아요

역량: 지식정보처리

장소: 실내   **준비물:** 빈 종이, 펜

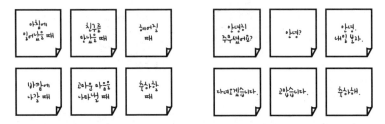

1. 빈 종이에 여섯 개에 여러 가지 상황을 적습니다.

2. 상황에 어울리는 인사말을 종이에 적습니다.

3. 빈 종이를 뒤집은 후 흩어 서로 겹치는 것이 없도록 합니다.

4. 가위바위보로 놀이에 참여할 순서를 정합니다.

5. 두 장의 종이를 동시에 뒤집습니다.

6. 상황과 인사말이 어울리면 가져가되 그렇지 않으면 원상태로 돌려놓습니다.

1. 오늘의 놀이는 '짝을 찾아요'야. 각각의 빈 종이에 여러 가지 상황을 적어보자.

2. 상황에 어울리는 인사말을 종이에 적어보자.

> 아침에 일어났을 때는 '안녕히 주무셨어요'라 인사합니다. 친구를 만났을 땐 '안녕' 헤어질 땐 '내일 봐'라고 인사할 수 있습니다. 상황에 맞는 인사말을 생각해 봅시다.

3. 빈 종이를 뒤집은 후 흩어 서로 겹치는 것이 없도록 하자.

4. 가위바위보로 놀이 순서를 정해보자.

5. 첫 번째 사람부터 두 장의 종이를 뒤집을 거야. 만약 상황과 인사말이 어울리면 가져가고 그렇지 않으면 원상태로 돌려놓으면 돼.

6. ○○이가 가장 많이 맞혔구나. 지금 들고 있는 인사말처럼 상황에 맞는 인사를 잘 해주면 좋겠구나.

공부하자

○ 관련 교과: 1학년 1학기 국어과

○ 관련 단원: 5단원 '다정하게 인사해요'

○ 놀이 효과: '다정하게 인사해요' 단원은 친구, 가족이나 친지, 선생 등과 주고받는 간단한 인사말을 배우는 것을 목적으로 하고 있습니다. 다양한 상황에 어울리는 인사말을 찾아보며 다른 사람과 감정을 나누는 아름다운 말을 주고받는 습관을 형성할 수 있습니다.

놀이 팁

○ 얇은 종이에 진한 펜으로 글을 적으면 뒤집었을 때 태가나므로 스케치북 같은 종이를 사용하는 것이 좋습니다.

○ 다양한 정보들로 놓은 위치를 파악하고 선택하여 집중함으로써 지식정보처리 역량을 높일 수 있습니다.

꼭 들어야겠어!

역량: 지식정보처리

장소: 실내   준비물: 포스트잇, 펜

1. 다양한 인사말을 마음속으로 생각해봅니다.

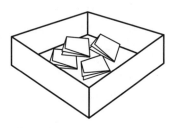

2. 다른 사람이 보지 않도록 포스트잇에 적은 뒤 접어 한데 모읍니다.

3. 가위바위보로 놀이 순서를 정합니다.

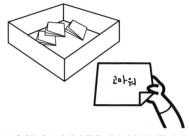

4. 제비뽑기로 자신이 들을 인사말을 확인합니다.

5. 자신이 뽑은 말을 듣기 위해 대화를 이끌어 나갑니다.

6. 가장 빨리 듣는 사람이 승리합니다.

1. 오늘의 놀이는 '꼭 들어야겠어!' 야. 다양한 인사말을 마음속으로 생각해보자.

   '축하해', '고마워', '잘 먹겠습니다', '안녕하세요' 등 일상에서 사용하는 인사말을 알려주실 수 있습니다.

2. 다른 사람이 보지 않도록 포스트잇에 적은 뒤 접어 한데 모아보자.
3. 가위바위보로 놀이 순서를 정해보자.
4. 가위바위보 순서대로 제비뽑기해볼 거야. 포스트잇을 펴서 자신이 들을 인사말을 확인해보자. 다른 사람이 내용을 봐서는 안 돼.
5. 지금부터 미션을 수행해볼까?
6. ○○이가 인사말을 가장 먼저 들었구나. 고맙다는 인사말을 들으니 기분 좋지? 인사는 서로를 기분 좋게 해주는 행동이란다.

공부하자

○ 관련 교과: 1학년 1학기 통합교과 '봄'
○ 관련 단원: 1단원 '학교에 가면'
○ 놀이 효과: 학교 곳곳을 둘러보며 학교생활 모습과 필요한 규칙을 정해보는 '학교에 가면' 단원에는 〈안녕〉이라는 노래와 그에 맞는 율동을 배워보는 '친구야, 안녕' 활동이 있습니다. 놀이 후 학교에서 배운 노래를 가족들에게 알려주고 함께 불러봄으로써 인사의 소중함과 즐거움을 깨달을 수 있습니다.

놀이 팁

○ '축하해'와 '축하해요'는 대상만 다를 뿐 남의 좋은 일을 기뻐하고 즐거워한다는 의미는 같습니다. 포스트잇에는 '축하해'가 적혀있으나 내화 중 '축하해요'를 들었을 때도 정답으로 처리할 수 있도록 합니다.
○ 자신이 선택한 말을 듣기 위해 전략을 짜고 실현해봄으로써 지식정보처리 역량을 함양할 수 있습니다.

엄지 척

역량: 창의적 사고

장소: 실내

준비물: 없음

1. 둥그렇게 둘러앉습니다.

2. 가위바위보로 놀이 순서를 정합니다.

3. 손가락을 활용하여 엄지 척 모양을 만듭니다.

4. 첫 번째 사람은 인사말 하나를 말합니다.

고마워

도와줬을 때

선물 받았을 때

축하해

5. 어떤 상황에서 그런 인사말을 하는지 떠올려 외친 후 전 사람의 엄지를 잡습니다.

6. 인사말을 변경하여 놀이를 즐깁니다.

1. 오늘의 놀이는 '엄지 척'이야. 둥그렇게 둘러 앉아보자.
2. 가위바위보로 놀이 순서를 정해보자.
3. 모두 엄지 척 모양을 만들어볼까?
4. 아빠가 첫 번째구나. 아빠가 한 가지 인사말을 말할 거야. 아빠가 선택한 말은 '고마워'란다.
5. 어떤 상황에서 '고마워'라고 말하는지 외치면서 엄지손가락을 움켜쥐면 된단다.
6. ○○이는 생일에 친구가 선물을 줬을 때 고맙다는 말을 하는구나. ○○이는 상황에 맞는 인사말을 잘 알고 있는 것 같아. 인사는 자주 할수록 빛이 난단다. 빛이 나는 ○○이가 되었으면 좋겠어.

○ 관련 교과: 1학년 2학기 통합교과 '가을'
○ 관련 단원: 1단원 내 이웃 이야기
○ 놀이 효과: 이웃들과 더불어 살아가는 태도를 함양하는 '내 이웃 이야기' 단원에는 여러 이웃과 인사를 해보는 '이사 온 동준이' 활동이 있습니다. 인사말에 어울리는 상황을 생각해보며 인사의 소중함을 배울 수 있습니다.

○ 인사말에 어울리는 상황을 만들어보며 창의적 사고 역량을 높일 수 있습니다.

얼마나 성장했나요?

😊 즐거워했어요 / 😑 집중해서 참여했어요 / 😣 어려워했어요

놀이명	놀이 날짜	자녀의 반응	기억에 남는 자녀의 한마디
짝을 찾아요	20 . . .	😊 😑 😣	
	20 . . .	😊 😑 😣	
	20 . . .	😊 😑 😣	
꼭 들어야 겠어!	20 . . .	😊 😑 😣	
	20 . . .	😊 😑 😣	
	20 . . .	😊 😑 😣	
엄지 척	20 . . .	😊 😑 😣	
	20 . . .	😊 😑 😣	
	20 . . .	😊 😑 😣	

공부머리를 키우는 가족 놀이 100

스스로 하지 않아요

부모님의 고민

아침마다 전쟁입니다. 아이를 등교시키기 위해 해야 할 일이 너무 많기 때문입니다. 입을 옷도 챙겨줘야 하고 준비물도 가방에 넣어줘야 합니다. 미리 챙겨놓으라 해도 말을 듣지 않으니 전부 제 몫이 됩니다. 다른 아이들은 스스로 한다는데, 우리 아이만 유독 왜 그런지 모르겠습니다. 모든 것을 부모에게 의지하는 아이, 어떻게 해야 할까요?

선생님의 도움말

습관이 되기 위해서는 얼마나 많은 시간이 필요할까요? 미국 항공우주국 나사는 무중력 상태가 인간의 공간 감각과 방향 지각에 미치는 영향을 알아보기 위하여 온종일 세상을 거꾸로 보게 하는 실험을 계획하였습니다. 세상이 거꾸로 보이는 특수 안경을 쓴 대부분 참가자는 갑자기 변한 환경으로 인하여 엄청난 혼란을 겪어야만 했습니다. 그렇게 실험을 지속한 지 27일 되던 날, 한 사람에게 엄청난 변화가 발생하였습니다. 어제까지만 해도 거꾸로 보이던 세상이 똑바로 보였던 것이었습니다. 이 모든 것은 뇌가 생존하기 위해 적응한 결과물로 신경 회로에 변화를 일으킨 것입니다. 많은 사람은 한두 번 시도한 뒤 습관이 되었으면 좋겠다고 말합니다. 그러나 실험 결과처럼 습관이 되기 위해서는 오랜 시간 끊임없는 노력, 실천이 요구됩니다. 아이들이 좋아하는 놀이를 통하여 자기 일을 스스로 하려는 습관을 들여볼까요?

패션쇼

역량: 자기관리

장소: 실내   준비물: 빈 종이, 펜, 옷

1. 빈 종이에 다양한 상황을 생각하여 적습니다.

2. 글자가 보이지 않도록 뒤집어놓습니다.

3. 가위바위보로 놀이 순서를 정합니다.

4. 순서대로 종이를 무작위로 선택합니다.

5. 적힌 상황에 어울리는 옷을 재빨리 입고 모읍니다.

6. 상황에 가장 어울리는 복장을 한 사람을 투표합니다.

1. 오늘의 놀이는 '패션쇼'야.

   여기에 있는 빈 종이에 학교, 회사, 산행, 물놀이 등 다양한 상황을 생각하여 적어보자.

2. 글자가 보이지 않도록 뒤집어보자.

3. 가위바위보로 놀이 순서를 정해보자.

4. 순서대로 종이를 무작위로 선택할 거야.

5. 적힌 상황에 어울리는 옷을 재빨리 입고 모여볼까?

6. 아빠는 회사에 어울리는 양복을, 엄마는 설거지에 어울리는 앞치마와 고무장갑을, ○○이는 학교에 어울리는 외투를 입고 가방을 메고 왔구나. 누가 가장 어울리는 옷을 입었는지 손가락으로 투표해볼까?

   ○○이가 가장 잘 입은 사람으로 선택되었구나. 앞으로는 학교에 갈 때 스스로 옷을 골라 입을 수 있겠는걸?

공부하자

○ 관련 교과: 2학년 1학기 통합교과 '봄'

○ 관련 단원: 2단원 '봄이 오면'

○ 놀이 효과: 봄에 어울리는 생활 모습을 알아보는 '봄이 오면' 단원에는 봄 날씨에 어울리는 옷차림이 필요한 까닭을 느껴보는 '어떤 옷을 입을까요' 활동이 있습니다. 계절과 상황에 어울리는 복장을 선택, 착용해보는 놀이를 가족과 즐기며 자신의 일을 스스로 하려는 마음을 가질 수 있습니다.

놀이 팁

○ 가장 잘 입은 사람을 투표할 때 선택한 이유까지 말해보게 하세요. 의견에 대한 까닭을 제시해봄으로써 논리성을 증가시킬 수 있답니다.

○ 상황에 적합한 옷을 스스로 골라보고 입어보며 기초 생활 습관인 자기 관리 역량을 함양할 수 있습니다.

가방에 쏙

역량: 지식정보처리

장소: 실내

준비물: 잡지, 가방, 준비물

1. 잡지를 준비합니다.

2. 가위바위보로 놀이 순서를 정합니다.

3. 순서대로 잡지를 무작위로 펼쳐 내용의 배경이 된 장소를 확인합니다.

4. 펼친 곳을 갈 때 어떤 준비물이 필요할지 마음속으로 생각해봅니다.

5. 가방 속에 필요한 준비물을 재빨리 챙겨 모읍니다.

6. 누가 가장 어울리는 준비물을 챙겨서 가져왔는지 투표해봅니다.

1. 오늘의 놀이는 '가방에 쏘옥'이야. 잡지를 준비해보자.
2. 가위바위보로 놀이 순서를 정해보자.
3. 순서대로 잡지를 무작위로 펼쳐보자.
4. ○○이는 학교가, 엄마는 수영장이, 아빠는 축구장이 선택됐구나. 각자 선택한 곳을 갈 때 어떤 것들이 필요한지 생각해보자.
5. 가방 속에 필요한 준비물을 재빨리 챙겨 모여볼까?
6. 아빠는 축구장에 어울리는 축구화와 무릎 보호대를, 엄마는 수영복과 물안경을, ○○이는 공책과 필통을 챙겨왔구나. 누가 가장 어울리는 준비물을 챙겨왔는지 투표해볼까? ○○이가 가장 잘 챙겨온 사람으로 선택되었네. 놀이하는 모습을 보니 이제는 학교에 갈 때 필요한 준비물을 스스로 준비할 수 있겠는걸?

공부하자

○ 관련 교과: 2학년 1학기 통합교과 '여름'
○ 관련 단원: 2단원 '초록이의 여름 여행'
○ 놀이 효과: 건강하고 안전한 여름을 보낼 수 있는 능력을 기르는 '초록이의 여름 여행' 단원에는 안전한 물놀이를 위해 해야 하는 것들을 알아보는 '물놀이를 안전하게 하려면' 활동이 있습니다. 수영장이라는 가상 상황을 정해놓고 필요한 준비물을 스스로 챙겨보며 자기 일을 스스로 하려는 마음을 가질 수 있습니다.

놀이 팁

○ 어린이 잡지에는 학교, 동물원, 놀이공원 등 아이들이 자주 가는 장소와 활동적인 사진이 많아 구체적인 경험을 제공하는 데 효과적이랍니다.
○ 자신이 선택한 상황에 어울리는 준비물이 무엇인지 알아차리고 물건이 있는 위치를 파악하여 준비해봄으로써 문제를 해결하는 능력인 지식정보처리 역량을 높일 수 있습니다.

제자리에

역량: 공동체

장소: 실내

준비물: 각종 소품

1. 집 안에 돌아다니는 물건을 한데 모읍니다.

2. 어디에 있어야 할 물건인지 이야기 나눕니다.

3. 시작이라는 소리가 나면 물건을 집습니다.

4. 집안을 돌아다니며 제 위치에 놓습니다.

5. 올바른 자리에 물건을 넣었는지 돌아다니며 살펴봅니다.

6. 가장 많은 물건을 정리한 사람이 승리합니다.

1. 오늘의 놀이는 '제자리에'야. 집 안에 돌아다니는 물건을 한데 모아보자. 총 열한 개가 모였구나.
2. 물건을 모두 모았구나. 책과 모자는 어디에 있어야 하는 물건일까?
   맞아, 책은 책장에 모자는 옷방에 있어야겠지?
3. 시작이라는 소리가 나면 물건을 집으면 돼.
4. 집 안을 돌아다니며 제 위치로 되돌려 놓으면 된단다.
5. 모든 물건이 사라졌네. 다들 제 자리를 찾았는지 살펴볼까?
6. ○○이가 정리한 물건이 많구나. 놀이에 참여하는 모습을 보니 물건을 스스로 정리할 수 있겠는걸? 모든 물건은 자신이 좋아하는 장소가 있단다. 사용한 물건은 제 자리에 가져다 두기. 잊지 말자!

공부하자

- 관련 교과: 2학년 1학기 통합교과 '여름'
- 관련 단원: 1단원 '이런 집 저런 집'
- 놀이 효과: 다양한 가족을 이해하고 있는 그대로의 모습을 존중하는 '이런 집 저런 집' 단원에는 스스로 도울 수 있는 집안일을 알아보고 선택, 실천해보는 '나도 잘할 수 있어요' 활동이 있습니다. 자신이 가지고 논 장난감을 정리한다거나 제자리에 있지 않은 물건의 위치를 찾아주겠다는 등의 약속을 함으로써 가족 구성원으로서 지켜야 할 것들을 꾸준히 실천할 수 있습니다.

놀이 팁

- 놀이 중 제자리를 몰라 우왕좌왕하는 자녀를 도와줘 보세요. 위치도 알고 물건도 정리하고 꿩 먹고 알 먹고 정말 좋겠죠?
- 사용한 물건을 제자리에 두는 습관을 놀이로 형성하며 가족 구성원으로서 갖추어야 할 공동체 역량을 함양할 수 있습니다.

옷을 개요

역량: 의사소통

장소: 실내

준비물: 옷

1. 개지 않은 옷과 양말을 준비합니다.

2. 옷과 양말을 어떻게 개야 하는지 살펴봅니다.

3. 가위바위보로 놀이 순서를 정한 뒤 어떤 종류를 갤 것인지 선택합니다.

4. 시작이라는 소리에 자신이 선택한 것을 갭니다.

5. 가장 빨리 갠 사람이 승리합니다.

6. 지금까지 다양한 도움을 받아왔다는 고마움을 깨닫고 스스로 정리하려는 마음을 가집니다.

1. 오늘의 놀이는 '옷을 개요'야. 아직 개지 않은 옷과 양말로 놀이를 해보자.
2. 아빠가 윗옷, 아래옷, 양말을 어떻게 개야 하는지 보여줄게.
3. 가위바위보로 놀이 순서를 정해보자.
4. ○○이가 첫 번째 순서구나. 어떤 것을 갤 거니? ○○이가 양말을 선택했네. 다음 순서인 아빠가 윗옷을 선택하면 마지막 순서인 엄마는 남은 아래옷을 개면 되겠다.
5. 시작이라는 소리에 자신이 선택한 것을 개면 된단다. 시작!
6. ○○이가 가장 빨리 정리했구나. 양말을 개는 모습이 정말 대견했어. 앞으로 자기 옷과 양말은 스스로 정리해보는 것은 어떨까?

○ 관련 교과: 2학년 1학기 통합교과 '여름'
○ 관련 단원: 1단원 '이런 집 저런 집'
○ 놀이 효과: 다양한 가족을 이해하고 있는 그대로의 모습을 존중하는 '이런 집 저런 집' 단원에는 집안일을 조사하는 과정을 통해 가족 구성원들의 역할에 대해 살펴보는 '이런 일 저런 일' 활동이 있습니다. 옷을 함께 개며 지금까지 가족들에게 다양한 도움을 받아왔다는 고마움을 깨닫고 스스로 정리하려는 마음을 가질 수 있습니다.

○ 등교 전 옷을 스스로 골라 입지 않아 고민이신가요? 옷을 개면서 이 옷에는 이 옷이 어울리겠구나 등의 말을 자주 해주세요. 반복되다 보면 알아서 옷을 골라 입는 아이를 발견할 수 있답니다.
○ 이제까지 도움을 준 가족에게 고마움을 전하며 언어적 표현 능력, 즉 의사소통 역량을 키울 수 있습니다.

☺ 즐거워했어요 / ☺ 집중해서 참여했어요 / ☹ 어려워했어요

놀이명	놀이 날짜	자녀의 반응	기억에 남는 자녀의 한마디
패션쇼	20 . . .	☺ ☺ ☹	
	20 . . .	☺ ☺ ☹	
	20 . . .	☺ ☺ ☹	
가방에 쏘옥	20 . . .	☺ ☺ ☹	
	20 . . .	☺ ☺ ☹	
	20 . . .	☺ ☺ ☹	
제자리에	20 . . .	☺ ☺ ☹	
	20 . . .	☺ ☺ ☹	
	20 . . .	☺ ☺ ☹	
옷을 개요	20 . . .	☺ ☺ ☹	
	20 . . .	☺ ☺ ☹	
	20 . . .	☺ ☺ ☹	

규칙을 잘 지키지 않아요

부모님의 고민

얼마 전 정말 깜짝 놀랐습니다. 아이가 무단횡단을 하다가 차에 부딪칠 뻔했거든요. 이런 적이 한두 번이 아니라 혼자 외출하거나 놀러 가면 온종일 마음을 졸입니다. 규칙을 밖에서만 안 지키는 것은 아닙니다. 집에서도 학교에 다녀오면 숙제부터 한다는 약속을 하였지만 잘 지키지 않아 매일 잔소리와 싸움의 연속입니다. 규칙을 잘 지키지 않는 아이, 어떻게 해야 할까요?

선생님의 도움말

규칙은 인간이 지켜야 할 바람직한 행동기준으로 도둑질을 안 하거나 친구를 때리면 안 된다는 도덕적 규칙과 예로부터 내려온 예절을 따르는 것으로 손으로 음식을 안 먹거나 수업 시간에 친구와 이야기하면 안 된다는 인습적 규칙으로 구분할 수 있습니다. 초등학생을 대상으로 규칙을 준수하고자 하는 마음가짐을 조사해본 결과 고학년일수록 그 의지는 줄어드는 것으로 나타났습니다. 이와 달리 저학년은 규칙 준수 의지는 높았으나 어른들로부터 처벌이나 비난을 받지 않기 위해 지키는 것으로 드러났습니다.[55] 저학년은 규칙을 타인의 안전보다 자신의 이익을 위해 지키고 있는 것입니다. 규칙을 잘 지키지 않는 아이들에게 필요한 것은 비난과 질책이 아닌 지켜야 할 이유에 대해 생각해보는 것입니다. 규칙의 필요성을 느껴보는 놀이, 함께 알아볼까요?

---

55) 신재은(1997). 아동의 규칙준수에 대한 신념, 판단 및 행동실천. 동덕여자대학교 대학원 석사학위논문.

사라져라

역량: 지식정보처리

장소: 실외   준비물: 풍선, 펜, 끈

1. 가족 수 만큼 풍선을 붑니다.

2. 펜으로 풍선에 규칙을 지키지 않는 모습을 적습니다.

3. 풍선에 끈을 매단 뒤 몸에 묶습니다.

4. 놀이 반경을 정한 뒤 시작이라는 소리에 서로의 풍선을 터트리기 위해 달려갑니다.

5. 정해진 시간 동안 자신의 풍선을 지킨 사람이 승리합니다.

6. 터지지 않은 풍선을 터뜨리며 올바른 행동을 다짐합니다.

1. 오늘의 놀이는 '사라져라'야. 각자 풍선을 하나씩 불어볼까?
2. 펜으로 풍선에 규칙을 지키지 않는 모습을 적어보자.

'식당에서 뛰어다닌다', '신호등을 지키지 않는다' 등 일상에서 자주 보이는 모습을 적어봅시다.

3. 풍선에 끈을 매단 뒤 몸에 묶어보자.
4. 여기서부터 저기까지가 놀이 장소란다. 정해진 장소를 벗어나면 안 돼. 시작이라는 소리에 서로의 풍선을 터트리기 위해 달려가 보자.
5. 5분이라는 정해진 시간 동안 자신의 풍선을 지킨 사람이 승리한단다. 준비 시작!
6. ○○이 풍선만 터지지 않고 살아있구나. '신호등을 지키지 않는다'는 올바른 규칙이 아니지? ○○이가 터뜨려볼래?

사람들과 더불어 살아가기 위해서는 횡단보도로 건너기 같이 지켜야 할 규칙이 있단다. 규칙을 잘 지키는 ○○이가 되었으면 해.

공부하자

○ 관련 교과: 2학년 2학기 통합교과 '가을'
○ 관련 단원: 2단원 '가을아 어디 있니'
○ 놀이 효과: 가을이 되어 달라진 날씨와 생활 모습을 알아보는 '가을아 어디 있니' 단원에는 공공장소에서 지켜야 할 질서에 대해 알아보는 '무엇을 지켜야 할까요' 활동이 있습니다. 체험 학습장에서 줄 서기, 쓰레기 버리지 않고 되가져오기 같이 학교에서 배운 질서를 활용한 놀이를 통하여 질서의 필요성과 중요성을 느낄 수 있습니다.

놀이 팁

○ 풍선이 터지는 것을 무서워하는 아이 같은 경우 종이에 규칙을 지키지 않은 내용을 적은 뒤 몸에 묶어 뜯는 것으로 대신할 수 있습니다.
○ 다양한 정보 속에서 올바른 행동과 그렇지 않은 행동을 구분해보며 지식정보처리 역량을 키울 수 있습니다.

창과 방패

역량: 공동체

장소: 실내   준비물: 냄비, 키친타월, 포스트잇, 펜

1. 포스트잇에 규칙을 지킨 것과 지키지 않은 것을 각각 적습니다.

2. 내용이 보이지 않도록 접습니다.

3. 가위바위보로 대결할 사람을 선정한 후 두 사람을 마주 보게 합니다.

4. 두 사람 가운데에 접은 포스트잇과 냄비, 키친타월을 둡니다.

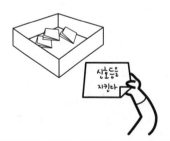 

5. 접혀있는 종이 중 하나씩을 선택하여 내용을 확인합니다.

6. 올바른 행동을 고른 사람은 키친타월로 공격을 그렇지 않은 사람은 냄비로 수비합니다.

1. 오늘의 놀이는 '창과 방패'야. 포스트잇에 규칙을 지킨 것과 지키지 않은 것을 생각하여 각각 적어보자.
2. 내용이 보이지 않도록 접어보자.
3. 가위바위보로 대결할 사람을 선정해보자. 아빠와 ○○이가 엄마와 동생이 대결하겠구나. 첫 번째 대결자 서로 마주 봐볼까?
4. 두 사람 가운데에 접은 포스트잇과 냄비, 키친타월을 두자.
5. 접혀있는 종이 중 하나씩을 선택하여 내용을 확인해보자.
6. 올바른 행동을 고른 사람은 키친타월로 머리 공격을 그렇지 않은 사람은 냄비로 수비하면 된단다. ○○이는 집에 오면 숙제하기라는 규칙을 지킨 모습을, 아빠는 옷을 뒤집어 벗기라는 잘못된 모습을 선택했구나. 다른 사람과 더불어 살아가기 위해서는 꼭 지켜야 할 예절과 규칙이 있단다. 규칙을 잘 지키는 사람이 되었으면 해.

공부하자

○ 관련 교과: 1학년 2학기 통합교과 '가을'
○ 관련 단원: 1단원 내 이웃 이야기
○ 놀이 효과: 이웃들과 더불어 살아가는 태도를 함양하는 '내 이웃 이야기' 단원에는 사람들이 많이 모이는 곳에서 지켜야 할 규칙에 대해 알아보는 '식당에서 만난 이웃' 활동이 있습니다. 학교에서 배운 상황에 따라 지켜야 할 규칙과 예절을 활용한 놀이를 통하여 생활 속에서 질서를 실천하는 의지를 키울 수 있습니다.

놀이 팁

○ 새 키친타월로하면 아무리 세게 때려도 아프지 않답니다. 하지만 감정이 실리면 기분이 나쁠 수 있으므로 서로를 배려하는 가운데 놀이를 즐길 수 있도록 합니다.
○ 놀이로 질서 의식을 함양함으로써 공동체 역량을 높일 수 있습니다.

몇 시 몇 분

역량: 자기관리	
장소: 실내	준비물: 포스트잇, 펜

1. 포스트잇에 1부터 12까지 적습니다.

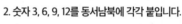

2. 숫자 3, 6, 9, 12를 동서남북에 각각 붙입니다.

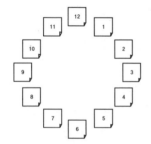

3. 사이사이에 숫자를 붙인 후 가위바위보로 놀이 순서를 정합니다.

4. 몸으로 시각을 표시해봅니다.

5. 몇 시 몇 분을 표현한 것인지 맞춰봅니다.

6. 가장 많이 맞힌 사람이 승리합니다.

1. 오늘의 놀이는 '몇 시 몇 분'이야. 포스트잇에 1부터 12까지 적어보자.

2. 12를 먼저 붙인 후 반대편에 6을, 12와 6의 가운데에 3을 그 반대편에 9를 붙여보자.

3. 이제 사이사이에 나머지 숫자를 붙여볼까? 가위바위보로 놀이 순서를 정해보자.

4. 아빠가 첫 번째 순서구나. 아빠가 몸으로 시각을 표현해볼 거야. 팔은 짧은 바늘을 다리는 긴 바늘을 의미한단다.

5. 몇 시 몇 분을 표현했니?

6. ○○이는 시계를 정확히 읽을 줄 아는구나. 모든 사람에게 시간은 소중하단다. 약속된 시간에 늦는 것은 그 사람의 소중한 시간을 뺏는 거야. 약속 시각을 잘 지킬 수 있겠지?

공부하자

○ 관련 교과: 2학년 2학기 수학과

○ 관련 단원: 4단원 '시각과 시간'

○ 놀이 효과: '시각과 시간' 단원은 모형 시계나 달력을 다루며 시각과 시간에 관련된 개념이나 원리를 이해하는 것을 목적으로 하고 있습니다. 가족들과 시각을 표현해보고 맞춰보며 시간에 대한 개념을 습득할 수 있을 뿐 아니라 약속 시각에 대한 소중함까지 느껴볼 수 있습니다.

놀이 팁

○ 시각과 시간이 차이를 아시나요? 9시 10분처럼 현재의 시간을 나타내는 것을 시각이라 하고 40분 같이 양을 나타내는 것을 시간이라 합니다. 시각과 시간을 통틀어 시간으로 부르기도 한답니다.

○ 시간을 잘 지키는 것은 기본 생활 습관과 연결됩니다. 시각을 몸으로 표현해보며 자기관리 역량을 함양할 수 있습니다.

얼마나 성장했나요?

😊 즐거워했어요 / 😑 집중해서 참여했어요 / 🙁 어려워했어요

놀이명	놀이 날짜	자녀의 반응	기억에 남는 자녀의 한마디
사라 저라	20 . . .	😊 😑 🙁	
	20 . . .	😊 😑 🙁	
	20 . . .	😊 😑 🙁	
창과 방패	20 . . .	😊 😑 🙁	
	20 . . .	😊 😑 🙁	
	20 . . .	😊 😑 🙁	
몇 시 몇 분	20 . . .	😊 😑 🙁	
	20 . . .	😊 😑 🙁	
	20 . . .	😊 😑 🙁	

습관적으로 거짓말을 해요

부모님의 고민

아이가 일주일에 세 번 정도 학교에 사 갈 준비물이 있다며 돈을 타가곤 했었습니다. 저는 당연히 믿고 주었는데 최근 오락실에서 놀기 위해 거짓말을 하고 있었다는 것을 알게 되었습니다. 어린 시절 사소한 거짓말을 해서 몇 번 혼낸 적이 있는데 이렇게 오랫동안 저를 속인 줄은 꿈에도 모르고 있었습니다. 선생님 어떻게 해야 할까요?

선생님의 도움말

거짓말의 의도는 나이에 따라 다릅니다. 5세 아이들은 사실과 거짓을 혼동하거나 벌을 피하기 위한 수단으로 활용하는 반면 초등학교 저학년 아이들은 있는 그대로 말하는 것이 옳은 일임을 알고 있음에도 불구하고 저지른 잘못을 숨기거나 남을 속이기 위해 거짓말을 한다고 합니다. 반사회적 의도가 포함되어있는 것입니다. 습관적인 거짓말은 올바른 인격형성을 방해할 뿐더러 신뢰를 잃게 만듭니다. 자주 거짓말을 하는 아이에게 필요한 것은 진실의 중요성입니다. 사실이 주는 자유, 놀이를 통하여 알아봅시다.

무거운 거짓말

역량: 창의적 사고

장소: 실내

준비물: 빈 종이, 펜, 책

오늘은 수요일이다	오늘 날씨는 따뜻했다
우리 집에는 수영장이 있다	내일 학교에 가지 않아도 된다

1. 참말과 거짓말을 각각 열 개씩 생각해서 각각의 종이에 적습니다.

2. 글자가 보이지 않게 종이를 뒤집습니다.

3. 가위바위보로 놀이 순서를 정한 뒤 한 장의 종이를 뒤집어 내용을 확인합니다.

4. 거짓말을 선택한 경우 책 한 권을 듭니다.

5. 놀이 순서대로 진행합니다.

거짓말은 마음을 무겁게 만든단다

6. 모든 종이가 소진될 때까지 놀이를 반복합니다.

1. 오늘의 놀이는 '무거운 거짓말'이야. 참말과 거짓말을 각각 열 개씩 생각 해서 각각의 종이에 적어보자.

> 거짓말로는 '다음날 학교를 쉰다' 혹은 '집에 수영장이 있다'와 같은 표현이 있 습니다. 참말에는 무던한 사실인 '날씨가 따뜻했다', '오늘은 수요일이다' 등을 적 어볼 수 있습니다.

2. 글자가 보이지 않게 종이를 뒤집어 보자.

3. 가위바위보로 놀이 순서를 정해볼까? ○○이가 첫 번째 순서구나. 뒤집 혀 있는 종이 중 한 장을 선택해볼래?

4. ○○이가 선택한 것은 '내일 학교를 쉰다'야 정말 내일 학교에 안 가니? 아쉽게도 거짓말을 선택했구나. 책을 한 권 들어보자.

5. 엄마, 동생, 아빠 순서대로 놀이를 해보자.

6. ○○이는 다른 사람들에 비해 책을 더 많이 들고 있구나. 거짓말을 하면 마 음이 이렇게 무거워진단다. 우리 가족 모두가 정직한 사람이 되었으면 해.

공부하자

○ 관련 교과: 1학년 1학기 수학과

○ 관련 단원: 4단원 '비교하기'

○ 놀이 효과: '비교하기' 단원은 색, 모양, 크기 등의 익숙한 속성에 비추어 비슷한 점과 차이점을 비교해보며 사물에 대한 수량적 개념을 형성하 는 것을 목적으로 하고 있습니다. 놀이 후 서로 들고 있는 책의 양을 살 펴보며 비교하기의 의미와 필요성을 느낄 수 있습니다.

놀이 팁

○ 거짓말은 기짓말을 낳습니다. 놀이 후 도움이 되는 말을 해줌으로써 정 직의 필요성을 느낄 수 있도록 합니다.

○ 상상력을 동원하여 없는 사실을 지어보며 창의적 사고 역량을 함양할 수 있습니다.

거짓말 탐지기

역량: 의사소통	
장소: 실내	준비물: 없음

1. 참말과 거짓말을 생각해봅니다.

2. 가위바위보로 놀이 순서를 정합니다.

3. 첫 번째 순서인 사람은 참말과 거짓말 중 하나를 선택해서 말합니다.

4. 말하는 사람을 자세히 살펴보며 어떤 말을 하는지 판단해봅니다.

5. 참말이면 O를 거짓말이면 X를 손으로 표시 해봅니다.

6. 정답을 맞힌 사람은 1점을 가져갑니다.

1. 오늘의 놀이는 '거짓말 탐지기'야. 참말과 거짓말을 마음속으로 생각해볼까?
2. 가위바위보로 놀이 순서를 정해보자.
3. ○○이가 첫 번째 순서구나. 마음속으로 생각해 둔 참말과 거짓말 중 하나를 선택해서 말해볼래?
4. 나머지 가족은 말하는 사람을 자세히 살펴보며 참말인지 거짓말인지 판단해보자.
5. 참말이면 O를 거짓말이면 X를 손으로 표시해볼까?
6. 정답은 무엇이니? 거짓말이었구나.

　○○이 점수가 가장 높구나. 참말과 거짓말을 어떻게 구분했니? 맞아 거짓말은 표정에 모두 드러난단다. 있는 그대로를 말하는 ○○이가 되었으면 좋겠구나.

○ 관련 교과: 1학년 1학기 국어과
○ 관련 단원: 9단원 '그림일기를 써요'
○ 놀이 효과: '그림일기를 써요' 단원은 하루에 겪은 일 가운데서 기억에 남는 일을 그림일기로 쓰는 능력을 기르는 것을 목적으로 하고 있습니다. 하루에 있었던 일 중 참말과 거짓말을 가족들에게 들려준 후 사실을 맞춰보는 놀이를 통하여 일상에서 중요한 사건을 찾아 그것에 대해 깊이 생각해보는 능력을 기를 수 있습니다.

○ 사람은 거짓말을 할 때 죄책감, 두려움, 즐거움의 감정을 느낀다고 합니다.[56] 표정에 드러난 감정을 바탕으로 거짓과 사실을 구분해봄으로써 의사소통 역량을 높일 수 있습니다.

---

56) Ekman, p. (1992). Telling lies: Clues to deceit in the marketplace, politics and marriage. New York: W. W. Norton.

얼마나 성장했나요?

😊 즐거워했어요 / 😑 집중해서 참여했어요 / 😣 어려워했어요

놀이명	놀이 날짜	자녀의 반응	기억에 남는 자녀의 한마디
무거운 거짓말	20 . .	😊 😑 😣	
	20 . .	😊 😑 😣	
	20 . .	😊 😑 😣	
	20 . .	😊 😑 😣	
	20 . .	😊 😑 😣	
거짓말 탐지기	20 . .	😊 😑 😣	
	20 . .	😊 😑 😣	
	20 . .	😊 😑 😣	
	20 . .	😊 😑 😣	
	20 . .	😊 😑 😣	

공부머리를 키우는 가족 놀이 100

꿈이 없대요

선생님의 도움말

초등학교 저학년생의 진로선택에 기준이 되는 것은 두 가지입니다. 첫 번째는 성역할입니다. 성역할이 희망 직업에 영향을 미치는 것입니다. 두 번째는 겉모습입니다. 권총, 수갑 같이 특정 직업이 가지고 다니는 소품이나 제복 같은 겉모습으로 좋은 직업과 그렇지 않은 직업을 구분합니다. 이 시기의 진로발달은 부모님, 선생님 같은 어른들의 영향을 배제하고 생각하기는 어렵습니다. 가정에서나 학교에서 직업을 소개할 때 겉으로 보이는 것이 아닌 하는 일이나 사람들에게 어떤 도움이 되는지에 대해 소개해 줌으로써 특정 직업에 대해 편견을 가지지 않도록 해야 합니다. 다양한 직업에 대해 알아보는 놀이, 함께 알아볼까요?

나의 장점

역량: 자기관리

장소: 실내   준비물: 포스트잇, 펜

1. 포스트잇 여러 장과 펜을 준비합니다.

2. 가족을 유심히 쳐다봅니다.

3. 서로의 장점이나 잘하는 것을 생각해봅니다.

4. 포스트잇에 적은 뒤 해당하는 사람의 몸에 붙여
   줍니다.

5. 자신의 장점을 살펴본 후 어떤 직업이 좋을지
   생각해봅니다.

6. 해당 직업에 대한 정보를 알려줍니다.

1. 오늘의 놀이는 '나의 장점'이야.
2. 가족을 유심히 쳐다봐보자.
3. 서로의 장점이나 잘하는 것을 생각해볼까?
4. 자신이 생각한 것을 포스트잇에 적어보자. 꼭 한 개가 아니어도 된단다. 여러 개를 적으면 적을수록 좋겠지?
5. 해당하는 사람의 몸에 포스트잇을 붙여주자. 자신의 장점을 살펴본 후 어떤 직업이 좋을지 생각해보자.
6. ○○이는 다른 사람의 마음을 잘 알아준다는 것이 가장 인상 깊었고 상담사가 되면 좋겠다는 생각을 하였구나. 상담사는 서로 이야기하며 문제를 해결할 수 있도록 도와주거나 궁금증을 풀어주는 일을 하는 사람이란다. 엄마가 생각하기에도 ○○이에게 상담사는 정말 잘 어울리는 같아.

○ 관련 교과: 2학년 2학기 통합교과 '가을'
○ 관련 단원: 1단원 '동네 한 바퀴'
○ 놀이 효과: 우리 동네에 관심을 갖고 사람들이 하는 일에 대해 알아보는 '동네 한 바퀴' 단원에는 사람들이 하는 일과 직업을 알아보는 '동네 사람들이 하는 일' 활동이 있습니다. 자신의 장점에 어울리는 다양한 직업을 탐색해보고 꿈을 가꾸는 놀이를 가족들과 즐기며 직업에 대한 지식을 확장해나갈 수 있습니다.

○ 부모님에게 붙은 장점을 살펴보세요. 누가 아나요? 두 번째 직업을 발견하실지!
○ 자신의 장점을 바탕으로 진로를 설계해보며 자기관리 역량을 함양할 수 있습니다.

내가 만약

역량: 심미적 감성	
장소: 실내	준비물: 사절지, 색연필, 칼

1. 사절지에 얼굴이 들어갈 만한 구멍을 뚫습니다.　2. 관심 있는 직업 이름을 말해봅니다.

3. 그중 어떤 것을 어떻게 표현할 것인지 이야기　4. 얼굴을 제외한 나머지 부분을 꾸밉니다.
　 나눕니다.

5. 구멍에 얼굴을 넣고 거울을 보며 자신에게　6. 해당 직업에 대한 정보를 알려줍니다.
　 잘 어울리는 직업인지 생각해봅니다.

1. 오늘의 놀이는 '내가 만약'이야. 사절지에 얼굴이 들어갈 만한 구멍을 뚫어볼까? 이 작업은 위험하니 엄마가 할게.
2. 관심 있는 직업 이름을 말해볼까?
3. ○○이는 경찰관이 궁금하구나. 경찰관을 어떻게 표현하면 좋을까?
4. 경찰관이 가지고 다니는 권총이나 수갑, 경찰관이 입는 제복을 그리면 되겠다. 얼굴을 제외한 나머지 부분을 함께 꾸며보자.
5. 구멍에 얼굴을 넣고 거울을 보며 경찰관이라는 직업이 ○○이에게 잘 어울리는지 생각해보렴.
6. 경찰관의 모습이 제법 마음에 드나 보다. 경찰관은 국민의 생명과 재산을 보호하는 역할을 한단다. 엄마가 생각하기에도 ○○이에게 경찰관은 정말 잘 어울리는 직업 같아.

공부하자

○ 관련 교과: 2학년 2학기 통합교과 '가을'
○ 관련 단원: 1단원 '동네 한 바퀴'
○ 놀이 효과: 우리 동네에 관심을 갖고 사람들이 하는 일에 대해 알아보는 '동네 한 바퀴'에는 여러 가지 직업을 체험해보는 '우리 동네 직업 놀이' 활동이 있습니다. 동네에서 찾아볼 수 있는 다양한 직업을 표현해보고 자신에게 어울리는지 생각해보며 일의 소중함을 느낄 수 있습니다.

놀이 팁

○ 다양한 직업을 그려보고 소개해 주세요. 아이들의 꿈은 매일 자라나고 있답니다.
○ 다양한 직업에 대한 개방적인 태도를 형성하며 심미적 감성 역량을 기를 수 있습니다.

얼마나 성장했나요?

😊 즐거워했어요 / 😑 집중해서 참여했어요 / 😣 어려워했어요

놀이명	놀이 날짜	자녀의 반응	기억에 남는 자녀의 한마디
나의 장점	20 . . .	😊 😑 😣	
	20 . . .	😊 😑 😣	
	20 . . .	😊 😑 😣	
	20 . . .	😊 😑 😣	
	20 . . .	😊 😑 😣	
내가 만약	20 . . .	😊 😑 😣	
	20 . . .	😊 😑 😣	
	20 . . .	😊 😑 😣	
	20 . . .	😊 😑 😣	
	20 . . .	😊 😑 😣	

공부머리를 키우는 가족 놀이 100

교육부는 2007년부터 2017년까지 매년 초·중등 진로교육 현황 조사[57]를 발표하고 있습니다. 흥미로운 몇 가지를 살펴봅시다.

1. 초등학생이 희망하는 직업 1위는?

2017년 초등학생이 희망하는 직업 1위는 무엇이었을까요? 바로 선생님입니다. 선생님을 직업으로 가지고 있는 저에게 매우 영광스러운 일이 아닐 수 없습니다. 최근 10년간 초등학생의 희망 직업 TOP10 함께 살펴봅시다.

순위	2007년	2012년	2016년	2017년
1	교사	운동선수	교사	교사
2	의사	교사	운동선수	운동선수
3	연예인	의사	의사	의사
4	운동선수	연예인	요리사	요리사
5	교수	교수	경찰	경찰
6	법조인	요리사	법조인	가수
7	경찰	법조인	가수	법조인
8	요리사	경찰	제빵원, 제과원	프로게이머
9	패션디자이너	패션디자이너	과학자	제빵원, 제과원
10	프로게이머	제빵사	패션디자이너	과학자

57) 교육부·한국직업능력개발원(2007). 진로교육지표 조사
　　교육부·한국직업능력개발원(2012). 학교진로교육지표. 교육부.
　　한국직업능력개발원(2016). 진로교육 현황조사.

2. 다양한 꿈을 꾸는가?

학생 희망 직업 상위 10개 직업 선택 비율

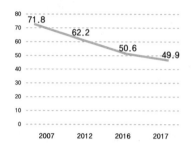

최근 10년간의 직업 선택 비율을 살펴본 바 2007년에는 전체 학생의 72퍼센트가 교사, 의사, 연예인, 운동선수, 교수 등의 TOP10 직업에 몰려있지만 2017년에는 50퍼센트만 선택했다고 합니다. 이는 한정된 몇 개의 직업이 아닌 다양한 꿈을 가꾸는 학생들이 많아졌음을 의미합니다.

3. 희망 직업을 선택할 때 중요하게 생각하는 것은?

초등학생 희망 직업 선택 시 고려 요소

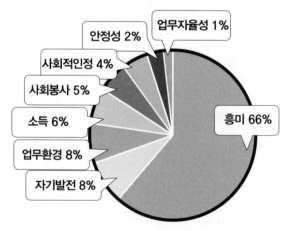

초등학생 아이들은 희망 직업을 선택할 때 흥미와 적성을 가장 많이 고려한다고 합니다. 자신이 좋아하고 잘할 같은 것을 선택하는 것입니다. 소득, 안정성 같은 외적인 요인보다 흥미와 적성 같은 내부적 요인이 중요한 시기입니다.

4. 희망 직업을 알게 된 경로는?

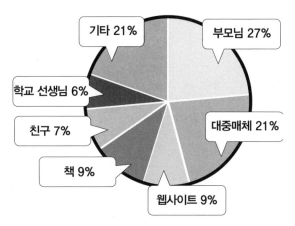

초등학생 희망 직업을 알게 된 경로

초등학생은 희망 직업에 대한 정보를 부모님께 가장 많이 얻는다고 합니다. 초등학생에게 부모님은 사랑을 주는 존재일 뿐 아니라 배움의 창구인 것입니다.

5

감정과 마주하는
정서 놀이

사람은 이성적으로 판단하려는 그 순간마저 감정에 지배받는 감정의 동물입니다. 이러한 감정을 마주하는 것은 자신의 삶에 주인이 되기 위해 꼭 필요한 과정이자 행복한 생활을 영위하기 위해 필수라고 할 수 있습니다. 감정에 대해 알아보고 올바른 표현을 다짐하는 정서 놀이에 대해 함께 알아볼까요?

사람은 살아가며 다양한 문제에 직면하게 됩니다. 이러한 문제를 하나하나 해결하다 보면 성취나 좌절 같은 감정을 맛보게 됩니다. 이렇게 발생한 감정은 내적인 반응이나 외적인 행동을 불러일으키는데 이를 어떻게 처리하느냐에 따라 건강한 성격이나 원만한 인간관계를 유지할 수 있습니다. 특히 욱하는 감정을 제대로 처리하지 못하여 발생하는 사건, 사고들을 보면 올바른 감정 표현이 얼마나 중요한지 새삼 느낄 수 있습니다. 혹시 자녀가 화를 조절하지 못하거나 자주 울거나 부모님과 떨어지는 것이 두려워 등교 거부를 하고 있지는 않으신가요? 이런 아이들에게 필요한 것은 올바른 감정 표현을 돕는 정서 놀이입니다. 감정을 마주하는 놀이를 알아보기 전 초등학교 저학년의 정서적 발달 특징을 살펴보도록 합시다.

○ 감정 표현이 서툴러요

초등학교 저학년은 아이들의 감정 표현은 매우 서투릅니다. 이는 변연계와 전두엽의 발달 속도 차이에서 기인합니다.[58] 대뇌피질과 시상하부 사이에 있는 변연계는 해마, 시상하부, 대상회로, 편도체로 구성되어 있습니다. 이 중 편도체는 공포, 분노 같은 부정적인 감정을 처리하는 임무를 맡고 있습니다. 두려움과 공포로부터 자신을 지키는 것은 모두 이 편도체 덕분입니다. 하지만 편도체가 그렇게 평온한 곳만은 아닙니다. 화가 났을 때 잘못된 선택으로 인하여 주먹을 쓰는 등의 행동을 하게 만들기도 하기 때문입니다. 성인은 이성적인 판단을 하는 전두엽이 이러한

---

58) Somerville, L. H., Jones, R. M., & Casey, B. J. (2010). A time of change: Behavioral and neural correlates of adolescent sensitivity to appetitive and aversive environmental cues. Brain and cognition, 72(1), 124-133.

행동을 걸러주지만, 전두엽이 한창 무르익고 있는 저학년 아이들에게는 편도체가 더 큰 힘을 발휘하게 되어 서투른 감정 표현이 나오는 것입니다. 이런 아이들에게 필요한 것은 구체적인 상황에 어울리는 올바른 감정 표현 방법이라고 할 수 있습니다.

○ 자신의 이익을 위해 착한 일을 해요

로렌스 콜버그(Lawrence Kohlberg)는 '죽어 가는 부인을 살릴 수 있는 약을 가진 약사가 터무니없는 비용을 요구하자 문을 부수고 훔친 행동이 옳은가?'라는 딜레마에 반응하는 정도를 분석하여 도덕 발달 이론을 정립하였습니다. 그의 연구[59]에 따르면 초등학교 저학년은 인습 이전의 도덕성을 보이는데 어른들의 벌을 피하고자 규칙을 따르거나 상이나 칭찬을 받기 위해 도덕적 행위를 하는 모습을 보인다고 합니다. 아직까지는 양심이나 보편적인 도덕 원리 같은 내부의 요인보다 외적인 요인에 크게 영향을 받습니다.

○ 자기중심적인 사고에서 벗어나는 중이에요

학령 전기 즉 유치원을 다니는 아이들의 가장 큰 특징은 자기중심성입니다. 자기중심성이란 자신이 세상이 중심이라 생각하여 다른 사람의 처지나 상황을 고려하지 않으며 모든 것을 자기 입장으로 생각하고 행동을 하는 것을 말합니다. 스위스의 교육심리학자 장 피아제(Jean Piaget)의 발달단계에 따르면 초등학교 저학년은 자

---

59) Kohlberg, L. (1978년). Revisions in the theory and practice of moral development. New Directions for Child Development, 2, 83-88.

기중심성에서 점차 벗어나는 시기입니다.[60] 이에 초등학교 1, 2학년의 아이들은 점차 다른 사람의 처지, 사정을 고려하여 판단하기 시작하며 타인의 감정에 공감하는 모습을 보이기도 합니다. 자기만 생각하던 아이가 부모님의 마음을 토닥여주는 것, 어른이 되어가는 중이랍니다.

○ 다른 사람의 처지를 이해하려 노력해요

초등학교에 입학하기 전까지는 자신의 눈에 보이는 것과 결과로만 판단했다면 이제는 그 사람이 놓인 상황과 입장까지 고려해서 생각할 수 있습니다. 하지만 왜 그래야 하는지 어떻게 해야 하는지 구체적으로 알지 못하는 주관적 수용 단계에 해당하므로 온전히 그 사람의 입장이 되었다고는 볼 수 없습니다.[61] 그럼에도 불구하고 초등학교 저학년 아이들은 다른 사람의 처지를 고려하기 위해 노력한다는 것만은 사실입니다. 만화영화나 동화책을 읽으며 주인공에게 감정 이입하여 기뻐하거나 슬퍼하는 아이, 다양한 관점에서 바라보려는 탈중심화 현상이 일어나고 있다는 증거입니다.

○ 감정을 조절하는 방법을 배울 수 있어요

저학년 아이들은 자신의 감정을 다스리는 데 어려움을 겪습니다. 그렇다고 해서 감정을 조절하지 못하는 것은 아닙니다. 이 시기의 아이들은 충동을 억제하는 능력을 키워나가는데 이때 감정 조절

60) Piajet, J.(1962). Play, dreams and imitation in childhood, New York : W. W. Norton & Com., Inc., Pub.
61) Selman, R. L.(1980). The growth of interpersonal understanding: Development and clinical analyses. New York: AQcademic Press.

과 관련된 것들을 배우고 실천함으로써 올바른 감정 표현을 다짐할 수 있기 때문입니다.[62] 그럼에도 불구하고 중심화[63]를 완전히 버리지 못하였기에 자기 생각과 느낌을 타인의 감정을 배려하지 않고 내뱉음으로써 다른 사람에게 상처를 주거나 다투는 것은 여전합니다. 비록 서툴지라도 감정을 조절하는 방법을 배우고 실천하고 있다는 것만은 사실입니다.

○ 친구의 내면을 보지 못하여 다툼이 일어나요

친구 사이에서 발생하는 문제를 해결하는 양상은 나이에 따라 차이를 보입니다. 초등학교 저학년 아이들은 친구가 그렇게 행동한 원인을 파악할 때 내면적인 것을 보기보다 외적으로 드러난 행동에 집중함으로써 다툼이나 언쟁에 쉽게 노출된다는 특징을 가지고 있습니다.[64] 이는 셀만(Selman)의 조망 수용 능력[65]의 발달단계와도 일치합니다. 다툼을 중재할 때는 겉으로 드러난 행동을 보기보다 그 사람의 의도를 파악해보는 시간을 제공하는 것이 효과적입니다.

○ 공감을 원해요

고학년 아이들과 다르게 저학년 아이들은 집에 와서 학교에서 있었던 일을 낱낱이 말해줍니다. 물론 학교에서는 반대로 집에 있었

62) Mayer, J. D., & Salovey, P.(1995). Emotional Intelligence and the construction and reguraltion of feeling. Applied & Preventive Psychology, 4, 197-208.

63) 다른 사람의 처지를 고려하지 않고 자기 입장에만 생각하려는 경향

64) Miller, P. H., & Aloise, P. A.(1989). Young children's understanding of the psychological causes of behavior: A review. Child Development, 60, 257-285.

65) 다른 사람의 입장이 되어 그 사람의 감정과 생각을 이해하는 능력

던 일들을 선생님에게 이야기하기도 합니다. 그래서 그런지 저학년 담임이 되면 집안에 숟가락이 몇 개 있을 정도인지 알게 된답니다. 저학년 아이들이 자신이 겪었던 일이나 들었던 것을 말해주는 이유는 공감을 받기 위해서입니다. 부모님과 선생님 같은 어른들의 보살핌과 사랑을 갈구하고 있는 것입니다. 오늘 사랑하는 자녀를 무릎에 앉힌 다음 어떤 일이 있었는지 물어보는 것은 어떨까요?

놀고 있는 아이들의 표정을 보신 적 있으신가요? 웃음이 떠나지 않습니다. 기쁨과 즐거움이라는 감정을 표출하고 있는 것입니다. 놀이가 항상 긍정적인 감정만을 주는 것은 아닙니다. 놀이에서 졌을 때 좌절, 분노 같은 부정적인 감정을 느끼기도 합니다. 하지만 다시 놀 수 있기에 금세 털어버립니다. 놀이는 다양한 감정을 선물하며 올바른 감정 표현이란 무엇인지 생각해보는 기회를 제공하기에 감정을 표현하고 타인의 감정을 받아들이는 정서 발달에 효과적입니다.

감정을 잘 표현하지 않아요

우리 아이 별명은 돌부처입니다. 웬만해서는 감정을 표현하지 않기 때문입니다. '즐겁다', '슬프다', '힘들다' 같은 감정 표현을 해주면 좋을 텐데 그렇지 않아 답답한 적이 한두 번이 아닙니다. 감정 표현에 인색한 아이, 어떻게 해야 할까요?

선생님의 도움말

감정을 잘 표현하지 않는 아이에겐 크게 세 가지 원인이 있습니다. 첫 번째, 감정을 표현해본 경험이 적어 어색함을 느끼기 때문입니다. 두 번째, 감정은 드러내는 것보다 감추는 것이 미덕이라는 우리나라의 문화가 한몫합니다. 세 번째, 어떤 단어로 감정을 표현해야 하는지 모르기 때문입니다. 이렇게 헤아리지 못하거나 표현하지 못한 감정은 이내 답답함으로 연결되고 불안한 정서를 가중시켜 더욱 혼란스럽게 만듭니다. 이럴 때 필요한 것이 감정 단어입니다. 감정 단어는 감정을 인식하는 데 큰 힘이 되는 것은 물론 감정을 불러일으켰던 근원과 해결의 실마리를 찾는 데 도움이 됩니다. 감정을 잘 표현하지 않는 아이들에게 도움이 되는 놀이를 함께 알아볼까요?

선택

역량: 지식정보처리

장소: 실내　　　　　　　　　　　**준비물:** 빈 종이, 펜, 스마트폰

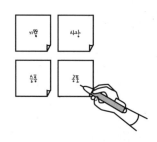

1. 각각의 빈 종이에 감정 단어를 적습니다.

2. 스마트폰으로 감정 단어의 뜻을 찾아 각각의 종이에 적습니다.

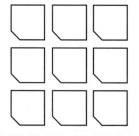

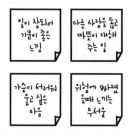

3. 감정 단어가 적힌 종이를 섞어 글자가 보이지 않게 뒤집습니다.

4. 뜻이 적힌 종이는 글자가 보이게 한 후 흩어놓습니다.

5. 가위바위보로 놀이 순서를 정한 뒤 첫 번째 사람부터 감정 단어의 종이를 뒤집습니다.

6. 해당 감정 단어의 뜻을 재빨리 집어 듭니다.

1. 오늘의 놀이는 '선택'이야. ○○이는 어떤 단어를 사용해서 감정을 표현하니? 자주 사용하는 감정 단어를 각각의 빈 종이에 적어보자.
2. 자주 사용하는 감정 단어의 뜻을 스마트폰으로 찾아 각각의 종이에 적어볼까?
3. 단어가 적힌 종이를 섞어 글자가 보이지 않게 뒤집어놓자.
4. 뜻이 적힌 종이는 글자가 보이게 한 후 흩어보자.
5. 가위바위보로 놀이 순서를 정해볼까? 아빠가 첫 번째 순서구나. 아빠가 감정 단어의 이름이 적힌 종이를 뒤집을 거야.
6. 해당 감정 단어의 뜻을 재빨리 집어 들면 된단다.

   ○○이가 가장 많은 종이를 들고 있구나. 참 많은 감정 단어의 뜻을 알고 있는 것 같아. 학교나 집에서도 상황에 맞는 단어로 현재의 감정을 잘 표현하면 좋겠구나.

○ 관련 교과: 2학년 1학기 국어과
○ 관련 단원: 3단원 '마음을 나누어요'
○ 놀이 효과: '마음을 나누어요' 단원은 마음을 표현하며 대화를 나누는 방법을 익히는 것을 목적으로 하고 있습니다. 학교에서 배운 '즐거워요', '놀랐어요', '부끄러워요'와 같은 단어를 활용한 놀이를 가족들과 즐기며 감정을 표현하는 능력을 키울 수 있습니다.

○ 감정 단어의 뜻을 찾을 때 어려운 단어가 있다면 쉬운 말로 설명해 줌으로써 어휘력을 늘릴 수 있습니다.
○ 감정 단어의 종류와 의미라는 정보를 살펴보고 연결해봄으로써 지식정보처리 역량을 함양할 수 있습니다.

어떤 표정?

역량: 심미적 감성

장소: 실내   준비물: 잡지, 가위, 스마트폰

1. 잡지에서 마음에 드는 표정을 다른 가족들이 모르게 오립니다.

2. 표정을 서너 번 접어 일부만 보이도록 합니다.

3. 가위바위보로 놀이 순서를 정한 뒤 차례대로 접힌 표정을 가족들에게 보여줍니다.

4. 어떤 표정일지 맞춰봅니다. 단 맞추기 어려워하는 경우 접은 것을 펼쳐 힌트를 줍니다.

5. 정답을 맞힌 경우 해당 감정 단어가 어떤 뜻일지 말해봅니다.

6. 스마트폰으로 찾아 정확한 단어의 뜻을 확인해봅니다.

1. 오늘의 놀이는 '어떤 표정?'이야. 잡지를 살펴보며 마음에 드는 표정을 오려보자. 단 다른 가족들이 모르게 해야 한단다.
2. 오린 표정을 서너 번 접어 일부만 보이도록 해볼까?
3. 가위바위보로 놀이 순서를 정해보자. 엄마가 첫 번째 순서구나. 접힌 표정을 가족들에게 보여줄게.
4. 엄마가 들고 있는 것이 어떤 표정일지 맞춰볼까? 너무 어렵지? 접힌 것을 한 번만 펼쳐서 힌트를 줄게.
5. ○○이가 '슬프다'라는 감정을 맞췄네. 슬픔은 어떤 뜻일까?
6. 스마트폰으로 뜻을 찾아보니 ○○이가 말한 것처럼 '서러워서 울고 싶은 마음'이라는 의미를 지니고 있구나. 마음이 서럽고 울고 싶을 때 '슬퍼요'라고 현재의 감정을 정확히 표현한다면 주변 사람들이 위로해주거나 왜 슬픈지 이야기를 들어줄 거야.

공부하자

○ 관련 교과: 1학년 2학기 국어과
○ 관련 단원: 2단원 '소리와 모양을 흉내 내요'
○ 놀이 효과: '소리와 모양을 흉내 내요' 단원은 흉내 내는 말에 흥미를 느끼고 익히는 데 그 목적이 있습니다. '훌쩍훌쩍', '까르르' 같이 감정을 흉내 내는 말과 인물의 표정을 연결해보며 감정 단어가 가진 의미를 생각해볼 수 있습니다.

놀이 팁

○ 같은 표정이라도 보는 사람에 따라 슬픔이 되기도 후회가 되기도 합니다. 출제하는 사람이 정답을 정하되 놀이 중 생소하거나 모르는 감정 단어가 나왔다면 놀이 후 의미를 확인해봅시다.
○ 다른 사람의 표정을 살펴보며 타인의 경험 및 인간에 대한 공감 능력인 심미적 감성 역량을 신장할 수 있습니다.

몸으로 말해요

역량: 창의적 사고

장소: 실내

준비물: 빈 종이, 펜

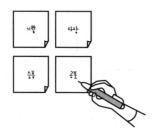

1. 빈 종이에 다양한 감정 단어를 적습니다.

2. 내용이 적힌 종이를 섞어 순서를 알 수 없도록 합니다.

3. 가위바위보로 놀이 순서를 정합니다.

4. 첫 번째 사람은 종이 한 장을 뒤집어 몸으로 표현할 감정 단어를 확인합니다.

5. 5분 동안 몸으로 감정 단어를 표현하며 다른 가족이 정답을 맞힌 경우 다음 감정 단어로 넘어갑니다.

6. 정답을 가장 많이 맞힌 사람이 승리합니다.

1. 오늘의 놀이는 '몸으로 말해요'야. 각각 빈 종이에 자주 사용하는 감정 단어를 적어보자.
2. 내용이 적힌 종이를 섞어 순서를 알 수 없도록 하자.
3. 가위바위보로 놀이 순서를 정해보자. ○○이가 첫 번째 순서구나.
4. ○○이부터 몸으로 감정 단어를 표현해볼 거야. 감정 단어가 모여있는 종이를 뒤집어서 어떤 것을 표현해야 하는지 확인해볼래?
5. 5분 동안 몸으로 감정 단어를 표현해보자. 다른 가족이 정답을 맞힌 경우 다음 감정 단어로 넘어가면 된단다. 정해진 시간 동안 최대한 많은 감정 단어를 표현하면 되는 거야. 단 말을 할 수는 없으며 하나를 맞출 때마다 1점씩 쌓인단다.
6. 다양한 감정 단어를 몸으로 잘 표현한 ○○이 점수가 가장 높구나. 상황에 적절한 감정 단어는 자신이 놓인 처지를 다른 사람들에게 알림으로써 위로를 받거나 공감을 받을 수 있도록 해준단다. 감정을 너무 감추기보다 드러내 보는 것은 어떨까?

공부하자

- 관련 교과: 2학년 2학기 국어과
- 관련 단원: 4단원 '인물의 마음을 짐작해요'
- 놀이 효과: '인물의 마음을 짐작해요' 단원은 인물의 상황과 처지를 이해하고 공감하는 것을 목적으로 하고 있습니다. 학교에서 배운 '힘들어요', '당황스러워요', '즐거워요'와 같은 감정 단어를 활용한 놀이를 가족들과 즐기며 상황에 맞는 감정 표현법을 익힐 수 있습니다.

놀이 팁

- 감정 단어에 어울리는 몸짓을 재빠르게 생각하고 표현해봄으로써 창의적 사고 역량을 기를 수 있습니다.

😊 즐거워했어요 / 😑 집중해서 참여했어요 / 😞 어려워했어요

놀이명	놀이 날짜	자녀의 반응	기억에 남는 자녀의 한마디
선택	20 . . .	😊 😑 😞	
	20 . . .	😊 😑 😞	
	20 . . .	😊 😑 😞	
어떤 표정?	20 . . .	😊 😑 😞	
	20 . . .	😊 😑 😞	
	20 . . .	😊 😑 😞	
몸으로 말해요	20 . . .	😊 😑 😞	
	20 . . .	😊 😑 😞	
	20 . . .	😊 😑 😞	

　　2005년 연구[66]에 따르면 우리말 중 감정을 표현하는 단어가 430여 개 정도 된다고 합니다. 언어가 지닌 변화와 창조성이라는 특성을 고려할 때 15여 년이 흐른 지금 더 많은 감정 단어가 사용되고 있을 것으로 예상됩니다. 그중 놀이에 활용할 만한 감정 단어의 종류[67]와 뜻은 다음과 같습니다.

단어	의미
기쁨	일이 잘되어 기분이 좋은 느낌
즐거움	어떤 일이나 활동이 재미있거나 만족스러워 기분이 좋음
통쾌	일이 뜻대로 이루어져 후련하거나 즐거운 상태
행복	생활 속에서 기쁘고 즐겁고 만족을 느끼는 상태
감동	어떤 것이 아주 아름답다고 느껴 마음이 뭉클해짐
성취	이루고자 했던 일을 이룸
사랑	다른 사람을 돕고 따뜻이 대해주는 일
다행	걱정했던 일의 결과가 좋거나 나쁘지 않아 마음이 놓임
고마움	다른 사람의 도움이나 친절에 대해 마음이 따뜻해지는 느낌
반가움	보고 싶던 사람을 만나거나 바라던 일이 이루어져 기쁜 상태
설렘	어떤 기대 등으로 마음이 가라앉지 않고 두근거림
슬픔	가슴이 서러워 울고 싶은 마음
후회	이전의 행동이나 말에 실수나 잘못이 있음을 깨닫고 뉘우침
미안	남에게 폐를 끼치거나 실수를 해서 마음이 편하지 못한 상태
아쉬움	미련이 남아 서운함
외로움	혼자 있거나 의지할 곳이 없어 허전하고 쓸쓸함

66) 박인조(2005). 한국어 감정 단어의 목록 작성과 차원 탐색. 한국심리학회지 사회 및 성격, 19(1), 109-129
67) 금성출판사(2013) 푸르넷 초등 국어사전

허전함	마음이 뭔가 잃은 듯이 텅 비고 서운함
쓸쓸함	외롭고 적적함
속상함	마음이 편하지 않고 괴로움
서러움	분하고 슬픔
서운함	마음에 차지 않아 섭섭한 느낌이 있음
불쌍함	어떤 사람이나 동물이 어렵거나 불행한 처지에 있어 마음이 아픔
안타까움	뜻대로 되지 않거나 보기에 딱하여 속이 타고 마음이 답답함
공포	위험에 빠졌을 때 느끼는 무서움
두려움	위험에 빠지거나 좋지 않은 일이 생기지 않을까 하는 걱정
무서움	위험이나 위협을 느껴 마음이 떨리고 불안함
불안	걱정이나 근심으로 마음이 편하지 않음
놀람	뜻밖의 일을 당하여 가슴이 두근거리거나 두려움을 느낌
분노	분하여 몹시 성을 냄
질투	자기보다 우수하거나 앞선 사람을 시기하거나 미워함
얄미움	말이나 행동이 비위에 거슬려 미움
부러움	남이 가진 것이나 처지가 좋아 보여 그것을 바라는 마음이 있음
싫다	마음에 들지 않음, 하고 싶지 않음
귀찮음	어떤 일이 싫고 괴로움
불만	바라는 대로 되지 않거나 욕심이 채워지지 않아 언짢은 느낌
괴로움	몸이나 마음이 몹시 아프거나 힘들어서 편하지 않은 상태
미움	어떤 사람이 마음에 들지 않아 원망하거나 욕하고 싶은 마음
억울	애매한 일을 당하여 속이 상하고 분함
짜증	기분이 나쁘거나 귀찮아 싫은 표시를 함

공부머리를 키우는 가족 놀이 100

공감을 어려워해요

부모님의 고민

우리 아이는 자신에게 맡겨진 일을 척척 잘해내는 참 야무진 성격을 가지고 있습니다. 이런 아이도 어려운 것이 있다고 합니다. 바로 울고 있거나 화가 난 친구에게 어떤 말이나 위로를 해줘야 할지 모르겠다는 것입니다. 사실 어릴 때부터 혼자 노는 것을 선호하고 생각하는 것을 좋아했기에 공감 능력이 부족한 것은 알고 있었지만 최근 친구 관계에 어려움을 토로하니 어떻게 해야 할지 모르겠습니다.

선생님의 도움말

파르마 대학 리졸라티 교수(Giacomo Rizzolatti)팀은 특정 행동에 따른 뇌의 변화를 연구하던 중 보는 것만으로도 하는 것처럼 느끼는 뇌 부위가 있음을 발견하고 거울 뉴런이라 불렀습니다. 이 거울 뉴런 덕분에 다른 사람의 감정을 내 것처럼 여기며 공감 하는 것입니다. 기뻐하는 친구와 함께 즐거워하고 슬픈 친구에게 다가가서 위로해줄 수 있는 공감 놀이를 통하여 거울 뉴런을 활성화해봅시다.

변하는 표정

역량: 창의적 사고

장소: 실내

준비물: 대봉투, A4용지, 색연필, 칼

1. 대봉투에 얼굴형을 그린 후 눈과 입 부분을 오립니다.

2. 눈과 입을 제외한 나머지 부분을 꾸밉니다.

  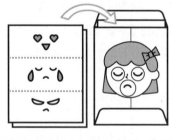

3. 대봉투의 아랫부분을 오린 뒤 A4용지를 넣어 기쁨의 표정을 그려봅니다.

4. A4용지를 아래로 내린 후 사랑, 슬픔, 분노, 공포의 표정을 그려봅니다.

5. 바른 자세로 가족들에게 다양한 표정을 보여주며 언제 이런 감정을 느끼는지 말해줍니다.

6. 가족의 이야기를 들으며 공감의 말을 해줍니다.

1. 오늘의 놀이는 '변하는 표정'이야. 대봉투에 얼굴 크기의 타원과 눈과 입 부분을 그려보자. 엄마가 눈과 입 부분을 오려줄게.

2. 눈과 입을 제외한 나머지 부분을 색연필로 꾸며보자.

3. 대봉투 아랫부분을 아빠가 칼로 오려줄게. 이제 A4용지를 넣어볼까? 눈과 입을 웃고 있는 표정으로 만들어보자.

4. A4용지를 아래로 내린 후 사랑을 나타내는 표정을 그려보자. 다했으면 더 내려서 슬픔, 분노, 공포의 표정을 그려보렴.

5. 가족들에게 기쁜 표정을 보여줘 보자. 학교에서 배운 대로 듣는 사람들을 바라보며 자신 있게 당시의 상황을 말해줘 볼까?

6. ○○이는 얼마 전 학교에 가다 돌아다니는 개를 만나 공포의 감정을 느꼈구나. 다시 그런다면 주위 사람들에게 도움을 요청해봐.

○ 관련 교과: 2학년 2학기 국어과
○ 관련 단원: 8단원 '바르게 말해요'
○ 놀이 효과: '바르게 말해요' 단원은 바른말을 사용해 다른 사람과 대화하는 방법을 학습하는 것을 목적으로 하고 있습니다. 기억에 남는 감정 상황을 떠올려 바른말로 가족들과 함께 이야기 나누고 공감해봄으로써 일상생활에서의 바른말 사용의 의지를 다질 수 있습니다.

○ A4용지 한 장으로는 다섯 가지 표정을 모두 표현하기에 부족합니다. 두 장을 이어 붙여서 활용하시기 바랍니다.
○ 다섯 가지 표정을 자신만의 방법으로 표현해보며 창의적 사고 역량을 함양할 수 있습니다.

공감 상자

역량: 의사소통

장소: 실내

준비물: 빈 상자, 매직

1. 정육면체의 빈 상자를 준비합니다.

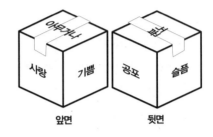

앞면   뒷면

2. 각각의 면에 기쁨, 사랑, 슬픔, 공포, 분노, 아무거나를 적습니다.

3. 가위바위보로 놀이 순서를 정합니다.

4. 순서에 따라 상자를 던집니다.

5. 선택된 감정을 살펴본 후 관련된 감정 상황을 말합니다.

6. 가족의 이야기를 들은 후 공감의 말을 해줍니다.

1. 오늘의 놀이는 '공감 상자'야.
2. 빈 상자의 각각의 면에 기쁨, 사랑, 슬픔, 공포, 분노, 아무거나를 적어 보자.
3. 가위바위보로 상자를 던질 순서를 정해보자.
4. ○○이가 첫 번째 순서구나. 상자를 던져볼까?
5. 슬픔이라는 감정이 나왔구나. 언제 슬펐고 미안했고 속상했니?
6. ○○이는 얼마 전 친했던 친구가 다른 학교로 전학을 가서 속상했었구나. 괜찮아, 한번 친구는 영원한 친구란다. 꼭 다시 만날 날이 올 거야.

공부하자

○ 관련 교과: 2학년 1학기 국어과
○ 관련 단원: 2단원 '자신 있게 말해요'
○ 놀이 효과: '자신 있게 말해요' 단원은 자기 생각을 바른 자세로 자신 있게 말하는 능력을 기르는 것을 목적으로 하고 있습니다. 기억에 남는 감정 상황을 미리 생각한 후 알맞은 목소리 크기로 또박또박 말해보며 효과적인 말하기의 기본 능력을 습득할 수 있습니다.

놀이 팁

○ '아무거나'가 나오면 감정의 종류에 상관없이 기억에 남는 감정 상황을 나눌 수 있도록 합니다.
○ 기쁨, 사랑, 슬픔, 분노, 공포는 대표 감정입니다. 대표 감정이란 다양한 감정 단어를 포괄할 수 있는 힘을 가진 단어를 의미합니다.
○ 다른 사람의 이야기를 듣고 공감하는 방법을 배움으로써 의사소통 역량을 기를 수 있습니다.

표정 탁구공

역량: 의사소통

장소: 실내

준비물: 탁구공, 네임펜

1. 기억에 남는 상황을 떠올려봅니다.

2. 당시의 감정을 탁구공에 그려봅니다.

3. 탁구공을 가족에게 보여줍니다.

4. 가족은 어떤 감정을 표현한 것인지 맞혀봅니다.

5. 당시의 감정 상황을 가족들에게 들려줍니다.

6. 이야기를 들은 후 감정에 공감해줍니다.

1. 오늘의 놀이는 '표정 탁구공'이야. 학교나 집에서 있었던 일 중 기억에 남는 상황을 떠올려보자.
2. 당시의 감정을 탁구공에 그려볼래?
3. 모두 완성했니? ○○이부터 가족들에게 그린 것을 보여주자.
4. ○○이는 어떤 감정을 표현했을까?
5. 당시의 상황을 가족들에게 자세히 말해주겠니?
6. 열심히 한 숙제를 학교에 가지고 가지 않아 슬펐던 경험을 떠올려서 탁구공에 표현했구나. 정말 속상했겠다. ○○아 자기 전에 숙제나 준비물을 미리 가방에 넣어두는 것은 어떨까?

공부하자

- 관련 교과: 2학년 1학기 국어과
- 관련 단원: 6단원 '차례대로 말해요'
- 놀이 효과: '차례대로 말해요' 단원은 시간적인 흐름에 따라 차례가 드러나게 이야기로 표현해보는 것을 목적으로 하고 있습니다. 기억에 남는 감정 상황을 떠올리고 일이 일어난 순서대로 가족들에게 소개해 줌으로써 기초적인 이야기 표현 능력을 키울 수 있습니다.

놀이 팁

- 겨울철에는 귤에 표정을 그려 놀이를 즐길 수 있습니다.
- 타인의 말에 나타난 생각과 감정을 올바로 이해한 뒤 공감을 표현하는 말을 해주며 의사소통 역량을 함양할 수 있습니다.

얼마나 성장했나요?

😊 즐거워했어요 / 😑 집중해서 참여했어요 / 😞 어려워했어요

놀이명	놀이 날짜	자녀의 반응	기억에 남는 자녀의 한마디
변하는 표정	20 . . .	😊 😑 😞	
	20 . . .	😊 😑 😞	
	20 . . .	😊 😑 😞	
공감 상자	20 . . .	😊 😑 😞	
	20 . . .	😊 😑 😞	
	20 . . .	😊 😑 😞	
표정 탁구공	20 . . .	😊 😑 😞	
	20 . . .	😊 😑 😞	
	20 . . .	😊 😑 😞	

눈치가 없어요

부모님의 고민

우리 아이의 주변에는 친구가 별로 없습니다. 분위기 파악에 무디기 때문입니다. 얼마 전 쪽지 시험에서 낮은 점수를 받아 울고 있는 아이에게 다가가 위로를 해주기는커녕 어떻게 하면 높은 점수를 맞을 수 있는지 강의를 하고 왔다고 합니다. 이러니 친구들이 좋아할 일이 없습니다. 이렇게 다른 사람의 감정이나 처지를 헤아려주기보다 자신이 하고 싶은 말을 하는 아이, 어떻게 해야 할까요?

선생님의 도움말

남의 마음을 알지 못한 채 자신이 하고 싶은 말만 늘어놓는 사람을 보고 눈치가 없다라고 합니다. 타인의 감정을 알아차리고 상황에 맞는 말이나 행동을 선택하는 것은 사회 구성원으로서 살아가는 데 꼭 필요한 능력임에도 불구하고 이를 어려워하는 아이들이 있습니다. 이런 자녀에게 필요한 것은 다른 사람의 이야기에 귀 기울임으로써 놓인 처지와 감정을 헤아려보는 경험입니다. 경청과 공감의 놀이로 아이의 인간 친화 지능을 높여 봅시다.

잘 들어봐

역량: 의사소통

장소: 실내

준비물: 없음

1. 둥그렇게 둘러 앉습니다.

2. 가위바위보로 문제를 낼 사람을 정합니다.

3. 다른 가족들에게 어떤 행동을 시킬지 생각해 봅니다.

4. 말 앞에 '잘 들어봐'를 붙였을 때만 지시한 행동을 해야 함을 알려줍니다.

5. 가족들에게 다양한 행동을 지시합니다.

6. 최후까지 살아남는 사람이 승리합니다.

1. 오늘의 놀이는 '잘 들어봐'야. 둥그렇게 둘러 앉아볼까?
2. 가위바위보로 문제를 낼 사람을 정해보자.
3. 엄마가 문제를 내는 사람으로 지목되었구나. 다른 가족들에게 어떤 행동을 시킬지 생각해볼까?

> 양손을 들거나 자리에서 일어서는 동작 등 그 자리에서 할 수 있는 행동을 시킬 수 있습니다.

4. 말 앞에 '잘 들어봐'를 붙였을 때만 지시한 행동을 해야 한단다. 연습해볼까? "잘 들어봐, 자리에서 일어나!"라고 하면 모두 일어나야 해. "자리에 앉아!"는 '잘 들어봐'가 붙지 않았으니 앉으면 안 된단다.
5. 엄마가 다양한 행동을 지시해볼게. 잘 따라 해보렴.
6. ○○이가 가장 최후까지 살아남았구나. 다른 사람의 말을 정말 잘 듣는 것 같아. 내가 하고 싶은 말을 하기보다 친구의 이야기에 귀 기울이는 것은 그 사람의 감정을 파악하는 데 도움을 준단다.

공부하자

○ 관련 교과: 1학년 1학기 국어과
○ 관련 단원: 1단원 '바른 자세로 읽고 쓰기'
○ 놀이 효과: '바른 자세로 읽고 쓰기' 단원은 초등학교 생활을 처음 하는 학생들에게 학습의 기본적인 태도와 습관을 형성하는 것을 목적으로 하고 있습니다. 다른 사람의 말을 들을 때 지켜야 할 예절과 자세에 대해 알아본 후 놀이에 참여해봄으로써 듣기의 소중함을 알 수 있습니다.

놀이 팁

○ 다른 사람의 의견을 경청하는 경험을 통하여 의사소통 역량을 기를 수 있습니다.

듣고 그려요

역량: 창의적 사고

장소: 실내

준비물: 잡지, 빈 종이, 펜

1. 가위바위보로 문제를 낼 사람을 선정합니다.

2. 잡지를 살펴보며 마음에 드는 물건을 선택합니다.

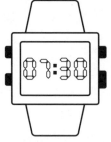

3. 물건을 어떻게 표현할 것인지 생각해봅니다.

4. 말로 물건을 묘사해봅니다.

5. 들은 대로 그림을 그려봅니다.

6. 가장 비슷하게 그린 사람을 찾아봅니다.

1. 오늘의 놀이는 '듣고 그려요'야. 가위바위보로 문제를 낼 사람을 정해보자.

2. 아빠가 문제를 내는 사람으로 지목되었구나. 잡지를 살펴보며 마음에 드는 물건을 선택해볼게.

3. 물건을 어떻게 표현할 것인지 생각 좀 해볼게.

4. 지금부터 아빠가 말로 물건을 묘사해볼 거야. 잘 들어보렴.

> 물건을 설명할 때는 다음과 같이 구체적인 이미지를 생각할 수 있도록 물건의 특징을 설명해주어야 합니다.
> "아빠가 설명할 것은 손목시계야. 이 손목시계는 시침과 분침과 초침이 없는 전자시계란다. 전체는 검은색이고 숫자가 보이는 곳만 흰색이란다."

5. 지금부터 들은 대로 그림을 그려볼까?

6. ○○이가 가장 비슷하게 그렸구나. 무엇보다 아빠가 말할 때 눈을 마주치고 고개를 끄덕이며 잘 들어주는 모습이 정말 보기 좋았어. 다른 친구들의 이야기를 들을 때도 이렇게 해보면 어떨까?

○ 관련 교과: 2학년 1학기 국어과
○ 관련 단원: 7단원 '친구들에게 알려요'
○ 놀이 효과: '친구들에게 알려요' 단원은 물건을 설명하는 글을 읽고 주요 내용을 확인하는 것을 목적으로 하고 있습니다. 학교에서 배운 방법을 바탕으로 사람이나 물건을 설명 후 직접 그려봄으로써 다른 사람의 말에 귀 기울이는 것의 중요성을 느낄 수 있습니다.

○ 말하는 이의 이야기를 바탕으로 상상력을 발휘해 물건을 그려봄으로써 창의적 사고 역량을 늘려줄 수 있습니다.

마음을 짐작해요

역량: 심미적 감성

장소: 실내 · · · · · · · · · · · · · 준비물: 동화책, 포스트잇, 펜

1. 놀이에 활용할 책을 선정한 후 둥그렇게 둘러 앉습니다.

2. 각각의 포스트잇에 기쁨, 사랑, 슬픔, 분노, 공포의 표정을 그립니다.

3. 다양한 표정들을 가운데로 모읍니다.

4. 책을 읽어주며 주인공의 감정에 이입합니다.

현재 주인공은 어떤 감정일까?

5. 현재 주인공이 느끼는 감정은 무엇인지 질문합니다.

6. 관련된 표정을 가장 빨리 집어 든 사람이 승리합니다.

1. 그림책으로 '마음을 짐작해요' 놀이를 해볼 거야. 둥그렇게 둘러 앉아 볼까?
2. 각각의 포스트잇에 기쁨, 사랑, 슬픔, 분노, 공포의 표정을 그려보자. 아빠가 기쁨과 분노를 엄마는 사랑, ○○이는 슬픔, 동생은 공포를 그리면 되겠다.
3. 표정들을 가운데로 모아보자.
4. 서로 돌아가며 가족들에게 책을 읽어줄 거야. 주인공이 어떤 처지에 있고 어떤 감정을 느끼는지 생각하며 들어보자.
5. 현재 주인공이 느끼는 감정은 무엇일까?
6. ○○이는 주인공이 놓인 처지와 감정을 잘 파악하는 것 같아. 오늘 놀이에서 보여준 모습처럼 친구들의 감정을 잘 파악하고 축하해주거나 위로를 해준다면 모든 친구가 ○○이를 좋아해 줄 거야.

○ 관련 교과: 2학년 1학기 국어과
○ 관련 단원: 8단원 '마음을 짐작해요'
○ 놀이 효과: '마음을 짐작해요' 단원은 글쓴이의 상황과 마음을 짐작함으로써 글의 내용을 잘 이해하는 것을 목적으로 하고 있습니다. 가족과 함께 책을 읽고 주인공의 감정과 자신의 경험을 연결지어 봄으로써 타인의 감정을 알아차릴 수 있는 능력을 함양할 수 있습니다.

○ 책 속에 등장하는 인물의 감정에 공감함으로써 타인의 경험 및 인간에 대한 공감 능력인 심미적 감성 역량을 높일 수 있습니다.

얼마나 성장했나요?

😊 즐거워했어요 / 😑 집중해서 참여했어요 / 😣 어려워했어요

놀이명	놀이 날짜	자녀의 반응	기억에 남는 자녀의 한마디
잘 들어봐	20 . . .	😊 😑 😣	
	20 . . .	😊 😑 😣	
	20 . . .	😊 😑 😣	
듣고 그려요	20 . . .	😊 😑 😣	
	20 . . .	😊 😑 😣	
	20 . . .	😊 😑 😣	
마음을 짐작 해요	20 . . .	😊 😑 😣	
	20 . . .	😊 😑 😣	
	20 . . .	😊 😑 😣	

공부머리를 키우는 가족 놀이 100

부모와 떨어지면 불안해요

저는 신데렐라 엄마입니다. 밖에서 일을 보다가도 아이가 집에 올 시간이 되면 귀가하기 때문입니다. 혹여나 그 시간에 제가 없으면 휴대전화에 불이 납니다. 어디냐, 언제 들어오냐 끝없는 질문에 지칩니다. 어릴 때부터 아이는 저와 한시도 떨어져 있으려 하지 않았었습니다. 입학 초에는 학교에 가기 싫다고 얼마나 울어댔는지 정말 힘들었었습니다. 부모와 떨어지기 싫어하는 아이, 어떻게 해야 할까요?

선생님의 도움말

저학년 학생은 선생님을 사랑해도 이렇게 사랑할 수 없습니다. 하루에 선생님을 열댓 번 불러대기 때문이죠. 이는 자신들보다 상대적으로 권위자라고 느끼는 어른에게 기대어 학교생활에서 오는 불안을 낮추려는 모습입니다. 가정에서도 마찬가지입니다. 입학 초 학교에 가기 싫다고 떼를 쓰거나 부모와 떨어지지 않기 위해 애를 쓰는 것은 애착의 대상으로부터 분리됨으로써 느끼는 불안을 피하기 위한 현상입니다. 이런 아이들에게 필요한 것은 충분히 사랑받고 있다는 애정 표현과 나도 할 수 있다는 자신감입니다. 분리 불안 해소에 도움이 되는 놀이 알아봅시다.

사랑의 텐트

역량: 의사소통

장소: 실내   준비물: 담요, 빨래 건조대

1. 빨래 건조대와 담요를 준비합니다.

2. 빨래 건조대 위에 담요를 얹어 텐트 모양으로 만듭니다.

3. 가위바위보로 놀이 순서를 정합니다.

4. 첫 번째 사람은 텐트 안으로 들어갑니다.

5. 밖에 있는 사람은 목소리를 변조한 후 텐트에 들어 간 사람이 소중한 까닭을 말합니다.

6. 텐트에 있는 사람은 누가 어떤 말을 했는지 맞혀 봅니다.

1. 오늘의 놀이는 '사랑의 텐트'야. 놀이에 필요한 빨래 건조대와 담요를 준비해보자.
2. 빨래 건조대 위에 담요를 얹어 텐트 모양으로 만들어보자.
3. 가위바위보로 놀이 순서를 정해보자.
4. ○○이가 첫 번째 순서구나. 텐트 안으로 들어가 볼까?
5. 앞으로 우리 가족은 목소리를 변조한 후 ○○이가 소중한 이유를 말할 거야. 누가 어떤 것을 말했는지 맞혀보면 된단다.
6. 우와! 목소리를 변조했는데도 잘 맞히는구나. 맞아. ○○이는 우리 가족에게 이렇게 소중한 존재란다. 가족이 곁에 있으니 텐트 안에 혼자 있어도 무섭지 않았지? 학교도 마찬가지야. 우리 가족은 눈에는 보이지 않을 뿐 항상 ○○이 곁에 있단다.

공부하자

○ 관련 교과: 1학년 1학기 통합교과 '여름'
○ 관련 단원: 1단원 '우리는 가족입니다'
○ 놀이 효과: 가족과 친척의 소중함을 느껴보는 '우리는 가족입니다' 단원에는 '감사의 마음을 전해요' 활동이 있습니다. 사랑의 텐트를 만들어본 후 평소 가족에게 하고 싶었던 말이나 고마웠던 점을 이야기해봄으로써 서로의 소중함을 느껴볼 수 있습니다.

놀이 팁

○ 분리불안은 느끼는 아동은 6~12퍼센트 정도라고 합니다.
○ 마음이 담긴 말을 하고 경청하며 의사소통 능력을 함양할 수 있습니다.

애착 로션

역량: 자기관리

장소: 실내   준비물: 로션

1. 로션을 준비합니다.

2. 가위바위보로 놀이 순서를 정합니다.

3. 순서대로 앉습니다.

4. 첫 번째 사람부터 다음 사람의 얼굴에 로션을 구석구석 발라줍니다.

사랑해

5. 로션을 바르며 듣기 좋은 말을 해줍니다.

엄마가 사랑한다고해서 마음이 따뜻해요

6. 놀이 후 어떤 느낌을 받았는지 이야기 나눕니다.

1. 오늘의 놀이는 '애착 로션'이야. 놀이에 필요한 로션을 준비해보자.
2. 가위바위보로 놀이 순서를 정해보자.
3. 가위바위보에서 이긴 사람부터 순서대로 앉아볼까?
4. 엄마가 ○○이 얼굴 구석구석에 로션을 발라줄게.
5. 엄마처럼 로션을 바르며 상대방이 듣기 좋은 말을 해주면 된단다.
6. 놀이 후 어떤 느낌을 받았는지 이야기 나눠볼까?

공부하자

○ 관련 교과: 1학년 2학기 국어과
○ 관련 단원: 6단원 '고운 말을 해요'
○ 놀이 효과: '고운 말을 해요' 단원은 다른 사람의 말을 듣고 기분이 좋았던 경험을 떠올리고 듣는 사람을 생각하며 말하는 방법을 익히는 것을 목적으로 하고 있습니다. 가족에게 로션을 발라주며 상대방이 듣기 좋은 말을 들려줍니다. 그러면 상대방은 사랑받고 있다는 것을 느낄 뿐아니라 배려하는 말이 가진 힘을 느낄 수도 있습니다.

놀이 팁

○ 분리불안을 느끼는 아이들에게 가장 필요한 것은 부모님과의 애착입니다. 힘이 되는 한마디 또는 안정감을 주는 신체 접촉으로 불안해하는 자녀에게 힘이 되어주세요.
○ 부모와의 애착을 통하여 자신감을 가짐으로써 자기관리 역량을 함양할 수 있습니다.

마트에서

역량: 지식정보처리

장소: 마트   준비물: 없음

1. 각자 필요한 것이 무엇인지 생각해봅니다.

2. 꼭 필요한 것인지 서로 이야기 나눕니다.

3. 마트에서 살 것을 함께 정합니다.

4. 가족과 함께 마트에 갑니다.

5. 모일 시간과 장소를 정합니다.

6. 자신이 맡은 것을 가지고 정해진 장소에 옵니다.

1. 오늘의 놀이는 '마트에서'야. 필요한 것이 있는지 생각해봅니다.
2. ○○이는 어떤 것이 필요하니?
3. ○○이는 내일 준비물인 스케치북이, 동생은 공룡 인형이 필요하다고 했어. 다들 어떻게 생각하니?
4. 가족회의 결과 스케치북은 집에 없어서 사야지만 공룡 인형은 많으므로 꼭 살 필요는 없다고 결정되었네. 스케치북과 오늘 저녁 먹을거리를 사러 마트에 함께 가자.
5. 마트에 도착했구나. 각각 흩어져서 자신이 맡은 것을 가지고 오자. 현재 시각이 6시니까 6시 30분까지 3번 계산대 앞으로 모이면 돼.
6. ○○이가 스케치북을 가지고 정해진 시간까지 왔구나. 가족과 떨어져서 불안했을 텐데 끝까지 해내는 모습이 대단하다.

공부하자

○ 관련 교과: 1학년 2학기 수학과
○ 관련 단원: 5단원 '시계 보기와 규칙 찾기'
○ 놀이 효과: '시계 보기와 규칙 찾기' 단원은 간단한 시계 보기와 여러 가지 물체, 무늬, 수 배열에서 수학적 규칙을 찾아보는 것을 목적으로 하고 있습니다. 동네에 있는 마트에서 정해진 시간 동안 물건을 직접 찾아서 가져오는 놀이를 통하여 '몇 시'와 '몇 시 30분'처럼 간단한 시계를 보는 능력과 자립심을 기를 수 있습니다.

놀이 팁

○ 놀이 전 다른 사람을 따라가거나 혼자 에스컬레이터, 엘리베이터를 타지 않도록 지도해주세요.
○ 필요한 물건인지 아닌지 판단해보며 논리적, 비판적 사고 즉 지식정보처리 역량을 높일 수 있습니다.

얼마나 성장했나요?

😊 즐거워했어요 / 😑 집중해서 참여했어요 / 😟 어려워했어요

놀이명	놀이 날짜	자녀의 반응	기억에 남는 자녀의 한마디
사랑의 텐트	20 . .	😊 😑 😟	
	20 . .	😊 😑 😟	
	20 . .	😊 😑 😟	
애착 로션	20 . .	😊 😑 😟	
	20 . .	😊 😑 😟	
	20 . .	😊 😑 😟	
마트 에서	20 . .	😊 😑 😟	
	20 . .	😊 😑 😟	
	20 . .	😊 😑 😟	

화를 참지 못해요

부모님의 고민

얼마 전 담임 선생님께 전화 한 통을 받았습니다. 아이가 사소한 일에도 화를 자주 낸다는 내용이었습니다. 마음을 가라앉힐 수 있도록 지도하고 있으나 나아지지 않아 병원에 가거나 상담을 받아보는 것이 어떠냐고 하셨습니다. 저도 답답합니다. 어떻게 해야 할까요?

선생님의 도움말

분노는 세상에 날 때부터 가지고 태어나는 몇 안 되는 감정입니다. 배고픈 아기가 누가 가르치지 않았는데도 화를 내며 엄마 젖을 물어버리는 것처럼 말입니다. 사실 분노는 나를 지키기 위해 꼭 필요한 감정 중 하나입니다. 하지만 그 정도가 심하거나 다른 사람에게 피해를 준다면 문제가 됩니다. 분노 조절을 힘들어하는 아이들에게 도움이 되는 것으로는 화가 났을 때 감정을 효과적으로 전달하는 방법을 가르쳐주는 사회 기술 훈련과 타인을 공격하거나 해치는 충동을 억제하는 자기 통제 훈련과 자신으로 인해 피해를 받는 사람의 입장이 되어 잘못된 분노 표출의 문제점을 느껴보는 감정이입 훈련 등이 있습니다.[68] 분노 조절을 어려워하는 아이들에게 놀이로 도움을 주도록 합시다.

---

68) 이윤경(2003). 분노조절 프로그램이 초등학교 저학년 아동의 공격성 감소에 미치는 효과. 연세대학교 교육대학원 석사학위 논문.

화가 났다!

역량: 자기관리

장소: 실내

준비물: 포스트잇, 펜

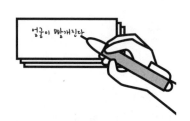

1. 화가 났을 때 얼굴에서는 어떤 변화가 일어나는지 생각하여 포스트잇에 적습니다.

2. 자신의 얼굴에 붙입니다.

3. 화가 났을 때 몸에서는 어떤 변화가 일어나는지 생각하여 포스트잇에 적습니다.

4. 해당 부위에 붙입니다.

5. 화가 났을 때 나는 어떻게 행동하는지 포스트잇에 적어 팔과 다리에 붙입니다.

6. 서로의 포스트잇을 살펴보며 올바른 행동을 다짐합니다.

1. 오늘의 놀이는 '화가 났다!'야. 각자 화가 났을 때 얼굴에 어떤 변화가 일어나는지 생각하여 포스트잇에 적어볼까?
2. 얼굴에 포스트잇을 붙여보자.
3. 화가 났을 때 몸에서 일어나는 변화를 포스트잇에 적어보자.
4. 해당하는 부위에 붙여보자.
5. 이제는 화가 났을 때 나는 어떻게 행동하는지 생각한 후 포스트잇에 적어 팔과 다리에 붙여볼까?

> 포스트잇에 적는 내용은 아이들이 이해하기 쉽게 간단한 말로 적는 것이 좋습니다. '얼굴이 빨개진다', '물건을 던진다'처럼 말입니다.

6. 서로의 포스트잇을 살펴보자. ○○이는 화가 났을 때 소리를 지르며 발로 찬다고 발에 붙였구나. 화가 났을 때 표현하는 방법은 다양하단다. 하지만 다른 사람에게 피해를 주는 행동을 선택하면 안 돼. 우리 가족이 하는 행동 중 어떤 것이 마음에 드는지 살펴보렴.

공부하자

○ 관련 교과: 2학년 1학기 통합교과 '봄'
○ 관련 단원: 1단원 '알쏭달쏭 나'
○ 놀이 효과: '알쏭달쏭 나' 단원에는 내 마음을 표현하기 전 지켜야 할 마음의 약속을 정해보는 '마음 신호등' 활동이 있습니다. 화가 났을 때 올바른 대처 방법을 익혀보는 놀이를 통하여 갈등 상황을 대처하는 능력을 키울 수 있습니다.

놀이 팁

○ 화가 났을 때의 신체 변화를 알고 감정에 이름을 붙여봄으로써 감정을 조절할 수 있는 능력 즉 자기관리 역량을 함양할 수 있습니다.

삐뽀삐뽀

역량: 지식정보처리

장소: 실외

준비물: 빈 종이, 펜

1. 빈 종이에 화가 났을 때 올바른 행동과 그렇지 않은 행동을 적습니다.

2. 공터로 이동합니다.

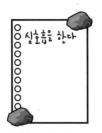

3. 내용이 적힌 종이를 바닥에 흩어놓은 뒤 돌을 올려놓습니다.

4. 가위바위보로 술래를 정합니다. 술래는 삐뽀삐 뽀를 말하고 다녀야 함을 알려줍니다.

5. 술래잡기를 시작합니다. 단 올바른 행동이 적힌 곳에 서 있는 사람은 잡을 수 없습니다.

6. 술래에 잡힌 사람이 다시 술래가 되어 놀이를 진행합니다.

1. 오늘의 놀이는 '삐뽀삐뽀'야. 빈 종이에 화가 났을 때 올바른 행동과 그렇지 않은 행동을 적어보자.

> 올바른 행동에는 차분하게 감정을 가라앉히는 심호흡을 하거나 물을 마시는 것 등이 있습니다. 반대로 올바르지 않은 행동에는 발로 물건을 차거나 하는 행위가 있습니다.

2. 학교 운동장으로 이동해볼까?

3. 여기서부터 저기까지만 뛰어다닐 수 있단다. 놀이 공간 곳곳에 내용이 적힌 종이를 놓은 후 바람에 날아가지 않도록 돌을 올려놓자.

4. 가위바위보로 술래를 정해보자. 술래는 삐뽀삐뽀를 외쳐야 해.

5. 술래는 모든 사람을 잡으러 다닐 수는 있지만, 화가 났을 때 올바른 표현이 적힌 곳에 서 있는 사람은 잡을 수 없단다. 그 자리에 서 있는 사람은 다른 가족이 터치를 해줘야 다시 움직일 수 있어.

6. 술래에게 잡힌 사람은 술래가 된단다. 준비 시작!

　　○○이가 놀이에서 찾아다닌 곳에 적힌 것처럼 자신이 화가 났다고 해서 다른 사람에게 피해를 주는 행동을 선택하면 안 되겠지?

공부하자

○ 관련 교과: 2학년 1학기 국어과
○ 관련 단원: 10단원 '다른 사람을 생각해요'
○ 놀이 효과: '다른 사람을 생각해요' 단원은 상대를 생각하며 자기 생각이나 감정을 적절하게 표현하는 것을 목적으로 하고 있습니다. 화가 났을 때 자신의 감정을 표현하는 바른말과 그렇지 않은 말을 활용해 놀이를 즐겨봄으로써 배려하며 대화하는 태도를 가질 수 있습니다.

놀이 팁

○ 분노라는 문제 상황에서 올바른 감정 표현과 그렇지 않은 것을 생각하고 판단해보며 지식정보처리 역량을 높일 수 있습니다.

만장일치

역량: 심미적 감성	
장소: 실외	준비물: 빈 종이, 낙엽

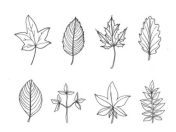

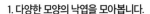

1. 다양한 모양의 낙엽을 모아봅니다.

2. 낙엽으로 빈 종이 위에 자신의 얼굴을 꾸며봅니다.

화가나면
물건을
던져요

3. 화가 났을 때 나는 어떻게 행동하는지 생각하여 가족들에게 말합니다.

4. 이야기를 듣고 올바른 행동이면 웃는 모습을 그렇지 않으면 찡그린 모습을 표현합니다.

5. 가족들의 낙엽 얼굴을 살펴봅니다.

6. 화가 났을 때 만장일치 된 의견만 행동함을 다짐합니다.

1. 오늘의 놀이는 '만장일치'야. 다양한 낙엽을 모아보자.
2. 모은 낙엽으로 빈 종이 위에 자신의 얼굴을 꾸며보자.
3. 화가 났을 때 나는 어떻게 행동하는지 가족들에게 말해보자.
4. ○○이는 화가 났을 때 물건을 던진다고 했어. 올바른 행동이면 낙엽으로 웃는 얼굴을 그렇지 않으면 찡그린 얼굴을 표현해보자.
5. 모든 가족의 얼굴이 찡그려졌구나. 화가 났을 때 물건을 던지는 행동은 옳지 않은 것 같아.
6. 오늘 우리 가족은 평소 화가 났을 때 어떻게 행동하는지, 옳은 것인지 아닌지 알아보았어. 모든 가족이 웃었던 방법은 심호흡하거나 좋아하는 것을 생각하는 것이었어. ○○이도 화가 났을 때 그렇게 해보면 어떨까?

공부하자

○ 관련 교과: 2학년 2학기 통합교과 '가을'
○ 관련 단원: 2단원 '가을아 어디 있니'
○ 놀이 효과: 가을이 되어 달라진 날씨와 생활 모습을 알아보는 '가을아 어디 있니' 단원에는 낙엽을 관찰해보고 여러 가지 방법으로 무리 지어보는 '울긋불긋 가을 세상' 활동이 있습니다. 낙엽으로 자신의 얼굴을 꾸며본 뒤 올바른 감정 표현과 그렇지 않은 것에 대해 생각해봄으로써 분노를 다스릴 수 있는 능력을 키울 수 있습니다.

놀이 팁

○ 떨어진 낙엽으로만 놀이를 즐길 수 있도록 합니다.
○ 낙엽이라는 계절과 자연이 주는 아름다움을 느끼며 심미적 감성 역량을 높일 수 있습니다.

😊 즐거워했어요 / 😑 집중해서 참여했어요 / 😣 어려워했어요

놀이명	놀이 날짜	자녀의 반응	기억에 남는 자녀의 한마디
화가 났다!	20 . .	😊 😑 😣	
	20 . .	😊 😑 😣	
	20 . .	😊 😑 😣	
뻬뽀 뻬뽀	20 . .	😊 😑 😣	
	20 . .	😊 😑 😣	
	20 . .	😊 😑 😣	
만장 일치	20 . .	😊 😑 😣	
	20 . .	😊 😑 😣	
	20 . .	😊 😑 😣	

친구와 자주 싸워요

부모님의 고민

저는 전화벨이 울리기만 하면 가슴이 쿵쾅거립니다. 대부분 전화가 아이로 인하여 다쳤거나 피해를 보아 항의하는 내용이기 때문입니다. 어딜 가나 문제를 일으키고 싸움을 하는 우리 아이를 보고 친구들은 말썽꾼이라 부른다고 합니다. 걸핏하면 싸움하는 아이, 도와주세요!

선생님의 도움말

아이들은 싸우면서 자란다고 합니다. 그만큼 다툼이 많다는 소리기도 합니다. 대게 싸움은 의견 충돌로부터 시작됩니다. 사람은 자라온 환경과 가치관이 다르기에 자기 뜻에 반하는 상황을 맞이하기도 합니다. 이런 상황에서 아이들의 선택은 두 가지입니다. 첫 번째, 설득의 과정을 거쳐 의견을 하나로 합치는 것입니다. 두 번째, 감정적으로 대치하며 끝까지 자신의 의견을 굽히지 않는 것입니다. 이런 경우 감정 충돌로 연결되는데 이때 힘으로 해결하려고 하면 문제가 되는 것입니다. 특히 학교라는 사회의 축소판에서 생활하고 있는 초등학교 저학년 아이들은 자신의 의견을 적절히 표현할 수 있고 타인의 감정을 파악할 수 있기에 모든 감정충돌을 싸움으로 해결하는 것은 옳지 못하다고 할 수 있습니다. 이런 아이들에게 필요한 것은 배려하는 마음과 갈등을 해결할 수 있는 놀이입니다.

신문지에 올라가요

역량: 공동체

장소: 실내   준비물: 신문지

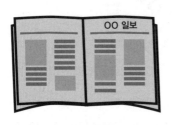

1. 신문지를 준비하여 바닥에 펼쳐 놓습니다.

2. 펼쳐 놓은 신문지에 위에 가족 한 사람씩 올라갑니다.

3. 모든 사람이 올라가면 1분 동안 버팁니다.

4. 신문지를 반으로 접어 면적을 줄입니다.

5. 반으로 줄인 신문지 위에 모두 올라간 뒤 1분 동안 버팁니다.

6. 신체 일부가 신문지를 벗어나 땅에 닿으면 놀이를 종료합니다.

1. 오늘의 놀이는 '신문지에 올라가요'야. 신문지 한 장을 펼쳐서 바닥에 깔아놓자.
2. 펼쳐 놓은 신문지에 위에 가족 한 사람씩 올라가자. 땅에 신체 중 일부가 닿으면 안 되니 신중하게 올라가렴.
3. 모두 올라갔구나. 1분 동안 이 자세로 버티면 된단다.
4. 신문지를 반으로 접어 면적을 줄여보자.
5. 반으로 줄인 신문지 위에 모두 올라간 뒤 1분 동안 버티면 돼.
6. 이번에도 성공했네! 신문지를 다시 반으로 접어서 해보자.

   이렇게 좁은 공간에 우리 가족이 서 있을 수 있다니 대단한걸. 이 모든 게 ○○이가 잘 참아주었기 때문에 가능했던 것 같아. 잘 참아준 ○○아 고마워. 친구들과 놀다 보면 화가 날 수도 있어. 그때도 오늘처럼 참고 이해해주려 노력한다면 다툼을 피할 수 있단다.

공부하자

○ 관련 교과: 2학년 2학기 수학과
○ 관련 단원: 6단원 '규칙 찾기'
○ 놀이 효과: '규칙 찾기' 단원은 일상생활에서 규칙을 찾아 수학적 즐거움을 느끼는 것을 목적으로 하고 있습니다. 놀이를 마친 후 신문지를 펼쳐 각 칸에 규칙이 있는 무늬를 그려보고 발견해봄으로써 수학이 주는 즐거움을 느낄 수 있습니다.

놀이 팁

○ 수단과 방법을 가리지 말고 좁은 신문지 위에 서 있으려 노력해보세요. 신체 접촉이 많아질수록 가까워진답니다.
○ 좁은 공간에 서 있기 위해서는 서로의 협력이 필요합니다. 서로를 배려하는 가운데서 놀이를 전개함으로써 공동체 역량을 함양할 수 있습니다.

손을 풀어요

역량: 의사소통

장소: 실내   준비물: 수건

1. 동그랗게 섭니다.

2. 오른손에 수건을 듭니다.

3. 자신의 왼편에 있는 수건을 잡아 모든 가족이
   연결되도록 합니다.

4. 이리저리 움직이며 가족끼리 서로 꼬이게 합니다.

5. 손을 떼지 않은 채 수건을 풀어봅니다.

6. 처음 섰던 자리로 돌아옵니다.

1. 오늘의 놀이는 '손을 풀어요'야.

2. 오른손에 수건을 들어볼까?

3. 자신의 왼편에 있는 수건을 잡아 모든 가족이 연결되도록 해보자.

4. 지금부터 이리저리 움직이며 가족끼리 서로 꼬이게 해보자. 아빠와 동생 사이를 ○○이가 지나 가볼래? 이런 식으로 꼬면 된단다.

5. 이제는 손을 떼지 않은 채 수건을 풀어보자.

6. 처음 섰던 자리로 돌아왔다. 친구들과 놀다 보면 오늘 놀이처럼 관계가 다툼으로 꼬이기도 한단다. 그때는 먼저 손을 내밀어 꼬인 것을 푸는 것이 중요해. 잘할 수 있겠지?

공부하자

○ 관련 교과: 1학년 1학기 통합교과 '봄'

○ 관련 단원: 1단원 '학교에 가면'

○ 놀이 효과: 학교 곳곳을 둘러보며 학교생활에 필요한 규칙을 정해보는 '학교에 가면' 단원에는 친구를 소재로 한 노래를 불러보는 '어깨동무해요' 활동이 있습니다. 학교에서 배운 노래를 가족에게 소개해 주고 함께 부르며 놀이를 해봄으로써 갈등 해결의 지혜를 습득할 수 있습니다.

놀이 팁

○ 사람이 많으면 많을수록 재미있는 놀이랍니다. 친척들이 모였을 때 한 번 해보세요.

○ 놀이 후 친구들과 갈등을 해소할 수 있는 부모님만의 비법을 소개해 줌으로써 꼭 싸움이 해결책이 아니란 것을 느낄 수 있습니다.

○ 갈등 상황을 효과적으로 조정하는 방법을 알아봄으로써 의사소통 역량을 높일 수 있습니다.

얼마나 성장했나요?

☺ 즐거워했어요 / 😐 집중해서 참여했어요 / ☹ 어려워했어요

놀이명	놀이 날짜	자녀의 반응	기억에 남는 자녀의 한마디
신문지에 올라가요	20 . . .	☺ 😐 ☹	
	20 . . .	☺ 😐 ☹	
	20 . . .	☺ 😐 ☹	
	20 . . .	☺ 😐 ☹	
	20 . . .	☺ 😐 ☹	
손을 풀어요	20 . . .	☺ 😐 ☹	
	20 . . .	☺ 😐 ☹	
	20 . . .	☺ 😐 ☹	
	20 . . .	☺ 😐 ☹	
	20 . . .	☺ 😐 ☹	

공부머리를 키우는 가족 놀이 100

눈물을 자주 보여요

부모님의 고민

우리 아이 별명은 울보입니다. 툭하면 울기 때문이죠. 자신도 시시때때로 흐르는 눈물이 스트레스이지만 마음대로 되지 않아 힘들다고 합니다. 태권도 같은 운동을 시키면 마음이 단단해질까 해서 보내보았지만 큰 변화가 없어 걱정입니다. 울음으로 모든 감정을 표현하는 아이 어떻게 해야 할까요?

선생님의 도움말

신생아는 울음으로 배고픔, 불편함을 표현합니다. 울음이 소통의 주 매개체이죠. 하지만 성장함에 따라 언어로 의지를 표현할 수 있게 되고 눈물은 기쁨, 사랑, 슬픔, 분노, 공포 등의 감정을 표현하는 도구로 활용됩니다. 눈물이 많은 아이의 내면에는 감수성이 예민하거나 풍부한 이유도 있겠으나 감정이 복받쳐 오름에 따라 이를 어떻게 표현할지 몰라 울음으로 대신하는 경향도 있습니다. 이런 아이들에게 필요한 것은 상황에 적절한 감정 표현 방법을 가르쳐주는 것입니다. 눈물을 뚝 멈추게 하는 놀이 함께 알아볼까요?

스트레스 봉투

역량: 자기관리

장소: 실내   준비물: 쓰레기봉투, 빈 종이, 펜

1. 쓰레기봉투와 빈 종이를 준비합니다.

2. 나를 울게 하는 것들을 생각하여 빈 종이에 적습니다.

3. 내용이 적힌 종이를 꾸겨 쓰레기봉투에 넣습니다. 4. 봉투에 있는 종이를 펴서 읽습니다.

5. 서로의 이야기에 공감하며 도움이 될 수 있는 말이나 조언을 해줍니다.

6. 종이를 찢어 쓰레기봉투에 넣으며 스트레스를 날립니다.

놀이 대화

1. 오늘의 놀이는 '스트레스 봉투'야.
2. 집이나 학교에서 나를 울게 하는 것들을 생각해서 적어보자.
3. 내용이 적힌 종이를 꾸겨 쓰레기봉투에 담아보자.
4. 우리 가족을 울게 하는 것들을 꺼내서 살펴보자.
5. 우리 ○○이는 친구가 별명을 불렀을 때 울고 싶구나. 어떻게 하면 좋을지 서로 생각해볼까? 친구가 예쁜 이름을 두고 별명을 불렀을 때 울기보다 별명이 싫은 이유를 친구에게 설명해주거나 선생님께 도와달라고 말씀드려보는 것은 어떨까?
6. 어떤 조언이 가장 마음에 들었니? 이제 나를 힘들게 했던 것들을 찢어 봉투에 넣어버리자. ○○아 억울한 일을 당하거나 힘들 때 우는 것은 문제해결에 큰 도움이 되지 않는단다. 울기보다 주변 사람에게 도움을 요청하거나 해결하는 방법을 찾아보는 것은 어떨까?

공부하자

○ 관련 교과: 1학년 2학기 국어과
○ 관련 단원: '문장으로 표현해요'
○ 놀이 효과: '문장으로 표현해요' 단원은 문장부호를 사용해 문장을 쓰고 문장의 내용을 분명하게 나타내는 것을 목적으로 하고 있습니다. 자신을 우울하게 만들거나 슬프게 만드는 상황을 간단한 문장으로 표현해보고 올바른 감정 표현 방법을 생각해봄으로써 문장 구성 능력과 상황에 맞는 감정 표현 방법을 익힐 수 있습니다.

놀이 팁

○ 나를 울게 하는 것들을 생각해 내기 어려워하는 경우 최근 울었던 경험을 떠올리게 해보세요.
○ 감정이 복받치는 상황에서 자신의 감정을 통제하고 절제하는 방법을 알아봄으로써 자기관리 역량을 높일 수 있습니다.

손바닥 다짐

역량: 창의적 사고

장소: 실내

준비물: 큰 종이, 접시, 물감, 포스트잇

1. 울고 싶을 때 위로가 되는 말을 생각해봅니다.

2. 큰 종이에 포스트잇을 활용하여 생각한 글자를 만들어 붙입니다.

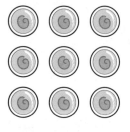

3. 접시에 물감을 짠 뒤 살짝 물에 갭니다.

4. 손바닥에 물감을 찍습니다.

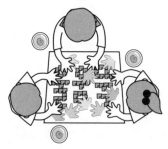

5. 큰 종이에 손바닥을 마구 찍은 뒤 포스트잇을 떼어냅니다.

6. 감정이 복받쳐 오를 때 함께 만든 문구를 생각할 수 있도록 합니다.

1. 오늘의 놀이는 '손바닥 다짐'이야. ○○이는 울고 싶을 때 어떤 말을 들으면 위로가 되니?
2. ○○이는 '울음 뚝'이라는 말이 도움이 되나 보다. 여기에 큰 종이가 있어. 포스트잇으로 '울음 뚝'이라는 글자를 만들어 붙여볼까?
3. 접시에 물감을 짠 뒤 살짝 물에 개어보자. 빨강, 노랑, 파랑 등 다양한 색으로 해보자.
4. 손바닥에 물감을 찍어보자.
5. 큰 종이에 손바닥을 마구 찍으면 된단다. 물감이 어느 정도 말랐네. 이제 포스트잇을 떼어내 볼까? 우와 '울음 뚝'이라는 글자가 만들어졌다.
6. ○○아 감정이 복받쳐 오를 때 울기보다 '울음 뚝'을 생각해보는 것은 어떨까? 그럼 마법처럼 울음 대신 상황에 적절한 감정 표현을 할 수 있단다.

○ 관련 교과: 1학년 1학기 통합교과 '봄'
○ 관련 단원: 2단원 '도란도란 봄 동산'
○ 놀이 효과: 봄을 탐색하고 표현해봄으로써 마음껏 누려보는 '도란도란 봄 동산' 단원에는 손바닥 도장과 손도장으로 동식물을 표현해보는 '봄 동산에 사는 친구들' 활동이 있습니다. 상황에 적절한 감정 표현을 돕는 문구를 생각하고 손바닥을 직접 찍어보며 올바른 감정 표현을 다짐할 수 있습니다.

○ 포스트잇을 떼어낼 때는 물감이 어느 정도 마른 다음에 하는 것이 좋습니다.
○ 올바른 감정 표현과 관련된 독창적인 문구를 생각해보며 창의적 사고 역량을 함양할 수 있습니다.

얼마나 성장했나요?

😊 즐거워했어요 / 😐 집중해서 참여했어요 / 😣 어려워했어요

놀이명	놀이 날짜	자녀의 반응	기억에 남는 자녀의 한마디
스트레스봉투	20 . . .	😊 😐 😣	
	20 . . .	😊 😐 😣	
	20 . . .	😊 😐 😣	
	20 . . .	😊 😐 😣	
	20 . . .	😊 😐 😣	
손바닥다짐	20 . . .	😊 😐 😣	
	20 . . .	😊 😐 😣	
	20 . . .	😊 😐 😣	
	20 . . .	😊 😐 😣	
	20 . . .	😊 😐 😣	

공부머리를 키우는 가족 놀이 100

애정 표현을 어색해해요

부모님의 고민

우리 아이에게는 동생 한 명이 있습니다. 동생은 사랑이 넘쳐서인지 누나에게 '사랑해'라고 말하며 다가가는데 아이는 부끄러워하며 애정 표현을 받아주지 않습니다. 사실 애정 표현에 대해 유독 박한 딸 때문에 서운한 적이 한두 번이 아니기에 동생 마음이 이해가 갈 정도입니다. 애정 표현을 어색해하는 아이 어떻게 해야 할까요?

선생님의 도움말

우리 학교에는 1학년과 5학년 형제가 있습니다. 그 둘은 볼 때마다 '사랑해'라고 말하며 서로를 안아줍니다. 사실 이 모습을 보았을 때 정말 충격적이었습니다. 자매도 아니고 형제가 그렇게 할 수 있다는 사실이 말입니다. 어느 날 기회가 되어 둘과 함께 이야기할 수 있는 시간이 주어졌고 어떻게 해서 이렇게 사이가 좋은지 그리고 사랑을 말할 수 있는지 물어보았습니다. 둘은 이렇게 묻는 제가 이상했는지 가족끼리 사랑을 말하는 것이 당연하지 않으냐 되물었습니다. 맞습니다. 사랑이란 표현하면 할수록 풍부해지는 감정이었던 것이었습니다. 사랑과 관련된 놀이를 통하여 가족끼리 애정을 표현해보는 것은 어떨까요?

사랑 마블

역량: 창의적 사고

장소: 실내

준비물: 포스트잇, 펜, 주사위, 소품

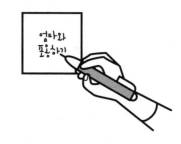

1. 각자 자신을 나타낼 수 있는 소품을 준비합니다.

2. 포스트잇에 애정 표현과 관련된 미션을 적습니다.

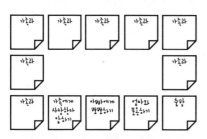

3. 출발점을 표시한 후 미션 포스트잇을 중간중간 붙여줍니다.

4. 가위바위보로 놀이 순서를 정한 뒤 말을 출발에 놓습니다.

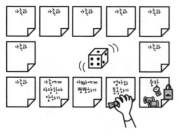

5. 놀이 순서대로 주사위를 돌려나온 숫자만큼 이동합니다.

6. 자신의 소지품이 도착한 곳의 미션을 수행합니다.

놀이 대화

1. 오늘의 놀이는 '사랑 마블'이야. 각자 자신을 나타낼 수 있는 소품을 가져와 보자. 너무 크면 말로 사용하기에 적합하지 않으니 적당한 크기면 좋겠어.
2. 포스트잇에 애정 표현과 관련된 미션을 적어보자.

> 아빠에게 뽀뽀하기, 엄마에게 포옹하기 등 다양하게 만들 수 있습니다.

3. 출발점을 표시한 후 미션 포스트잇을 중간중간 붙여보자.
4. 가위바위보로 놀이 순서를 정해보자. 모든 말을 출발점에 놓아볼까?
5. 첫 번째 순서부터 주사위를 던진 후 나온 숫자대로 소지품을 이동하면 돼.
6. 자신의 소지품이 도착한 곳의 미션을 수행하면 된단다. 가족끼리 서로 "사랑해"라고 말하고 애정 표현을 하니 정말 보기 좋다.

공부하자

- 관련 교과: 1학년 1학기 통합교과 '여름'
- 관련 단원: 1단원 '우리는 가족입니다'
- 놀이 효과: 가족과 친척의 소중함을 느껴보는 '우리는 가족입니다' 단원에는 '감사의 마음을 전해요' 활동이 있습니다. 주사위 놀이를 활용하여 가족들과 사랑을 속삭이며 애정 표현이 가득한 가족 분위기를 만들 수 있습니다.

놀이 팁

- 가족에게 사랑을 표현할 수 있는 다양한 미션을 생각해보며 창의적 사고 역량을 함양할 수 있습니다.

추억을 찾아서

역량: 심미적 감성

장소: 실내   준비물: 사진

1. 어린 시절부터 지금까지의 자녀의 사진을 함께 살펴보며 추억을 떠올려 봅니다.

2. 각 나이를 대표하는 사진 한 장씩을 선택해봅니다.

3. 사진을 한데 모아 순서를 무작위로 섞은 후 차례대로 사진을 바닥에 내려놓습니다

4. 가장 어린 시절의 사진과 가장 앞에 있는 사진을 집어 듭니다.

5. 두 사진의 위치를 바꿉니다.

6. 가장 적은 횟수로 나이 순서대로 맞춘 사람이 승리합니다.

1. 오늘의 놀이는 '추억을 찾아서'야. ○○이의 앨범을 보자. 지금도 그렇지만 정말 귀엽고 사랑스럽다.
2. 1살 때 사진 중 어떤 것이 가장 마음에 드니? 각 나이를 대표하는 사진 한 장씩을 선택해보자.
3. 총 아홉 장의 사진이 선택되었구나. 사진을 한데 모아 무작위로 섞어보자. 제일 위에 있는 것부터 차례대로 바닥에 내려놓아 볼까?
4. 가장 어린 시절의 사진과 가장 앞에 있는 사진을 들어보자.
5. 두 사진의 위치를 맞바꿔볼까?
6. 이렇게 두 사진을 맞바꿔가며 나이 순서대로 정렬하면 된단다. 가장 젓은 횟수로 성공하는 사람이 최종 승리하는 놀이야.

   ○○이가 어릴 때는 아빠, 엄마가 자주 뽀뽀도 해주고 사랑을 속삭여준 것 같은데 지금은 예전만큼 그러지 않아 미안하구나. 오늘부터 애정이 듬뿍 담긴 표현을 자주 해줄게.

○ 관련 교과: 2학년 1학기 통합교과 '봄'
○ 관련 단원: 1단원 '알쏭달쏭 나'
○ 놀이 효과: 2학년이 된 후 자신의 성장 모습을 살펴보는 '알쏭달쏭 나' 단원에는 성장 흐름표를 만들어보는 '이렇게 자랐어요' 활동이 있습니다. 자신이 자라온 사진을 가족들과 함께 살펴보며 자녀는 부모님께 감사함을 부모님은 자녀에게는 샘솟는 사랑을 느낄 수 있습니다.

○ 어린 시절의 사진을 보며 추억을 떠올리고 행복함을 느껴봄으로써 심미적 감성 역량을 함양할 수 있습니다.

색종이를 옮겨요

역량: 공동체

장소: 실내

준비물: 색종이

1. 가위바위보로 놀이 순서를 정합니다.

2. 이긴 사람부터 차례대로 앉습니다.

3. 첫 번째 사람은 색종이를 집어 든 뒤 입술 위에 올립니다.

4. 입으로 숨을 빨아들여 색종이가 입술 위에 머무를 수 있도록 합니다.

5. 다음 사람에게 색종이를 전달합니다.

6. 3분 동안 몇 개를 옮겼는지 함께 세어봅니다.

1. 오늘의 놀이는 '색종이를 옮겨요'야. 가위바위보로 놀이 순서를 정해볼까?
2. 가위바위보에서 이긴 사람부터 차례대로 앉으면 된단다.
3. ○○이가 첫 번째 순서구나. 색종이를 집어 든 뒤 입술 위에 올려보자.
4. 입으로 숨을 빨아들여 색종이가 입술 위에 머무를 수 있도록 해볼까?
5. 다음 사람에게 색종이를 전달해보자. 다음 사람은 그다음 사람에게 전달해보자.
6. 3분 동안 색종이를 옮기면 된단다.

   오랜만에 ○○이와 뽀뽀를 해본 것 같다. 하루에 한 번씩 뽀뽀하며 애정을 표현해보는 것은 어떨까?

○ 관련 교과: 1학년 1학기 통합교과 '여름'
○ 관련 단원: 1단원 '우리는 가족입니다'
○ 놀이 효과: 가족과 친척의 소중함을 느껴보는 '우리는 가족입니다' 단원에는 즐거운 가족 운동회를 즐겨보는 '가족과 함께 놀아요' 활동이 있습니다. 가족 간의 스킨십을 목적으로 하는 놀이를 즐기며 사랑을 속삭이는 가정 분위기를 만들 수 있습니다.

○ 종이를 옮길 때 다른 사람의 입술을 깨물지 않도록 주의가 필요합니다.
○ 종이 옮기기라는 공동의 목표를 이루기 위해 가족들과 협력함으로써 공동체 역량을 함양할 수 있습니다.

얼마나 성장했나요?

😊 즐거워했어요 / 😑 집중해서 참여했어요 / 😣 어려워했어요

놀이명	놀이 날짜	자녀의 반응	기억에 남는 자녀의 한마디
사랑 마블	20 . . .	😊 😑 😣	
	20 . . .	😊 😑 😣	
	20 . . .	😊 😑 😣	
추억을 찾아서	20 . . .	😊 😑 😣	
	20 . . .	😊 😑 😣	
	20 . . .	😊 😑 😣	
색종 이를 옮겨요	20 . . .	😊 😑 😣	
	20 . . .	😊 😑 😣	
	20 . . .	😊 😑 😣	

공부머리를 키우는 가족 놀이 100

고민을 털어놓지 않아요

아이가 고민이 생겨도 입을 꾹 닫고 말하지 않습니다. 도와주고 싶은 마음은 굴뚝같지만 말하지 않기에 어떻게 할 수가 없습니다. 고민을 말하지 않는 아이 어떻게 해야 할까요?

선생님의 도움말

감정이 어떻게 만들어지는지 연구하던 파페츠(Papez)는 폐쇄적인 뇌 회로를 발견한 후 자신의 이름을 붙여 파페츠 회로라고 했습니다. 추후 더 많은 연구로 이 회로가 기억과도 깊은 연관을 맺고 있음이 밝혀졌습니다. 사실 감정과 기억은 서로 분리하고 생각할 수 없는 것입니다. 어린 시절 해수욕장에서 모래 놀이를 했던 기억을 가진 사람이 관련된 사진을 보는 것만으로도 행복을 느끼는 것처럼 말입니다. 어떤 이유로 떠오른 기억은 파페츠 회로를 거치며 생각에 생각을 더하게 되는데 이때 감정 또한 두꺼워지게 됩니다. 그런데 문제가 되는 것은 부정적인 생각의 증폭입니다. 사소했던 고민이 눈덩이처럼 커져 심각한 고민이 되어버리기 때문입니다. 큰 눈덩이에 짓눌리지 않기 위해서는 작을 때 적극적으로 해소하는 것이 필요합니다. 자신의 고민을 털어놓음으로써 해결의 실마리를 찾아보는 놀이, 함께 알아볼까요?

나의 고민

역량: 자기관리

장소: 실내

준비물: 빈 종이, 펜

1. 빈 종이에 손가락을 본뜹니다.

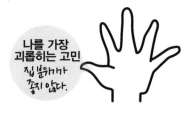

2. 나를 가장 괴롭히는 고민을 엄지손가락에 적습니다.

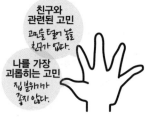

3. 친구와 관련된 고민을 집게손가락에 적습니다.

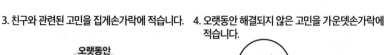

4. 오랫동안 해결되지 않은 고민을 가운뎃손가락에 적습니다.

5. 가족과 관련된 고민을 약손가락에, 사소한 고민을 새끼손가락에 적습니다.

6. 자신의 고민을 가족들과 공유합니다.

1. 오늘의 놀이는 '나의 고민'이야. 빈 종이에 손가락을 본떠볼까?
2. 나를 가장 괴롭히는 고민을 엄지손가락에 적어보자.
3. 친구와 관련된 고민을 집게손가락에 적어보자.
4. 오랫동안 해결되지 않은 고민을 가운뎃손가락 적어보자.
5. 가족과 관련된 고민을 약손가락에, 사소한 고민은 새끼손가락에 적어보자.
6. 서로의 고민을 살펴볼까? ○○이는 이런 고민이 있었구나. 즐거운 일은 나누면 두 배, 슬픈 일은 나누면 반으로 준다고 해. 고민이 생기면 혼자 끙끙 앓기보다 가족들에게 말해보는 것은 어떨까?

공부하자

○ 관련 교과: 2학년 2학기 국어과
○ 관련 단원: 4단원 '인물의 마음을 짐작해요'
○ 놀이 효과: '인물의 마음을 짐작해요' 단원은 인물의 상황과 처지를 이해해 공감하는 것을 목적으로 하고 있습니다. 다른 가족들의 고민을 나의 것처럼 듣고 함께 고민해줌으로써 다른 사람을 배려하는 태도를 가질 수 있습니다.

놀이 팁

○ 자신의 고민을 생각해보고 다른 사람에게 공유, 해결 방안을 모색해봄으로써 긍정적인 자아 정체성 즉 자기관리 역량을 함양할 수 있습니다.

걱정덩어리

역량: 창의적 사고

장소: 실내   준비물: 신문지, 매직

1. 신문지에 나를 괴롭히는 고민을 적어봅니다.

2. 고민으로 인한 걱정을 생각해봅니다.

3. 신문지에 적습니다.

4. 가족들의 고민을 뭉쳐 큰 덩어리로 만들어봅니다.

5. 고민 해결을 미루면 이렇게 큰 덩어리가 됨을 느낍니다.

6. 걱정덩어리로 공 잡기 놀이를 해봅니다.

1. 오늘의 놀이는 '걱정덩어리'야. 신문지에 나를 괴롭히는 고민을 적어보자.
2. 해결하지 않은 고민은 또 걱정을 만든단다. 어떤 고민이 생기는지 생각해볼까?

> 예를 들어 아이가 친구와 싸웠다고 하면, 아이는 친구와 화해는 해야 하는데 친구가 안 받아주면 어떡할지 고민합니다. 또 그 고민이 심해지면 친구가 싫어할지도 모른다고 생각할 수 있습니다.

3. 생각한 내용을 신문지에 적어보자.
4. 가족들의 고민과 걱정을 뭉쳐 큰 덩어리로 만들어보자.
5. 고민을 해결하지 않으면 이렇게 큰 걱정덩어리가 되어버린단다.
6. 걱정덩어리로 공 잡기 놀이를 해볼까? 가운데에 있는 사람은 자리에 앉은 후 공을 잡으면 되고 나머지 사람은 공이 잡히지 않게 주고받으면 된단다. 공 잡기 놀이도 재미있었지? 고민을 피해 다니기보다 가족과 함께 나눔으로써 좋은 해결책을 찾아보는 것은 어떨까?

공부하자

○ 관련 교과: 1학년 2학기 통합교과 '겨울'
○ 관련 단원: 2단원 '우리의 겨울'
○ 놀이 효과: 겨울 날씨의 특징과 그에 따른 생활 모습을 탐색, 표현해보는 '우리의 겨울' 단원에는 규칙을 지키며 함께 어울려 놀이하는 '다 함께 즐겨요' 활동이 있습니다. 자신의 고민을 가족들과 나누고 이를 활용하여 큰 공을 만들어 가족들과 놀아봄으로써 적극적으로 고민을 해결하려는 마음을 가질 수 있습니다.

놀이 팁

○ 뭉친 신문지로 공 옮기기, 주고받기 등의 다양한 놀이를 할 수 있습니다.
○ 고민으로 인한 걱정을 다양하게 생각해봄으로써 창의적 사고 역량을 함양할 수 있습니다.

참 좋은 말

역량: 심미적 감성

장소: 실내　　　　　　　　　　　준비물: 창문, 윈도 마커, 물티슈

1. 고민이 있을 때 도움이 되는 말들을 생각해봅니다.

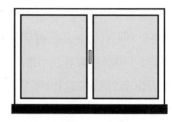

2. 창문을 정합니다.

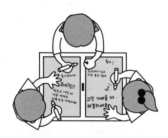

3. 생각한 말을 윈도 마커로 적습니다.

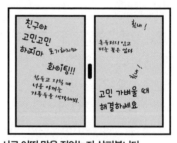

4. 서로 어떤 말을 적었는지 살펴봅니다.

5. 가장 마음에 드는 것을 선택해봅니다.

6. 고민이 있을 때 창문의 문구를 보며 힘을 냅니다.

1. 오늘의 놀이는 '참 좋은 말'이야. 고민이 있을 때 도움이 되는 말들을 생각해보자.

'흔들리지 않고 피는 꽃은 없다'처럼 인용구도 괜찮고, '힘들고 지칠 때 너를 아끼는 가족들을 생각해봐'와 같이 진심이 담긴 말도 좋습니다.

2. 생각한 문구를 적을 창문을 정해볼까?

3. 창문에 문구를 윈도우 마커로 적어보자. 잘못 적거나 마음에 들지 않으면 물티슈를 닦으면 된단다.

4. 서로 어떤 말을 적었는지 살펴볼까?

5. ○○이는 '고민, 가벼울 때 해결하세요'가 가장 마음에 드는구나.

6. 오늘 우리 가족은 고민이 있을 때 도움이 될 만한 말들을 찾고 창문에 적어보았어. 고민이 있을 때 창문에 적힌 문구를 보고 힘을 내보는 것은 어떨까?

○ 관련 교과: 2학년 2학기 국어과
○ 관련 단원: 5단원 '간직하고 싶은 노래'
○ 놀이 효과: '간직하고 싶은 노래' 단원은 일상생활에서 보고 듣고 느끼고 생각한 다양한 경험을 시나 노래 등으로 표현해보는 것을 목적으로 하고 있습니다. 교과서에 등장하는 〈참 좋은 말〉 같은 시를 함께 읽어보고 창문에 옮겨 적어봄으로써 고민으로 힘들 때 위로를 받을 수 있습니다.

○ 인터넷에서 좋은 문구를 찾아 적어도 좋습니다.
○ 글에 담긴 가치와 아름다움을 발견하며 심미적 감성 역량을 높일 수 있습니다.

얼마나 성장했나요?

😊 즐거워했어요 / 😑 집중해서 참여했어요 / 😣 어려워했어요

놀이명	놀이 날짜	자녀의 반응	기억에 남는 자녀의 한마디
나의 고민	20 . .	😊 😑 😣	
	20 . .	😊 😑 😣	
	20 . .	😊 😑 😣	
걱정 덩어리	20 . .	😊 😑 😣	
	20 . .	😊 😑 😣	
	20 . .	😊 😑 😣	
참 좋은 말	20 . .	😊 😑 😣	
	20 . .	😊 😑 😣	
	20 . .	😊 😑 😣	

공부머리를 키우는 가족 놀이 100

참고문헌

2. 학습을 돕는 인지 놀이

- 집중력이 짧아요
- 교육부(2017). 초등학교 국어 2-2 교사용 지도서
- 교육부(2017). 초등학교 교사용 지도서 바른 생활·슬기로운 생활·즐거운 생활 2-1

- 공부한 건데 모르겠대요
- 교육부(2017). 초등학교 국어 1-1 교사용 지도서
- 교육부(2017). 초등학교 교사용 지도서 바른 생활·슬기로운 생활·즐거운 생활 1-2, 2-2
- 박선민(2011). 작업기억과 단기기억의 기능적 차이와 지능과의 관계: SEM과 fMRI접근. 숙명여자대학교대학원 박사학위논문.

- 말을 더듬어요
- 교육부(2017). 초등학교 국어 1-2 교사용 지도서
- 교육부(2017). 초등학교 교사용 지도서 바른 생활·슬기로운 생활·즐거운 생활 1-2
- De Nil,L.F.,& Brutten,G.J.(1991). Speech-associated attitudes of stuttering and nonstuttering children. Journal of Speech and Hearing Research,34. 60-66.

-한글 떼기가 더뎌요
- 교육부(2017). 초등학교 국어 1-1 교사용 지도서
- 이현진(2008). 초기 문식성 정착을 위한 한글 깨치기 교재 구성 방안. 서울교육대학

교 교육대학원, 석사학위논문.

- 조리 있게 말하지 못해요

• 교육부(2017). 초등학교 국어 2-1, 2-2 교사용 지도서

• 박선미(2009). 뇌기반 인성교육프로그램이 초등학교 저학년 학생의 자아존중감 및
또래관계에 미치는 효과. 한국교원대학교 교육대학원 석사학위논문.

- 곱셈구구를 어려워해요

• 교육부(2017). 초등학교 수학 2-2 교사용 지도서

- 창의성이 부족해요

• 교육부(2017). 초등학교 수학 1-2 교사용 지도서

• 교육부(2017). 초등학교 교사용 지도서 바른 생활·슬기로운 생활·즐거운 생활 1-1,
2-1, 2-2

• Hannaford, C.(1995). Smart moves. Virginia: Great Ocean Publishers.

- 책 읽기를 싫어해요

• 교육부(2017). 초등학교 국어 1-2, 2-2 교사용 지도서

• 교육부(2017). 초등학교 수학 1-2 교사용 지도서

- 공부에 소질이 없어요

• 교육부(2017). 초등학교 교사용 지도서 바른 생활·슬기로운 생활·즐거운 생활 1-2, 2-1

• 전현진, 이승환(2016). 학습과 기억의 뇌파. 대한생물정신의학회. Vol.23 No.3

pp.102-107.

· Klimesch W.(1999). EEG alpha and theta oscillations reflect cognitive and memory performance: a review and analysis. Brain Res Brain Res Rev. 1999;29:169-195

3. 건강한 몸을 위한 신체 놀이

- 섬세한 조작을 어려워해요

· 교육부(2017). 초등학교 수학 1-1 교사용 지도서
· 교육부(2017). 초등학교 교사용 지도서 바른 생활·슬기로운 생활·즐거운 생활 1-1, 1-2

- 잠시도 가만히 있지 못해요

· 교육부(2017). 초등학교 수학 1-1, 2-1, 2-2 교사용 지도서
· Guevremont, D. C., & Dumas, M. C.(1994). Peer relationship problems and disruptive behaviour disorders. Journal of Emotional and Behavioural Disorders, 2, 164-172.

- 승부욕이 너무 강해요

· 교육부(2017). 초등학교 수학 2-1 교사용 지도서
· 교육부(2017). 초등학교 교사용 지도서 바른 생활·슬기로운 생활·즐거운 생활 2-1

- 자주 다쳐요

· 교육부(2017). 초등학교 수학 2-1 교사용 지도서

- 교육부(2017). 초등학교 교사용 지도서 바른 생활·슬기로운 생활·즐거운 생활 2-1
- H.W. Heinrich & D. Peterson & N. Roos. (1980). Industrial Accident Prevention. McGraw-Hill Co.

- 체력이 약해요
- 교육부(2017). 초등학교 국어 2-1 교사용 지도서
- 교육부(2017). 초등학교 교사용 지도서 바른 생활·슬기로운 생활·즐거운 생활 1-2, 2-2
- 김종인(1996). 운동과 건강. 부산: 부산전문대출판부.
- 황단비(2008). 초등학교 저학년의 체력에 관한 종단적 분석. 숙명여자대학교 대학원 석사학위 논문.

- 잔병치레가 잦아요
- 교육부(2017). 초등학교 교사용 지도서 바른 생활·슬기로운 생활·즐거운 생활 1-2, 2-1
- 교육부(2017). 초등학교 교사용 지도서 안전한 생활 2

- 편식이 심해요
- 교육부(2017). 초등학교 교사용 지도서 바른 생활·슬기로운 생활·즐거운 생활 1-1, 2-1, 2-2
- 우정녀(2016). 식재료를 활용한 오감놀이가 영아의 놀이성과 편식행동에 미치는 영향. 총신대학교 교육대학원 석사학위논문.

- 비만이에요
- 교육부(2017). 초등학교 수학 2-1 교사용 지도서

- 교육부(2017). 초등학교 교사용 지도서 바른 생활·슬기로운 생활·즐거운 생활 1-1, 1-2
- 정경화(2000). 비만유형, 사회적지지, 스트레스 대처방식이 아동의 우울에 미치는 영향. 고려대학교 대학원 석사학위논문.

- 운동을 싫어해요

- 교육부(2017). 초등학교 수학 1-1 교사용 지도서
- 교육부(2017). 초등학교 교사용 지도서 바른 생활·슬기로운 생활·즐거운 생활 2-2

4. 관계를 형성하는 사회 놀이

- 친한 친구가 없어요

- 교육부(2017). 초등학교 수학 1-1 교사용 지도서
- 교육부(2017). 초등학교 국어 2-2 교사용 지도서
- 교육부(2017). 초등학교 교사용 지도서 바른 생활·슬기로운 생활·즐거운 생활 1-1

- 이기적이에요

- 교육부(2017). 초등학교 교사용 지도서 바른 생활·슬기로운 생활·즐거운 생활 1-1, 1-2
- Selmen, R. L. (1980). The Growth of Interpersonal Understanding: Developmental and Clinical Analyes. New York. Academic Press.

- 친구와 자신을 비교해요

- 교육부(2017). 초등학교 국어 2-2 교사용 지도서
- 교육부(2017). 초등학교 교사용 지도서 바른 생활·슬기로운 생활·즐거운 생활 2-1

- Festinger, L. (1950). Informal social communication. Psychological Review, 57, 271-282.

- 수줍음이 심해요
- 교육부(2017). 초등학교 국어 2-1, 2-2 교사용 지도서
- 정혜정(2011). 신체접촉 중심 놀이 활동이 수줍음 유아의 또래관계에 미치는 효과. 대구대학교 석사학위논문.
- Jones, W. H., and Briggs, S. R. (1984). "The Self-Other Discrepancy in Social Shyness." In The Self in Anxiety, Stress, and Depression, ed. R. Schwarzer. Amsterdam, The Netherlands: North Holland.

- 인사를 잘 안 해요
- 교육부(2017). 초등학교 국어 1-1 교사용 지도서
- 교육부(2017). 초등학교 교사용 지도서 바른 생활·슬기로운 생활·즐거운 생활 1-1, 1-2

- 스스로 하지 않아요
- 교육부(2017). 초등학교 교사용 지도서 바른 생활·슬기로운 생활·즐거운 생활 2-1
- 교육부(2015). 2015 개정 교육과정 창의적 체험활동 해설.

- 규칙을 잘 지키지 않아요
- 교육부(2017). 초등학교 수학 2-2 교사용 지도서
- 교육부(2017). 초등학교 교사용 지도서 바른 생활·슬기로운 생활·즐거운 생활 1-2, 2-2
- 신재은(1997). 아동의 규칙준수에 대한 신념, 판단 및 행동실천. 동덕여자대학교 대

학원 석사학위논문.

- 습관적으로 거짓말을 해요

- 교육부(2017). 초등학교 수학 1-1 교사용 지도서

- 함영미(2013). 한국 아동에서 살펴본 거짓말 행동, 틀린 믿음, 도덕 판단과 도덕정서. 영남대학교 대학원 석사학위 논문.

- Bussey, K. (1992). Lying and truthfulness: children's definitions, standards, and evaluative reaction. Child Development, 63, 129-13.

- Ekman, p. (1992). Telling lies: Clues to deceit in the marketplace, politics and marriage. New York: W. W. Norton.

- 꿈이 없대요

- 교육부(2017). 초등학교 교사용 지도서 바른 생활·슬기로운 생활·즐거운 생활 2-2

5. 감정과 마주하는 정서 놀이

- 감정을 잘 표현하지 않아요

- 교육부(2017). 초등학교 국어 1-2, 2-1, 2-2 교사용 지도서

- 공감을 어려워해요

- 교육부(2017). 초등학교 국어 2-1, 2-2 교사용 지도서

- 눈치가 없어요

- 교육부(2017). 초등학교 국어 1-1, 2-1 교사용 지도서
- 신정희(2003). 활동중심의 경청기술 훈련이 아동의 경청 및 공감능력에 미치는 효과. 부산교육대학교 교육대학원 석사학위논문.

- 부모와 떨어지면 불안해해요

- 교육부(2017). 초등학교 국어 1-2 교사용 지도서
- 교육부(2017). 초등학교 수학 1-2 교사용 지도서
- 교육부(2017). 초등학교 교사용 지도서 바른 생활·슬기로운 생활·즐거운 생활 1-1

- 화를 참지 못해요

- 교육부(2017). 초등학교 국어 2-1 교사용 지도서
- 교육부(2017). 초등학교 교사용 지도서 바른 생활·슬기로운 생활·즐거운 생활 2-1, 2-2
- 이윤경(2003). 분노조절 프로그램이 초등학교 저학년 아동의 공격성 감소에 미치는 효과. 연세대학교 교육대학원 석사학위논문.

- 친구와 자주 싸워요

- 교육부(2017). 초등학교 수학 2-2 교사용 지도서
- 교육부(2017). 초등학교 교사용 지도서 바른 생활·슬기로운 생활·즐거운 생활 1-1

- 눈물을 자주 보여요

- 교육부(2017). 초등학교 국어 1-2 교사용 지도서
- 교육부(2017). 초등학교 교사용 지도서 바른 생활·슬기로운 생활·즐거운 생활 1-1

- 애정 표현을 어색해해요

- 교육부(2017). 초등학교 교사용 지도서 바른 생활·슬기로운 생활·즐거운 생활 1-1, 2-1

- 고민을 털어놓지 않아요

- 교육부(2017). 초등학교 국어 2-2 교사용 지도서

- 교육부(2017). 초등학교 교사용 지도서 바른 생활·슬기로운 생활·즐거운 생활 -2

- Papez JW(1937). A proposed mechanism of emotion. Arch Neurol Psychiat;

  38: 725-743

유아이북스의 책 소개

반성의 역설

일본 서점가를 뒤흔든 화제의 책. 잘못을 저지르고 반성하는 것은 상식이지만, 잘못을 저지른 후 바로 반성하는 사람은 지극히 드물다. 대부분의 사람들은 잘못이 발각된 직후 반성에 앞서 후회를 한다. 그것은 자연스러운 인간의 심리다. 이런 심리를 무시하고 반성을 강요하는 건 오히려 역효과를 부른다는 것이 저자의 주장이다.

누가 왕따를 만드는가

교실 속 왕따, 사이비 종교에 빠진 여성, 어디서도 환영받지 못하는 장애인, 묻지마 범죄를 일으킨 외톨이…. 누가, 왜 이들을 그렇게 만들었는가. 우리 주위에 만연해 있는 왕따와 차별 현상을 냉철한 시점으로 분석했다.

유대인 유치원에서 배운 것들

대만 출신 여교사가 유대인의 나라에서 세 아이의 엄마가 되면서 직접 경험한 유대인 교육의 모든 것이 담겨 있다. 둘째가 태어나면서 큰아이에게 찾아온 카인 콤플렉스, 일과 육아 사이에서 고민하는 직장맘의 비애, 출산의 고통과 말 못 할 수치스러움 등 초보 엄마라면 반드시 공감하는 크고 작은 에피소드가 펼쳐진다.

생각의 크기만큼 자란다

이 책에서는 '창의력이란 무엇일까?'라는 물음에 70명의 위인들이 답한다. 남들과 다른 생각으로 세상을 바꾼 인물들의 이야기가 나온다. 대한출판문화협회와 한국출판문화진흥재단이 선정한 '2015 올해의 청소년교양도서' 중 하나다.

**교과서에 나오는
위인들의 어린 시절
이야기**

아인슈타인부터 한석봉까지 청소년들에게 친숙한 위인들의 숨겨진 이야기를 풀었다. 후대를 위해 꿈의 크기를 넓혀 온 인물들의 이야기를 통해 생각의 크기를 키울 수 있다. 생활 속에서 실천할 수 있는 교훈들이 특별하다.

**존경받는
부자들의
어린 시절 이야기**

엔드류 카네기, 존 록펠러, 빌 게이츠, 오프라 윈프리 등의 어린 시절 일화를 재미있는 만화를 통해 소개한다. 그들의 지혜가 녹아 있는 주옥같은 명언들도 담겨 있다. 돈만 많이 번 부자에 머물지 않고, 많은 이들에게 존경과 사랑을 받고 있는 이들은 어린 시절 무엇이 달랐을까? 정직한 땀과 노력으로 부를 이룬 인물들의 숨겨진 이야기를 만나보자.

경제는 내 친구

기자 아빠와 은행원 엄마가 함께 쓴 세상에서 가장 쉬운 경제 교실로 초대한다. 아이들이 평상시에 궁금해하는 문제들을 경제원리로 풀어내고 있다. 청소년들이 앞으로 살아가는 데 있어 필요한 경제 개념을 모두 담았다.

**생각을 키우는
동양 철학 이야기**

한국출판문화산업진흥원이 선정한 청소년 권장 도서로서 2017년 청소년 북토큰 도서 중 하나다. 한자로 쓰여 어렵게 느껴질 수 있는 동양 철학을 가벼운 이야기 모음으로 풀었다. 세상을 보는 안목을 키우는 데 도움을 준다.

내가 가장 닮고 싶은 과학자

과학사에 있어 중요한 인물만 가려 뽑아 과학사의 흐름을 인물 중심으로 알수 있는 책이다. 위대한 과학적 발견이어떻게 이뤄지고 그것이 어떻게 오늘날영향을 미치게 되었는지를 다채로운 에피소드를 통해 만나볼 수 있다.

엄마도 모르는 영재의 사생활

1400명에 달하는 천재 청소년들을 설문 조사하여, 그들의 관심사와 고민에초점을 맞추어 영재성, 지능과 같은 영재 학생들의 특성에 관한 정보와 함께진로 문제, 교우 관계, 심리적 문제 등그들이 직면한 여러 문제들을 다루고있는 유일한 책이다.

집에서 하는 몬테소리 놀이 150

프랑스에 몬테소리 학교를 설립해 운영하고 있는 저자들의 교육 경험과 몬테소리 교육 철학을 반영하여 놀이법을제시했다. 아이의 자신감과 집중력, 사회성을 키워줄 수 있는 150가지 놀이를담고 있으며, 각 연령별로 아이의 발달과정에 맞게 실행해 볼 수 있다.

동물에게 배우는 생존의 지혜

지구의 역사에서 인류가 등장하기도 전에 이미 동물들은 먼저 지구에 뿌리내리고 살아왔다. 이들이 보여주는 삶의방식은 다양하다. 각각 동물들의 습성에서 우리는 삶의 용기, 자식을 향한 부모의 사랑, 협동의 의미 등을 배울 수있다.

에피소드로 읽는 과학사

과학적 발견 및 발명들이 어떻게 이루어지게 되었는지 에피소드 위주의 과학사를 통해 다루고 있다. 과학적 발명과 발견들은 우연히 이루어진 경우도 있지만, 실은 수많은 과학자들의 실패와 도전을 바탕으로 결실이 맺어진 것이다. 역사에 큰 획을 그은 업적과 관련된 뒷이야기를 에피소드를 통해 만나 보도록 하자.

생각을 키우는 이야기 사서

불멸의 고전인 사서를 역사 속 인물들의 일화와 함께 이야기로 풀어냈다. 삼국지의 유비, 조조, 관우 뿐만 아니라 중국 고대의 요임금과 순임금 등 과거에 살았던 인물들의 다양한 이야기로 어렵게 보이는 사서를 쉽고 재미있게 이해하도록 돕는다.

서로를 사랑하지 못하는 엄마와 딸

서로를 사랑하지 못하는 모녀들의 이야기. 겉으로는 화기애애해 보여도 속으로는 곪고 있는 엄마와 딸들이 의외로 많다. 실제 상담 사례를 각색해 그들이 상처를 치유해 가는 과정을 보여준다.

자존감을 높이는 엄마표 몬테소리 놀이

집에서는 활기차지만, 밖에만 나가면 움츠러드는 아이. 자신감이 약해서 일지도 모른다. 아이의 자존감과 자신감을 높이는데 놀이가 가장 효과적인 수단이다. 놀이를 싫어하는 아이는 없기 때문. 이 책은 몬테소리 교육철학을 반영한 놀이법 중 가정에서 아이의 자신감을 자극하는 놀이법들을 정리해 소개하고 있다.